国家出版基金项目
NATIONAL PUBLICATION FOUNDATION

中宣部2022年主题出版重点出版物

"十四五"国家重点图书出版规划项目

纪录小康工程

全面建成小康社会

安徽奋斗者

ANHUI FENDOUZHE

本书编写组

全国百佳图书出版单位
时代出版传媒股份有限公司
安徽人民出版社

责任编辑：肖 琴 蒋越林 李 莉
封面设计：石笑梦 葛茂春
版式设计：汪 阳 陈 爽

图书在版编目（CIP）数据

全面建成小康社会安徽奋斗者/本书编写组编著 . — 合肥：安徽人民出版社，
 2022.10
（"纪录小康工程"地方丛书）
ISBN 978－7－212－11476－3

Ⅰ . ①全… Ⅱ . ①本… Ⅲ . ①先进工作者—先进事迹—安徽 Ⅳ . ① K820.854

中国版本图书馆 CIP 数据核字 (2022) 第 098657 号

全面建成小康社会安徽奋斗者
QUANMIAN JIANCHENG XIAOKANG SHEHUI ANHUI FENDOUZHE

本书编写组

安徽人民出版社出版发行
（230071 合肥市政务文化新区翡翠路 1118 号）

安徽新华印刷股份有限公司印刷 新华书店经销

2022 年 10 月第 1 版 2022 年 10 月合肥第 1 次印刷
开本：710 毫米 ×1000 毫米 1/16 印张：21
字数：270 千字

ISBN 978－7－212－11476－3 定价：76.00 元

邮购地址 230071 合肥市政务文化新区翡翠路 1118 号
安徽人民出版社营销部 电话：(0551) 63533258 63533259

总　序

为民族复兴修史　为伟大时代立传

小康，是中华民族孜孜以求的梦想和夙愿。千百年来，中国人民一直对小康怀有割舍不断的情愫，祖祖辈辈为过上幸福美好生活劳苦奋斗。"民亦劳止，汔可小康""久困于穷，冀以小康""安得广厦千万间，大庇天下寒士俱欢颜"……都寄托着中国人民对小康社会的恒久期盼。然而，这些朴素而美好的愿望在历史上却从来没有变成现实。中国共产党自成立那天起，就把为中国人民谋幸福、为中华民族谋复兴作为初心使命，团结带领亿万中国人民拼搏奋斗，为过上幸福生活胼手胝足、砥砺前行。夺取新民主主义革命伟大胜利，完成社会主义革命和推进社会主义建设，进行改革开放和社会主义现代化建设，开创中国特色社会主义新时代，经过百年不懈奋斗，无数中国人摆脱贫困，过上衣食无忧的好日子。

特别是党的十八大以来，以习近平同志为核心的党中央统揽中华民族伟大复兴战略全局和世界百年未有之大变局，团结带领全党全国各族人民统筹推进"五位一体"总体布局、协调推进"四个全面"战略布局，万众一心战贫困、促改革、抗疫情、谋发展，党和国家事业取得历史性成就、发生历史性变革。在庆祝中国共产党成立100周年大会上，习近平总书记庄严宣告："经过全党全国各族人民持续奋斗，我们实现了第一个百年奋斗目标，在中华大地上全面建成了小康社会，历史性地解决了绝对贫困问题，正在意气风发向着全面建成社会主义现代化强国的第二个百年奋斗目标迈进。"

这是中华民族、中国人民、中国共产党的伟大光荣！这是百姓的福祉、国家的进步、民族的骄傲！

全面小康，让梦想的阳光照进现实、照亮生活。从推翻"三座大山"到"人民当家作主"，从"小康之家"到"小康社会"，从"总体小康"到"全面小康"，从"全面建设"到"全面建成"，中国人民牢牢把命运掌握在自己手上，人民群众的生活越来越红火。"人民对美好生活的向往，就是我们的奋斗目标。"在习近平总书记坚强领导、亲自指挥下，我国脱贫攻坚取得重大历史性成就，现行标准下9899万农村贫困人口全部脱贫，建成世界上规模最大的社会保障体系，居民人均预期寿命提高到78.2岁，人民精神文化生活极大丰富，生态环境得到明显改善，公平正义的阳光普照大地。今天的中国人民，生活殷实、安居乐业，获得感、幸福感、安全感显著增强，道路自信、理论自信、制度自信、文化自信更加坚定，对创造更加美好的生活充满信心。

全面小康，让社会主义中国焕发出蓬勃生机活力。经过长期努力特别是党的十八大以来伟大实践,我国经济实力、科技实力、国防实力、综合国力跃上新的大台阶,成为世界第二大经济体、第一大工业国、第一大货物贸易国、第一大外汇储备国,国内生产总值从 1952 年的 679 亿元跃升至 2021 年的 114 万亿元,人均国内生产总值从 1952 年的几十美元跃升至 2021 年的超过 1.2 万美元。把握新发展阶段、贯彻新发展理念、构建新发展格局、推动高质量发展,全面建设社会主义现代化国家,我们的物质基础、制度基础更加坚实、更加牢靠。全面建成小康社会的伟大成就充分说明,在中华大地上生气勃勃的创造性的社会主义实践造福了人民、改变了中国、影响了时代,世界范围内社会主义和资本主义两种社会制度的历史演进及其较量发生了有利于社会主义的重大转变,社会主义制度优势得到极大彰显,中国特色社会主义道路越走越宽广。

全面小康,让中华民族自信自强屹立于世界民族之林。中华民族有五千多年的文明历史,创造了灿烂的中华文明,为人类文明进步作出了卓越贡献。近代以来,中华民族遭受的苦难之重、付出的牺牲之大,世所罕见。中国共产党带领中国人民从沉沦中觉醒、从灾难中奋起,前赴后继、百折不挠,战胜各种艰难险阻,取得一个个伟大胜利,创造一个个发展奇迹,用鲜血和汗水书写了中华民族几千年历史上最恢宏的史诗。全面建成小康社会,见证了中华民族强大的创造力、坚韧力、爆发力,见证了中华民族自信自强、守正创新精神气质的锻造与激扬,实现中华民族伟大复兴有了更为主动的精神力量,进入不可逆转的历史进程。今天，我们比历史上任何时期都更接近、更有信心和能力实现中华民族伟大复兴的目标，中国人民的志气、骨气、底气极大增强，奋进新征程、建功新时代有着前所未有的历史主动精神、历史创造精神。

全面小康，在人类社会发展史上写就了不可磨灭的光辉篇章。中华民族素有和合共生、兼济天下的价值追求，中国共产党立志于为人类谋进步、为世界谋大同。中国的发展，使世界五分之一的人口整体摆脱贫困，提前十年实现联合国 2030 年可持续发展议程确定的目标，谱写了彪炳世界发展史的减贫奇迹，创造了中国式现代化道路与人类文明新形态。这份光荣的胜利，属于中国，也属于世界。事实雄辩地证明，人类通往美好生活的道路不止一条，各国实现现代化的道路不止一条。全面建成小康社会的中国，始终站在历史正确的一边，站在人类进步的一边，国际影响力、感召力、塑造力显著提升，负责任大国形象充分彰显，以更加开放包容的姿态拥抱世界，必将为推动构建人类命运共同体、弘扬全人类共同价值、建设更加美好的世界作出新的更大贡献。

回望全面建成小康社会的历史，伟大历程何其艰苦卓绝，伟大胜利何其光辉炳耀，伟大精神何其气壮山河！

这是中华民族发展史上矗立起的又一座历史丰碑、精神丰碑！这座丰碑，凝结着中国共产党人矢志不渝的坚持坚守、博大深沉的情怀胸襟，辉映着科学理论的思想穿透力、时代引领力、实践推动力，镌刻着中国人民的奋发奋斗、牺牲奉献，彰显着中国特色社会主义制度的强大生命力、显著优越性。

因为感动，所以纪录；因为壮丽，所以丰厚。恢宏的历史伟业，必将留下深沉的历史印记，竖起闪耀的历史地标。

中央宣传部牵头，中央有关部门和宣传文化单位，省、市、县各级宣传部门共同参与组织实施“纪录小康工程”，以为民族复兴修史、为伟大时代立传为宗旨，以“存史资政、教化育人”为目的，形成了数据库、大事记、系列丛书和主题纪录片 4 方面主要成果。目前已建成内容全面、分类有序的 4 级数据库，编纂完成各级各类全面小康、脱贫攻坚大事记，出版“纪录小康工程”丛书，摄制完成纪录片《纪录小康》。

“纪录小康工程”丛书包括中央系列和地方系列。中央系列分为“擘画领航”“经天纬地”“航海梯山”“踔厉奋发”“彪炳史册”5 个主题，由中央有关部门精选内容组织编撰；地方系列分为“全景录”“大事记”“变迁志”“奋斗者”“影像记”5 个板块，由各省（区、市）和新疆生产建设兵团结合各地实际情况推出主题图书。丛书忠实纪录习近平总书记的小康情怀、扶贫足迹，反映党中央关于全面建成小康社会重大决策、重大部署的历史过程，展现通过不懈奋斗取得全面建成小康社会伟大胜利的光辉历程，讲述在决战脱贫攻坚、决胜全面小康进程中涌现的先进个人、先进集体和典型事迹，揭示辉煌成就和历史巨变背后的制度优势和经验启示。这是对全面建成小康社会伟大成就的历史巡礼，是对中国共产党和中国人民奋斗精神的深情礼赞。

历史昭示未来，明天更加美好。全面建成小康社会，带给中国人民的是温暖、是力量、是坚定、是信心。让我们时时回望小康历程，深入学习贯彻习近平新时代中国特色社会主义思想，深刻理解中国共产党为什么能、马克思主义为什么行、中国特色社会主义为什么好，深刻把握"两个确立"的决定性意义，增强"四个意识"、坚定"四个自信"、做到"两个维护"，以坚如磐石的定力、敢打必胜的信念，集中精力办好自己的事情，向着实现第二个百年奋斗目标、创造中国人民更加幸福美好生活勇毅前行。

目　录

一、奉献希望田野

红手印，映照公仆心

——记"感动中国人物"沈浩

沈浩简介

　　沈浩，男，汉族，1964 年 5 月出生，中共党员，安徽萧县人，生前系安徽省财政厅副调研员。2004 年 2 月挂职任安徽省凤阳县小岗村党委第一书记。2006 年年底，小岗村 98 户农民按红手印挽留他继续任职。2009 年 11 月 6 日，因积劳成疾不幸逝世。他扎根小岗村六年，团结带领村"两委"和广大村民，大力弘扬小岗敢为人先的改革精神，改变了小岗村的落后面貌。他获得"全国农村基层干部十大新闻人物""全国百名优秀村官""感动中国 2009 年度人物""安徽改革开放 40 年风云人物""全国优秀共产党员"和全国"人民满意的公务员"等荣誉。

　　2016 年 4 月，习近平总书记考察小岗村时要求："希望大家向沈浩同志学习，进一步把乡亲们的事情办好。"

小岗村在中国农村改革发展史上具有标志性意义。1978 年，18 户村民按下红手印，签订大包干"生死状"，开启了中国农村改革的时代大幕。

世纪之初的小岗，徘徊在改革发展的十字路口。2003 年，全村人均年收入只有 2300 元，村集体存款为零。

2004 年 2 月，沈浩挂职任安徽省凤阳县小岗村党委第一书记。

六年里，沈浩以振兴小岗为己任，怀着深厚的农民情怀，舍小家、为大家，大力弘扬小岗敢为人先的改革精神，实现了改革再突破、振兴再出发，为加快小岗村发展做出了突出贡献。

然而，沈浩的生命定格在了 45 岁——2009 年 11 月 6 日。猝然离世的沈浩把生命永远地留在了他所热爱并为之奋斗过的小岗村。

"两任村官，六载离家，总是和农民面对面，肩并肩。他走得匆忙，放不下村里道路工厂和农田，对不住家中娇妻幼女高堂。那一年，村民按下红手印，改变乡村的命运；如今，他们再次伸出手指，鲜红手印，颗颗都是他的碑文。"

这是 2009 年度"感动中国人物"颁奖典礼上，节目组给予沈浩的颁奖词。

从改革开端到蓝图铺展，红手印见证时代演进，也映照着沈浩这名共产党员的赤诚丹心。

"他心里装着小岗，一门心思让村民富起来"

"一夜越过温饱线，二十年没跨过富裕坎。"这是沈浩作为全省第二批优秀年轻党员干部被选派到小岗村任职时，小岗村的真实写照。

沈浩在为建设新小岗赶写规划设想

　　沈浩的前几任也一直在探索小岗发展的路子，但限于自然条件等方面的原因，村民仍不富裕，发展压力很大。沈浩初到小岗村时，有的村民对他并不太信任："这个省城的年轻人，是镀金来的吧？"但这些，并没有影响他为小岗谋发展的热情和信心。

　　沈浩走进小岗，一头就扎在群众中间。不到一个月，他把全村一百多户跑了个遍，和村民拉家常，与村"两委"成员、"大包干"带头人促膝谈心。他很快摸准了小岗的发展方向：一要转变党员、群众思想观念，增强加快发展的信心；二要尽快制定发展规划，找准发展路子；三要加强基础设施建设，改善群众生产生活条件。

　　到小岗村不久，沈浩就组织村干部、"大包干"带头人等到华西、大寨等名村参观学习，回村后认真开展"小岗怎样快发展"的大讨论，解放思想找差距，转变观念求创新，引导村干部增强加快发展的责任心和紧迫感。

思路一变天地宽。沈浩和村"两委"班子带领群众认真研究制定发展规划，确立了"调整产业结构，发展特色农业；加快设施建设，发展旅游业；跳出小岗求发展，着力办好工业园"的经济发展思路，并制定了详细的工作措施和发展目标。

2004年，村里依托已有的80亩葡萄示范园，成立"优质葡萄种植协会"，聘请农技专家传授栽培技术，通过党员示范带动，壮大了葡萄产业。2005年，村里引进粮油食品发展有限公司，公司采取订单方式，与村民签订小麦种植、收购协议，并积极吸收村民到企业务工，村集体也实现增收。

小岗村系"全国十大名村"之一，每年到小岗村参观考察的游客络绎不绝。沈浩抓住这一机会，带领村干部在旅游开发上做文章：依托"大包干纪念馆"、农家茅草屋和村民文化广场等旅游休闲景点，拓展旅游项目，开发旅游产品，创建国家AAAA级旅游景区。群众看到了前景，自发地做起小买卖，还办起了"农家乐"。

为提高小岗人的生活质量，沈浩多方筹措资金，完善基础设施：修通了村级水泥路，对村庄进行绿化、亮化；修复了自来水和广播电视等设施；兴建了党员活动室、卫生服务中心和档案室。他任职第一书记期间，全村家家都改善了住房，三个居民小区200多户村民入住新居。

物质生活上去了，群众对精神文化生活有了新追求。为鼓励村民做好下一代的教育培养，在沈浩提议下，村里专门设立"教育基金"，哪家孩子考上大学，专科奖励3000元，本科奖励5000元。村里组织开展了"好婆婆、好媳妇、文明示范户"评选活动，组建了腰鼓、花鼓表演队，兴建了图书阅览室、文娱活动室，每周还用党员现代远程教育设备在村民文化广场放映露天电影。

人们都说，沈浩在小岗村的六年，是村里发展最快的六年，也是小岗村民得实惠最多的六年。2008年，小岗村农民人均纯收入达6600元，是2003年的2.87倍。时任小岗村党委副书记的李梦元说："他心里装着小岗，一门心思让村民富起来。""大包干"带头人严金昌说，以前的小岗人躺在过去的"功劳簿"上睡大觉，捧着"第一村"的金招牌富不起来，是沈浩带着大家开阔了眼界、转变了观念、找准了路子。

"他事事想着群众……不是亲人胜似亲人"

六年时间，沈浩始终与小岗人民同呼吸共命运，把赤诚的心捧给群众，把无限的爱献给百姓。

2005年夏天的一个夜晚，雨下得特别大，沈浩想起村民徐庆山一家还住在三间危房里，翻身从床上爬起来，摸把雨伞就往外冲。他忙了大半夜，把徐庆山一家安顿好后才放心地回去休息。打这以后，沈浩下决心要改善群众住房条件，并四处筹钱，终于在年底前建好了第一批住宅新区。2006年春节前，包括徐庆山在内的26户农民都高兴地住进了楼房。

五保户韩庆江患有严重的心脏病、哮喘病。有一次他病情突然发作，沈浩立即把他送去抢救，并掏出身上所有的钱给他治疗。老韩在医院住了38天，病治好后，沈浩又安排他在小岗钢构厂当门卫。

在小岗村，村民中流传着这样一句话——"有困难，找沈浩"。困难户韩德国的孙子刚出世，母乳不够，家里又买不起奶粉，沈浩知道后，从口袋里掏了 1000 元钱送去。村民关友林全家六口人，有四人身体残疾，生活十分困难，沈浩对他家特别照顾，逢年过节都要送去慰问金和年货，还给他家送衣送被。"大包干"带头人关友章的遗孀毛凤英老大娘病得较重，沈浩及时把她送到医院，对院长说："你尽管给她治疗，账我来结。"

2007 年大年三十早上，沈浩一开门，看见邱世兰老大娘坐在门口，忙问大娘有什么事。老人说："没什么事，就想请你到我家吃个年饭。"沈浩悬着的心落下了，但不想给大娘添麻烦，连忙说："大娘，您的心意我领了，饭就不吃了。"大娘不由分说地拉着他："我可是头一回请村干部吃饭，你不去那可不行。"面对大娘的一片真心，沈浩吃了这顿难忘的年饭。那天晚上 9 点多，沈浩才赶回合肥，家里人一直在等着他吃年饭。

沈浩（右一）向媒体记者介绍小岗发展情况

在小岗，村民们都知道，沈浩的房门从不上锁，乡亲们只要有事找他，随时都可以直接走进他的房间。2008年3月，全县进行行政区划调整，小岗村扩大了十倍，村里事务更加繁忙，每天来找沈浩的人更多了。其他村干部看他整日太辛苦，就趁他外出给他住处安了一扇铁门，想让他少受打扰。他看到后很不高兴地说："乡亲们找我的事再小也是大事，我们干再多的事也是分内的事。"从此，这扇铁门就再也没有锁过。

"他事事想着群众，群众没想到的他都能想到，他不是亲人胜似亲人。""大包干"带头人严立华这样评价。

"他有闯劲、有本事，这样的领头人我们打心眼里拥护"

沈浩肩负"中国改革第一村"领头人的历史重任，弘扬敢为人先的创新精神，积极推进土地流转，深化农村各项改革，使小岗村的发展充满了生机和活力。

从2006年开始，在沈浩的带领下，小岗就开始探索推进土地承包经营权流转，实行规模经营。有媒体报道说，"小岗村要重走集体道路"，仿佛沈浩的改革是在否定"大包干"。当时，顶着巨大压力的沈浩对凤阳县委书记马占文说："只要小岗人真正得实惠，我什么困难都不怕！"他坚信："过去分田搞'大包干'是改革，现在搞土地承包经营权流转，提高土地产出水平，也是改革，都是顺应时代发展的趋势！"

沈浩引导农民以每亩500元的价格把土地租了出去，并建立土地承包经营权流转中心。全村3000多亩土地承包经营权流转，不仅大大提高了土地收益，而且进一步优化了资源配置。"大包干"带头人关友江介绍，正是加快土地承包经营权流转步伐，保证了招商引资企业的顺利进驻，让小岗村的土地焕发出新的活力。

那几年，小岗村先后招引多家企业进驻：引进美国 GLG 集团到村发展甜菊糖生产加工，建设甜叶菊育种基地等十多个项目；引进广州从玉菜业集团到村兴建 1 万亩现代蔬菜生产基地；引进深圳普朗特集团到村创办生态农业园；引进"天下一碗"米线食品企业到村投资设厂；引进凤阳瑶海集团与凤阳国家粮食储备库到村联合投资发展物流仓储和粮油加工。

一个个企业的落户，都凝聚着沈浩的心血和汗水。为了 GLG 项目及时落地，沈浩带领村"两委"一班人，二十多天就完成 1000 亩土地丈量、补偿金发放及地面附着物清除任务。为了项目及时落地，村里 204 座坟墓要在三天内完成搬迁。事前，沈浩和村干部做了大量细致的工作，村民们给予充分理解和支持。看着群众迁坟的现场，沈浩十分感动，他双手抱拳动情地对大家说："谢谢你们了，我给你们的先人鞠躬了！"

小岗发展离不开人才支撑。沈浩在实践中创新思路，以优惠政策创造性地从安徽科技学院引进三名大学生，到村里种植双孢菇。创业大学生不仅带动村民建起了 179 个蘑菇大棚，还与种植户共同成立了"小岗村利民食用菌合作社"，联合农民共同应对市场，大大增加了种植收益。尝到甜头后，沈浩又引导村民成立了资金互助合作社、养鸡协会、养猪协会等，使农民共享资金、技术，共同承担风险，"抱团"闯市场。

六年时间，小岗村引进项目 13 个，到位资金 2.3 亿元。"大包干"带头人严宏昌说："沈浩来小岗村后，小岗的变化很大。"曾担任村支书的"大包干"带头人严俊昌更是赞不绝口："他有闯劲、有本事，这样的领头人我们打心眼里拥护！"

"他从没有把自己当外人……就和我们一个样"

沈浩刚到小岗村时，村里友谊大道东边一公里多的泥巴路，"雨天一身泥、晴天一身灰"，大伙都巴望着改成水泥路。一开始，村里打算从外面请工程队，最少也得四五十万元。

沈浩把大家找在一起商量，决定由村里租机械、村民出工自己修。修路的那些日子，他天天泡在工地上，扛水泥、拌砂浆……严金昌回忆说："路修好了，大伙儿一算账，整整省了20万元。他既为村里节约了开支，又让村里人挣了工钱。"

以前，小岗村对外交通很不方便，到县城要绕过镇里走上四十多

沈浩（右三）在村民中走访、调查

公里路，而且十几年前修的路坑坑洼洼。为解决"出行难"的问题，村里打算修一条小岗村直通省道 307 线的快速通道。当时，许多人都认为根本不可能——因为要跨过京沪铁路修一座高架桥，为一个村修公路让火车停下来，岂不是天方夜谭？然而沈浩没有放弃，他不辞辛苦，不怕碰壁，一次次奔波于铁路、交通等部门，终于用诚心赢得了有关部门的支持。在高架桥合龙的时候，这一段铁路破例停运了 40 分钟。2008 年 6 月底，小岗村快速通道正式通车，村民出行路程比原先缩短二十多公里。

小岗的路修好了，村民的房子建好了，村容村貌焕然一新。而沈浩的生活依然简朴，他始终住在村里一间 20 平方米的简陋平房内。"他连一张像样的桌子都没有，衣服都放在床上和椅子上。他每月交 600 元钱在村民马家献家搭伙。"关友江好几次实在看不下去，喊沈浩去他家食宿，都被婉言谢绝："我一个人，怎么都好凑合，不能打扰你们一大家子！"他不讲究吃喝穿戴，一件羊毛衫穿得很旧，都还舍不得扔掉。妻子到小岗村看他，难过得直掉泪。

时任小岗村党委书记的金乔回忆说："沈浩书记特别能吃苦，有时在村民组工作来不及回住处，走到哪都能将就吃一点，即使遇到剩菜剩饭也不在乎。"致富能手严德友也说："沈浩在我们小岗从没有把自己当外人，他和我们一起吃住，一起干活，就和我们一个样。"

"他是累倒在小岗的"

沈浩的大学校友朱长才回忆说，沈浩在校期间就是一个品学兼优的学生，毕业前还光荣地加入了中国共产党。到省财政厅工作后，沈浩很快成为机关业务骨干。

2003 年年底，按照省委部署，省财政厅要选派一名优秀干部到小岗村任职，厅党组找他谈话时，他爽快答应了。其实，同事们都担心，沈浩上有 80 多岁的老母亲，下有正在上小学的女儿，妻子在银行工作又很忙，如果他长时间在基层，家里怎么办？可沈浩什么困难也没提，义无反顾去了小岗。

沈浩六年在小岗，长期顾不到家，妻子又忙不过来，夫妻俩只好把女儿送回老家萧县去读书。沈浩是个孝子，1996 年以来，老母亲一直和他生活在一起。到小岗任职不久，他只好又把母亲送回萧县老家，托付给哥哥照料。母亲临上车的时候，他"扑通"一声跪倒在地，给老人磕了一个响头，泪流满面。

2006 年年底，选派干部到村任职工作即将结束。按说，任期届满回机关工作很正常，而且从家庭考虑，他也应该尽快回去。他也对严金昌说："我真的想回家了。来小岗这三年，我与老母亲没有见过几次面，女儿送老家读书了，长什么样都快想不起来了。还有呀，我有些工作没有做到家，觉得对不起群众。"严金昌也对他掏出了心里话："我知道，这些年，你为我们把心都操碎了。现在小岗正在大变样，你要是真走了，我们怎么办？我们都想好了，一定要把你留下来！"

于是，98 户农民像当年搞"大包干"那样，按下鲜红的手印，找到省选派干部到村任职工作领导小组办公室和省财政厅，请求让沈浩继续留在小岗村工作。28 年前，小岗人按"手印"，是为了吃饱饭而"要地"；这次，小岗人按"手印"，是为了致富而"留人"。

面对小岗人庄重而珍贵的红手印，组织上征求沈浩意见。沈浩十分矛盾。但是，面对 98 颗鲜红的手印，面对组织的殷切期望，特别是小岗村刚步入加快发展轨道，他实在难以割舍，便毅然决定留在小岗。

时光匆匆，到 2009 年年底，沈浩第二个任期又要结束了。这个时间越临近，小岗人心情越矛盾，大家想继续挽留他，但考虑到他离家六年，做出太多牺牲，又于心不忍。村干部和村民们反复合计，再三商议，于 2009 年 9 月 24 日又一次按下了深情挽留他的红手印——整整 186 颗鲜红的手印。

就在沈浩去世的前几天，严金昌还对他说："沈书记，三年又要到期了，我们又按了红手印，还想留你再干三年。"沈浩笑着说："我不走了，永远在小岗干了。"但是，小岗人万万没有想到，沈浩就这样永远留在了小岗。"他是累倒在小岗的。"小岗村党委书记金乔说道。

"沈浩永远活在我们心中"

沈浩就像一位不知疲倦的跋涉者，一直在为小岗人的幸福奔波操劳。直到去世，他的案头还摆放着一张《小岗村近期重点工作责任分解及完成时限表》。在人们含泪整理他遗物的时候，发现在他的床下有七双鞋子全都沾满了泥土……

沈浩不幸逝世后，凤阳县城成千上万的干部群众自发前来送行，人们胸佩白花，臂挽黑纱，泪如雨下。"沈书记一路走好""沈浩永远活在我们心中""沈浩永远和小岗人民在一起"……一副副挽联寄托着人们对沈浩的无限崇敬与哀思。

小岗村一百多位村民从二十多公里外赶来，哭成一片。"沈书记，这么好的人怎么突然就走了呢？"72 岁的"大包干"带头人严立坤卧病在床，不顾劝阻，硬要家人把他搀扶到县城，要见沈浩最后一面。邱世兰老人抹着眼泪，手中的拐杖把地捣得咚咚响："我老了没用了，要能用我的命把这好孩子换回来就好了！"

"两任村官呕心沥血带领一方求发展，六载离家鞠躬尽瘁引导万民奔小康”，小岗人饱蘸泪水写就的这副挽联，不仅是对沈浩无尽哀思的真情寄托，更是对他六载倾情小岗的真实写照。

"沈浩，回家吧！""爸爸，你说话不算数，你不是说年底回家的吗？"在沈浩遗体告别仪式上，沈浩妻子王晓勤和女儿沈王一撕心裂肺的呼唤，使在场的人无不潸然泪下……沈浩，虽然没有再回到他温暖的小家，但他已融入一个用大爱筑就的"大家"。

哀歌动大地，浩气贯长空。应小岗村民的要求，并经沈浩的家人同意，他的骨灰安放在小岗村公墓。当他的骨灰回到小岗时，数千群众把道路两边围得水泄不通。人们目送着灵车缓缓移动，眼里饱含着泪水。

沈浩，一个一心为民、热爱小岗的优秀共产党员，永远留在了这片热土上。

斯人已去，精神长存。沈浩永远离开了他所钟爱的事业，离开了他所深深挚爱的亲人、朋友和同事，他一串串不平凡的足迹，一件件感人至深的业绩，生动诠释了一名新时期共产党员的崇高境界。

"丰收使者"，把论文写在麦田里

——记"全国粮食生产先进工作者标兵"胡承霖

胡承霖简介

　　胡承霖，男，汉族，1929年12月出生，中共党员，安徽合肥人，安徽农业大学教授。从事小麦生产研究数十年，他跑遍了皖北小麦主产区。2005年发起小麦高产攻关行动，经过八年努力，推动安徽省小麦单产提高97.4公斤，总产提高118亿斤，累计增产600.74亿斤，创造了粮食高产"安徽模式"。他推广的扩大行距、降低播量关键技术，使小麦亩播种量平均下降约10斤，为农民节约成本数亿元。他为全国粮食生产作出巨大贡献，获得"全国创先争优优秀共产党员""全国五一劳动奖章""全国粮食生产先进工作者标兵""安徽改革开放40年风云人物"等荣誉。

作为一名小麦专家，从省城合肥到皖北麦区，这条向北的路，延绵数百公里长，几十年间，胡承霖跑了数百次。

车下的路经历了从坎坷土路、柏油路再到高速公路的巨变，胡承霖也从意气风发的年轻人，变成了年逾九十的老年人。小时候饱尝挨饿之苦的胡承霖，20岁时正赶上中华人民共和国成立，有幸成为新中国的第一代大学生。他曾在日记中写道："要立志为解决中国人的吃饭问题做点事。"

他是这么说的，也是这么做的。

一辈子与小麦打交道，胡承霖发起小麦高产攻关行动，创造了粮食高产"安徽模式"。他主编的《安徽小麦》《安徽麦作学》等专著，是指导安徽省小麦生产的权威著作。他本人获得了"全国创先争优优秀共产党员""全国五一劳动奖章""全国粮食生产先进工作者标兵""安徽改革开放40年风云人物"等诸多荣誉。

他是农民心中的"丰收使者"，是小麦高产攻关的"实践者"，也是科学种田的"贴心人"。

把"教授气"磨得干干净净

1978年，胡承霖调入安徽农学院（今安徽农业大学）后，一直从事农作物栽培教学和小麦生产研究工作。

除教学任务外，胡承霖把大部分精力都投入到小麦的高产研究中。"农业生产一线就是最广袤的田野，所以，我把农田当作最实用最高效的实验室，在田间做实验、写论文。"胡承霖说。

作为一名大学教授，胡承霖有个与众不同的地方——他有一个黑色挎包始终不离身，需要下乡时，他随时背上挎包，拔腿就走。这可是他的"百宝囊"。田地间查看麦种生根情况时，他可以变戏法一样从挎包中掏出一把小铲就挖。挎包内，除小铲外，还放着笔记本、材料、毛巾、茶杯、电话簿"几大件"，磨得卷边损角的电话簿里，工整地记着400多个农家电话号码。

在皖北村村寨寨，很少有农民把这个戴老花镜的"泥教授"当外人了。小麦生长期里，苗情如火，他常常是一挤出熙熙攘攘的车站，就直奔田头，裤脚一卷就下地，在田埂上跟农民唠到天黑。

他记不清"学生"有几万人了。他常常在田头举着个大喇叭，对着黑压压的人群"喊课"，一直喊到嗓子失了声。

他也记不清连续多少个春节被老伴埋怨了。几乎每年正月初三、初四，连当地农民都还猫在家里过冬，他就下到皖北麦田了。

胡承霖听得懂、讲得出许多种拗口、难懂的皖北方言。并非他有特殊的语言天赋，而是长年累月同皖北农民拉家常、话农事，当地

胡承霖（右三）在阜阳市颍州区程集镇东刘村的田头，向当地的种粮大户和农机手就秋收秋种和现代农机装备服务农业生产进行"传经送宝"

方言自然也就"耳熟能详"。

让他头疼的是，农民有农民的质朴，农民也自有农民特有的固执。固守传统使他们对新技术的排斥像"针尖对麦芒"。

"要实现粮食的增收，就一定要引导农民走上科学种田的道路。"胡承霖说，"我从小就过惯了苦日子，懂得农民家底薄、怕折腾的心思，只有看到实实在在的收益，他才可能按照你的话去做。"

2007年年初，胡承霖到怀远县荆芡乡涡南村搞高产田示范，给农民讲解科学播种的好处。他要求村民把播种量从每亩40多斤减到18斤。

村民孙敦明心里打鼓。"穿皮鞋的教授比祖辈泥腿子更会种田？""说得天花乱坠，你们拍拍屁股走人，我们收少了怨谁？"

孙敦明认为教授是在"瞎指挥"，因此白天播了18斤麦种，夜里又偷偷溜回地里，补播了17斤种子。"俺村头有句古话叫'有钱买种，无钱买苗'。宁愿多下种，不能等到苗少捶胸口哇。"

麦收时，他傻眼了。由于播种过密，麦子在一场大风后全倒伏了。其他农户按照胡承霖的新办法做，亩产高了400多斤。他悔得一个劲捶胸口。

"要懂得农民脾性，只有混熟了，传授技术才最有效！"胡承霖常抡起膀子陪农民干活，一干就是一整天。

"得把教授气磨得干干净净，用农民自己的话讲课。"为了讲清统一防治病虫草害的必要，他举"打麻将"这些农民能听懂的例子，"如果大家不统一防治，像打麻将'三缺一'，怎么和牌啊？"

听课的农民哄堂大笑，胡承霖讲的道理也就在这笑声中悄悄地在农民心里扎下了根。

和农民贴得很近的胡承霖，一直保持着艰苦朴素的作风。他和同事们一起下乡做播种示范时，早上5点多就从宾馆出发往麦田里跑，

胡承霖（中）在涡阳县"安徽农业大学小麦万亩高产攻关基地"查看小麦长势

一整天都在麦田里现场开会、做示范播种、检查农业机械等，经常是早饭没吃，中午也就凑合着对付一下，下午再接着示范。跟他同去的同事都觉得受不了，他却说农时不等人。每次出差，他都要求只住几十元的小旅馆，给农民讲课指导从来分文不取。2010年，感动于他的精神和品格，小麦区的干部群众为他集体向省政府请功。

古稀之年立"军令状"

胡承霖始终坚守"服务三农、献身三农"的信念，把让农民丰收、过上富裕日子作为自己的神圣使命和精神追求。他几十年如一日立足田间地头，用自己的知识来改变农业生产，给群众带来丰收的喜悦和实实在在的利益。

1989年，胡承霖开展万亩水稻 - 小麦吨粮田研发。他指导农民改晚播为抢墒早播，改大播量为中播量，改耧播为机播，改返青肥为拔节肥，杂交水稻平均亩产达到 517.5 公斤，小麦平均亩产达到 410.9 公斤，使当地农民在万亩项目区和 4 万亩辐射区面积上新增效益 1984.3 万元，为安徽全省粮食高产提供了样板。

1994 年，在胡承霖的建议下，安徽省农业厅于秋种开始组织实施了"四五六"小麦攻关活动（沿江地区、江淮地区、淮北地区小麦分别实现单产 400 斤、500 斤、600 斤）。他担任全省小麦生产顾问组组长，负责抓全面技术培训和抓点带面工作。其中示范点界首市小麦产量三年中有两年平均单产超 400 公斤，在安徽省第一个进入全国 400 公斤小麦县之列。他指导的亳州市也获得 405 公斤的平均单产水平。

1997 年我国实现粮食自给自足之后，开始"扩经压粮"，大规模进行农业产业结构调整。1998 年到 2003 年，全国粮食作物面积逐渐收缩，总产量持续徘徊，到 2003 年，库存创二十六年来最低，小麦总产下降 720 亿斤。

其实在此之前，国内外关于粮食的议论已经开始，美国人甚至抛出"谁来养活中国人"的沉重命题。与粮食作物打了一辈子交道的胡承霖看在眼里，急在心里。那时候粮食主产省安徽的小麦产量也持续下滑，1997 年单产还比全国平均水平高 20 公斤，到 2005 年却降到全国平均水平以下 10 公斤。

小麦是安徽的主要粮食作物，是沿淮淮北地区的"当家品种"。抓好小麦生产，既关乎粮食产量的增加，又关系到农民的增收问题。

2005 年 4 月的一天，一封 3600 多字的长信摆到了分管农业和农村工作的省领导的办公桌上。这封信的作者就是时年 76 岁的胡承霖。信中谈了他对国家粮食安全的担忧，建议在安徽小麦主产区开展小麦高产攻关，同时附上了一份"安徽小麦五年增产 50 亿斤"的攻关方案。

胡承霖在信中写道："由于安徽地处南北过渡地带，气候条件特殊，小麦生产经常遭受北旱南涝、冬春低温霜冻、冰雹、龙卷风、干热风等自然灾害及多种病虫危害。只有在主攻单产上下功夫，才能实现小麦的稳产高产。"他从改善麦田水利基础设施、推广良种良法、加强技术培训、建立高产示范样板等多个方面对攻关目标进行了可行性分析并提出了相关建议。

信寄出后，胡承霖几晚没合眼。后来他说，那封信，像给自己立了一道"军令状"！

省领导掂出了这封信的分量。很快，粮食高产攻关计划成了安徽省委、省政府的一项重要工作内容。省政府成立了小麦高产攻关专家组，分管副省长是组长，胡承霖任副组长。

冷言冷语也呼呼地刮了过来。"老胡疯了？大把年纪，纸上谈兵就能增产几十亿斤？""项目肯定有大笔经费，还不是为了多搞点钱呗。"

胡承霖没有回应一句话。

那年 6 月 27 日，是合肥入夏以后最热的一天，比天气更热的是安徽省小麦高产攻关专家论证会的讨论气氛。安徽省农委、农业大学、农科院、农机、植保、农技推广、气象等单位的专家学者一起对小麦高产攻关方案进行论证，共同谋划小麦高产攻关的蓝图。大家一致认为用提高单产的办法，五年实现安徽小麦增产 50 亿斤，不仅有可能，而且有把握。

经过充分论证后，安徽省政府研究决定，"小麦高产攻关"列入"十一五"规划，在全省麦区开展为期五年的高产攻关活动。

从 2005 年秋种开始，一场"依靠科技主攻单产，全面提高小麦生产水平"的农业生产大会战在安徽亳州、宿州、蚌埠、淮北、阜阳、淮南、滁州、六安、合肥等九个小麦主产市拉开了帷幕。

胡承霖（右一）在淮北万亩麦田收割现场了解收获情况

同农民签"赔偿协议"

"让十几亿人的饭碗端在自己手里，让广大农民过上富裕的日子，是农业科技人员肩负的神圣责任和光荣使命。"胡承霖说。

几十年来，胡承霖跑遍了江淮大地，对麦产区的土壤、墒情、肥力、农民种植习惯等了如指掌。他说："安徽小麦单产之所以长期徘徊，是播量大、行距窄、'一炮轰'施肥、品种和播期不协调、整地质量不高、灌溉方法落后等原因造成的。这些不科学的种植习惯不仅加大成本，不利于麦苗生长，而且容易造成后期倒伏，影响产量。"为此，"小麦高产攻关"启动后，"上足了发条"的胡承霖首先要做的，就是改变农民长期固守的种植习惯。

涡阳是皖北经济条件相对落后的小麦生产大县，常年小麦种植面积 180 万亩，由于地处黄淮地区最南端，小麦生产的气候条件相对较差，平均单产一直徘徊在 700 斤左右。胡承霖的第一个高产攻关示范点就选定在这里，并设定了全县亩产超 1000 斤的目标。他说："小麦千斤县在这个纬度上从来没有过，在这里搞出一个千斤县来，虽然困难很大，但极有示范推广价值。"

从此，他成了涡阳的"常客"。各乡镇相继建起示范片、示范方、示范田块，不管是刮风下雨，还是冰天雪地，从楚店到新兴，从高炉到店集，从陈大到青疃，都留下了他劳碌的身影。

2009 年冬天，淮北气温比常年低得多，导致麦苗生长不足。胡承霖提出用分次施肥的方法来解决，新兴镇种粮大户刘彪认为"老规矩不敢破，麦子毁了当年穷"，不能眼看着麦田减产。胡承霖提出跟他签"赔偿协议"，如果麦子少收，就按最高市场价赔他钱。刘彪被胡承霖的决心打动了，于是按照他提出的方法施肥，亩产比往年高出 200 多斤。

胡承霖深知农民是最讲究实际的，所以除了在工作中一遍遍苦口婆心地讲解，在田头一次又一次不厌其烦地给农民示范外，他铆足劲在示范片上下功夫，就是要让农民看到实实在在的效果，让农民对科学种田的道理口服心服，自觉自愿地改变传统种植方式，按照科学的方法种植小麦。

高炉镇陆杨村是胡承霖的试验点之一，攻关方案实施第一年，就取得了明显效果。村支书巩向海说："按照胡老师的指导，现在村里 1.5 万亩麦田全部实现统一深耕，统一供种，统一播种，统一测土配方施肥，统一植保，统一收割，攻关第一年亩产就达到 800 斤，最好的田块能达到 1400 斤，过去连想都不敢想。"

农民孙子富说："胡老师总对我们讲，如果不科学种田，成本大、收益低，科学种田成本小、收益大。现在一亩地种子省 15 斤，肥料钱省 20 元，成本能降几十块，我们合作社 1600 多亩地，不算增产的效益，光成本就能节省好几万。"

为了有效控制播量，除了讲解示范，胡承霖还动脑筋想办法，从农业机械入手，把原来播种机的 7 个耧腿去掉一个，使亩播种量降低 10 斤，仅此一项技术的推广，每年为安徽全省麦区农民节约成本 3 亿元以上。

在胡承霖的指导下，涡阳县的高产示范点亩产达 1478 斤，创造了同纬度全国小麦高产纪录，并于 2010 年实现了全县 180 万亩小麦平均亩产超千斤的目标。

麦田里的"魔术师"

2005 年的冬天格外寒冷，利辛县冻害肆虐，"新麦 18"面临严重威胁，老百姓望天兴叹、无计可施，以为要绝收了。就在这个时候，利辛县农技中心主任张继林参加皖北地区小麦苗情调度会，第一次见到来讲课的胡承霖。他心急如焚地上前拉住胡教授："能到我们那看看不？""好啊，我正想去看看呢！"讲座一结束，胡教授就跟着张继林来到利辛。

在纪王场乡，胡教授深一脚浅一脚，从这块田到那块田，反复查看苗情和墒情。农民们听说省里的专家来了，都赶了过来。一位农民眼泪巴巴地说："我一家老小的口粮就靠这些麦子了，你看还有没有救？"胡教授说："大家别灰心，天气一回暖立即浇水施肥，水肥齐攻。""方子"还真灵，第二年夏收时，"绝收地"平均一亩打出了 610 斤麦子。从那以后，利辛农民送他个雅号"胡麦神"。

2006 年，灵璧县持续秋旱近两个月，小麦播种期拉长，地里的麦苗小而弱。冯庙镇农民张修齐说："这样的弱苗会造成大幅度减产，当时大家急得不知怎么办才好。就在这个时候，胡老师来了。他告诉我们早施返青肥，有利于立春后麦苗快速起身，每亩能增产 100 斤以上，到拔节时再普施拔节肥，同时做好病虫草害防治，一定能有好收成。"按照胡老师提出的方法抓田管，麦苗慢慢返青了，弱苗转壮了，这一年小麦喜获丰收。

"胡老师说，麦苗跟小孩一样，要注意长得健不健康、达不达标准，没有达标想什么办法补救。以前我们在面对自然灾害时脑子里一片空白，现在有了应对措施。"蒙城县白杨林场场长乔长伟说，"胡老师来了之后，示范片的产量让农民服了，小麦亩产大幅提高。特

胡承霖（右二）在蒙城麦田给麦苗"会诊"

别是 2008 年冬春大旱，在那种情况下，小麦亩产达到 1318 斤。虽然我们这里一直是统一种植、统一收获，但这么高的产量，以前是不敢想的。"

连续几年，胡承霖指导创建的高产示范田块单产水平不断突破历史，已从亩产 1000 斤以上，进入 1200 斤、1300 斤、1400 斤以上。在胡承霖等一大批农业科技人员的共同努力下，在各级政府的强力推动下，安徽五年小麦高产攻关结出了累累硕果。

据国家统计局安徽农调队统计，高产攻关第一年，安徽小麦总产达 207.8 亿斤，比上年净增长 46.2 亿斤，增幅达 28.6%，增幅居全国 13 个粮食主产区首位。全省麦区平均单产首次突破 600 斤，单产、总产双超历史最高纪录。2007 年，在遭遇多种自然灾害的情况下，小麦平均亩产仍达 636 斤，超过全国平均水平。2008 年、2009 年、2010 年又连年单产创新高，尤其是 2010 年在低温阴雨等不利天气情况下，单产达到 680 斤，总产仍达 241.3 亿斤。"十一五"期间小麦增产 79.7 亿斤，远远超过了当初设定的 50 亿斤目标。

安徽小麦单产连创历史新高，成为全国小麦单产、总产增幅最快的省份。"十一五"期间，安徽全省粮食总产从 500 亿斤增加到 600 亿斤以上，带动了农民收入连续五年实现两位数增长，"十一五"年均增幅居全国第一。

对"三农"无限热爱

创造了增产奇迹，安徽省政府表彰小麦高产攻关工程，把 10 万元奖金的大奖发给了胡承霖。回来后，他却要把这笔钱捐给学校，说："我不缺这些钱，每月退休工资够用了。这钱要奖给那些家里困难的、愿意毕业后到农村的学生！"

胡承霖还说："我是一名老党员，就得为党和人民的事业奋斗一辈子。"

秉承这种信念，胡承霖的心始终和农民朋友在一起、始终和他田里的小麦在一起。两个在美国的女儿多次邀请胡承霖去尽享天伦之乐，但他每次都拒绝了。2009 年中秋节，省里在涡阳县召开会议，研究布置秋种工作，他的女儿女婿回国探亲，老伴打来电话让她回家见见孩子，他权衡再三，最终还是因工作原因选择留在涡阳。

怀着对"三农"事业的无限热爱、怀着对农民的深厚感情，胡承霖处处严格要求自己，始终保持艰苦奋斗的作风。"农业工作虽然很辛苦，但一到麦田里，我身上就有一股使不完的劲。"90 多岁高龄的胡承霖依然奔波在麦田里。他认为，高校老师尤其是科技工作者，应该把对教育事业的无限忠诚，转化为实实在在的为人民服务，把对科学事业的执着追求，转化为切实推动生产、推动发展的技术支撑。

胡承霖的精神也激励着一大批优秀的中青年教师分赴江淮大地服务"三农"。据安农大统计，该校先后有 70 多人次的教师和科技人员因扶贫兴农成绩突出获国家级奖励。

为全国粮食生产做出突出贡献的胡承霖先后获得了多项"国字号"荣誉。对此，胡承霖说，我仅仅做了一点力所能及的事，党和国家却给了我这么多荣誉，我唯有加倍努力，才能对得起党和国家的培养、农民朋友的信任。

2009 年，胡承霖 80 岁的时候曾经许下一个愿望：如果我的身体条件允许，我就继续在农业一线干下去，干到 90 岁！

2019 年，胡承霖 90 岁的时候又许下一个愿望：现在我的身体还很好，我将努力为党和国家的事业干到 100 岁！

"萌书记"带民奔富路

——记"中国青年五四奖章"获得者王萌萌

王萌萌简介

王萌萌，女，汉族，1988年7月出生，中共党员，滁州市定远县吴圩镇西孔村党总支原第一书记（大学生村官），现定远县吴圩镇九梓村党总支书记。她扎根基层八年，先后成立返乡大学生创业示范基地、皖圩种养殖专业合作社，大力发展种养循环经济产业园，帮助贫困户户年均增收2万元，为村集体每年增加不低于15万元收入，目前九梓村集体经济收入已达122.35万元，并领导设立就业扶贫车间，举办劳动技能培训，实现贫困人口家门口就业。在她的带领下，西孔村全村135户贫困户全部脱贫，并带动周边乡镇农户种植蔬菜瓜果5000多亩，西孔村逐渐从名不见经传的"落后村"，成为产业兴旺的"明星村"。她先后获得"全国农村致富带头人""全国脱贫攻

坚青春榜样典型人物""全国岗位学雷锋标兵""安徽省大
学生村官标兵""安徽省巾帼建功标兵""安徽好人"等荣誉，
获"安徽省青年五四奖章""中国青年五四奖章"。2018年
当选为十三届全国人大代表、共青团十八大代表，2020年8
月当选为全国青联副主席。

扎着干练的马尾，浑身透着年轻人的精气神，眼前这个"85后"
的姑娘就是安徽省滁州市定远县吴圩镇九梓村党总支书记王萌萌，也
是一名大学生村官。

"帮助"是王萌萌经常说到的一个热词。"我是听着雷锋故事长
大的，小时候觉得雷锋叔叔遥远而伟大，现在我慢慢懂得，学雷锋就
是尽自己最大努力去帮助需要帮助的人。"王萌萌说。

2013年，王萌萌从合肥工业大学法学专业毕业，怀着满腔热情
回到了家乡定远，当上了大学生村官。2015年，她又成长为吴圩镇
西孔村党总支第一书记。2021年11月，她开始担任吴圩镇九梓村党
总支书记。

扎根农村，带领乡亲一起奋斗过上好日子，让她这棵"85后"幼苗，
在农村这片广袤的田野上，成长为村民们心中值得信赖的大树。村民
们都亲切地喊她"萌书记"。

毕业回村，梦想的种子扎根乡土

"大学毕业了，不好好在城里找一份工作，却跑回家当起了村
官。"她的同学对此很不理解。王萌萌却不这样认为："我是从农村
出来的，回到农村再正常不过了。能帮到乡亲们，我很满足。"

参加全国两会后，王萌萌（中）向镇村干部宣讲全国两会精神

"这些年好不容易把你从农村送出去了，想让你过上好点的生活，你倒好，自己回来了。"王萌萌的父母起初坚决反对她回乡。"与繁华的城市相比，农村更需要年轻的大学生去改变，多一个人回来就多一分希望。我这次回乡打算带领大家一起脱贫致富。"面对父母的反对和质疑，王萌萌耐心解释，她心中的想法从未动摇。父母最终拗不过倔强的王萌萌，同意了她的决定。

说起选择到农村工作的契机时，王萌萌仍然显得很激动。那是大四那年的毕业前夕，她偶然在校园中看到一个给建筑工地农民工做饭的妇女因为太累，顾不得烈日炎炎，周边一片狼藉，搂着刚满周岁的孩子在树下睡着了。这个情景触动了王萌萌，让她想起家乡在外务工的亲戚。她看着很不忍，问其中的一个农民工："你们不能在家乡找个事做吗？"那人答道："我们没本钱、没技术，种点水稻小麦不够花销的，其他的又干不来，所以趁着农闲出来挣点钱。"这番话深深刺痛了王萌萌的心。

"如果家门口就有好的工作，谁愿意背井离乡？"回去后，王萌萌思考了很久很久，她暗下决心要到村里去，给农村富余的劳动力一个在家门口就能工作的机会。

就这样，在同龄人奋力逃离那片贫瘠土地的时候，王萌萌却毅然放弃了走向繁华都市的机会，选择了回乡扎根乡土奉献基层。

当年 8 月，王萌萌大学毕业后，带着满腔热血回到家乡定远县，当上了一名大学生村官，踏上了带领村民追逐致富梦想的道路……

创业示范，鲜红的草莓香飘田园

定远县吴圩镇西孔村，在王萌萌到来之前，是全镇出了名的"后进村"，经济发展滞后，贫困人口有 135 户。

当时的西孔村交通不便、发展滞后，村里到处是土路，村民年年种植"一麦一稻"，收入一直不见起色。

"那时候大家都觉得我就是个年轻姑娘，肯定干不赢。"回忆起刚到西孔村当"村官"时的情形，王萌萌记忆犹新。

面对这些质疑，王萌萌就想着"怎么也得做得像个大学生的样子"。

她在调研中发现，西孔村地势平坦，土地肥沃，高速道口就在村附近，非常有利于发展现代观光农业。在认真分析后，王萌萌准备种大棚草莓，吸引周边城市居民前来采摘、观光，带动村里产业发展。

"让村民转变思想、发展特色产业，光靠嘴巴说是行不通的，空口无凭不如先试先行，干出个名堂来。"

种好草莓并不是一件容易事。听说合肥市长丰县一个农户有着十几年种植草莓的经验，王萌萌决定前去请教。第一次上门时，一个60 多岁的严姓老汉听说是来学习技术的，果断回绝："姑娘，你找错门了，这里没有什么可学的。"王萌萌吃了一次"闭门羹"。

"大爷，我是真心拜您为师，学点知识回去帮助乡亲们共同致富。"王萌萌没有放弃，再次找到老人，恭恭敬敬地说。这次老人没有拒绝："你这娃娃还真有一股子韧劲，原先我怕你吃不了苦，才撵你走的。现在看来，你是铁了心要学这门技术，我不会保守那么点'小秘密'。"

2013年8月，靠着父母支持的资金、创业贴息贷款和其他农业扶持项目，王萌萌带头创立了"大学生村官创业示范基地"，建起了草莓园。她花了近20万元到杭州购买草莓苗。可是，草莓苗种下后一周内死掉一半，凭空损失10万元。面对乡亲们更加怀疑的眼光，王萌萌把泪咽在肚里。请教过专家后，王萌萌才知道原因是草莓苗在运输途中受热，造成冷热不均。王萌萌连忙再去杭州买回草莓苗进行补种，边干边学起来。当年12月底，红灿灿、亮晶晶的草莓陆续挂果。

"虽然没盈利，但好在打开了口碑。"原来，春节期间，每每家里有亲戚来访时，王萌萌都会主动把大家带到草莓园里体验采摘。看着热闹的采摘场面，村民们逐渐变质疑为接纳，纷纷前来参观咨询。

她建设的草莓园第二年就有了盈利。村民看到了效益，慢慢打消了怀疑，许多村民跟着王萌萌一起种起了草莓。

在王萌萌的带动下，吴圩镇大学生村官创业示范基地已逐渐建成了100亩草莓园、50亩果蔬园、200亩葡萄园，盖起了300多平方米的育秧工厂。

抱团种养，合作的成果惠及乡邻

有一天，王萌萌在走访时看到稻田里杂草丛生，问农户为什么不除草，身边的农户说已经除过两三遍。她把农户用的除草剂拿去检查，

王萌萌（中）在草莓基地向社员传授草莓种植管理技术

没想到是假冒伪劣产品。热心肠的她帮助农户统一采购正宗的除草剂，因为补施及时，大大减少了村民的损失。

"这件小事让我思考，光靠热情并不能从根本上帮助村民过上好日子，关键还是要改变传统农业的生产方式。"王萌萌说。

2014年5月，王萌萌创办了"吴圩镇皖圩种养殖专业合作社"，吸纳社员100多人，免费提供技术培训指导，带动周边更多的人种植草莓、蔬菜瓜果。

草莓园建成以后，吴圩镇西孔村咀杨组的孔兆伙将家里的田地全部流转给了草莓园，并长期在草莓园打工。只要算起收入，孔兆伙都会喜不自禁："我家流转了18亩土地，每亩流转费用670元，一年就是12000多元，我在草莓园打工，一年还有4万元的工资。原本不知道什么时候能还清的贷款，现在都还得差不多了！"

在外务工多年的吴远虎一心挂念着家里多病的老母亲，却苦于返乡后没有就业机会。2014年春节，吴远虎回老家过年，抱着试试看的态度到草莓园应聘。王萌萌了解了吴远虎的情况后，很爽快地聘用了他。吴远虎却搓着手表现出了担心："可是我没什么技术，到草莓园能做什么呢？""别担心，我这里正好缺农机手，你到我这来上班，我会为你提供免费培训！"如今吴远虎已经成了一名熟练的农机手。

"王书记拉来的化肥107.5元一袋，市场上要140元呢！""嗯，她的化肥是从厂家直接拉来的，价格便宜，还保证质量。咱们去瞧瞧！"庄稼人最关心化肥、农药、种子这些事。可是有些不法商贩利欲熏心，向群众出售假冒伪劣农资，这让王萌萌很忧心。经过多方奔走，王萌萌直接从厂家购买化肥和农药，解决了购买农资难的实际问题。不少群众在她的带领下，有了信心，也开始积极流转土地，发展现代农业，成为种粮大户。

她时刻谨记带动群众脱贫奔小康的使命。2017年5月，王萌萌争取相关政策，利用创业示范基地建成吴圩镇第一个扶贫车间。扶贫车间吸收了当地就业人口80多人，其中贫困人口有40余人。在扶贫车间就业的村民，每个月可以领到2000多元的工资，额外还有550元的补贴，此外还可以免费参加当地政府部门组织的培训。2018年，王萌萌还发展起种养循环经济产业园，养殖生猪，种植葡萄、草莓等，不仅让参与种植养殖的97户贫困户户均年收入达2万元，每年还为村集体增加不低于15万元的收入。

2020年新冠肺炎疫情发生后，一些村民外出务工受到影响，留在了村里。王萌萌一边忙疫情防控，一边帮村民找发展路子。当年4月，一直在江苏太仓务工的郭凌波和爱人，因疫情春节后迟迟不能外出。此时，王萌萌找到了他们，鼓励他们留在家乡创业，还能照顾到老人、孩子。于是，在王萌萌和扶贫干部的帮助下，郭凌波拿出积蓄，办理了5万元扶贫小额贷款，租了130亩地栽上了薄壳山核桃。"王书记还为我申请每亩2400元的补助,解决了我的资金问题。没有她的帮助,我哪能留在家乡创业当上'林老板'哦!"郭凌波说,他最近又在附近租了60亩地扩大种植。

培训农民,科技的翅膀插上田野

王萌萌发现,村民缺少现代农业技术,是制约其脱贫致富的因素。对此,她充分整合资源,采取远程站点视频教学、邀请专家授课、企业观摩指导、农户经验交流等方式,提高贫困农户的种植水平。

自2016年7月起,她就在创业示范基地免费举办"马铃薯水稻绿色轮作双千工程"培训班,培训500余人次,引导贫困户种植马铃薯1600余亩,实现亩均增收2000余元。八年来,王萌萌共组织举办技术推广活动50余场次,培训人员4000多人次。

说起技术培训,西孔村村民王风和汪婷夫妇感受很深。他俩都是"90后"年轻人,几年前曾尝试稻虾养殖,本想靠此脱贫致富,却损失惨重。"我们刚开始的时候就是一张白纸,什么也不会,投放的虾苗基本死完了。"汪婷说。

王萌萌对于因不懂技术而造成农业损失有着切身体会。她得知情况后二话不说,赶紧帮忙联系做养殖的朋友,寻找稻虾共养经验丰富的行家里手,连夜拍照上传请教,最终找到解决办法。

"要做好现代农业,就要学好农业技术。要想养得好,就要知道怎么养。我家现在一年养小龙虾的收入有好几万元。"汪婷说,"这样不用外出务工了,还能够在家照顾老人和孩子,真的特别好!"

在王萌萌看来,手机也是新农具,直播也成了新农活。2020年,

王萌萌（左）在定远县吴圩镇走访农户

王萌萌在村里举办一期"村播"培训班，让村民搭上网络直播的顺风车，希望培养出一批带货"网红"。

"记得王萌萌第一次给我打电话，让我用电商形式销售葡萄，我压根不感兴趣，把电话挂了。"在蒋集镇胜华葡萄园种植葡萄的熊权胜说，"后来她反复劝我，我便抱着瞧瞧看的心态去培训班学习。现在通过网络搭桥，来园里采摘葡萄的游客翻倍了。通过电商销售的收入，已占葡萄园总收入的三分之一。"

"'萌书记'就像是我的创业导师。"西孔村返乡青年王峰说。一直在外务工的王峰，想回到家乡发展稻虾养殖，得到了王萌萌的大力支持，选品种、搞培训、送帮扶……王萌萌跑前跑后，帮助他克服一个又一个困难。现如今，王峰的钱袋子越来越鼓，稻虾养殖道路也越走越宽。

"除了技术，项目、销路也是产业扶贫的关键。"在实践中，王萌萌针对"缺项目"问题，结合西孔村的自然条件，为农户挑选有潜力、稳增收的项目，并率先示范，让群众看得见效益，增强信心。针对"缺销路"问题，她紧扣市场需求，为贫困户提供"育、繁、推"一体化的农业服务，并想办法吸引回头客，搞好口碑营销。

情系"三农"，火红的初心坚如磐石

回乡当了大学生村官，王萌萌身上的变化还真不少——皮肤晒黑了，一双运动鞋、一件运动衣和一条牛仔裤成了日常装束，平时挂在嘴边的都是村民和扶贫。

同样改变的，还有西孔村和周边乡镇。西孔村变美了，村风变淳了，村里有了稳定的产业项目，村民的钱袋子也鼓了起来。不仅西孔村从一个名不见经传的"落后村"，变为产业兴旺的"明星村"，村容村貌焕然一新，村民人均收入逐年提升，而且周边乡镇的村民也在王萌萌的带动下种植蔬菜瓜果 5000 多亩，户均年增收 2 万余元。

2018 年，王萌萌当选为十三届全国人大代表。

"我是一名大学生村官，当选为全国人大代表我感到非常光荣，也意味着要承担更多的责任。我需要加倍努力，好好珍惜。"谈及当选为全国人大代表的感受，王萌萌坦言。

"就业扶贫车间（驿站）是精准脱贫的新生事物，当前就业扶贫车间还存在建设速度慢、站点少、不够用等情况。"王萌萌建议提高农村扶贫车间建设质量，呼吁相关部门鼓励劳动密集型企业在农村建设扶贫车间，扩大在扶贫车间就业的贫困户补贴范围，让更多农村贫困户走上脱贫之路。

"现在村里的年轻人少，干部对新技术的运用还不熟练，整体工作效率不够高。"王萌萌建议通过政策来吸引年轻人回流，让他们的创新点和才能在乡村得到充分发挥，共同实现乡村振兴梦。

"数字乡村建设将成为引领乡村振兴的重点之一。通过挖掘数字经济潜力与提升数字化治理能力，让乡村振兴插上'数字翅膀'。"王萌萌希望在新型基础设施建设中加大对县域及县域以下的支持力度，并积极探索县域乡村数字化公共服务手段。

......

得益于在农村的实践经验，这位年轻的全国人大代表对农村问题有着深刻认识，她的建议都聚焦于脱贫攻坚与乡村振兴。

这些谋长远的建议，看得出王萌萌要扎根农村的决心。王萌萌结婚不久，丈夫在合肥，婚前丈夫并不希望她在农村工作。她感慨："我来的时候，这里有的地方路还没通，现在'村村通'到了家门口。原来都是人在田里干活，现在换了机器在干活。村子一天天变美，一些年轻人也开始返乡，这些都让我看到了农村的希望和活力。这份成就感不是什么工作都可以获得的。"现在她终于向丈夫坦白："开始时也没想到会留在村里这么久，可是越做就越有想法和热情。还是别让我'走出来'了吧。我舍不得离开这里，农村也需要年轻人。"

汗水浇灌收获的果实，实干笃定前行的脚步。八年村官生涯中，王萌萌放弃了两次"转编"的机会。"扎根农村，我和村民们结下了深厚的情谊，也爱上了脚下的这一片土地。"王萌萌说，有时晚上在村里加班，村民们还会端来热气腾腾的饺子等，让她感到心里特别温暖。

"大家都说是我温暖了他们，其实也是他们温暖了我。"王萌萌说。

一路走来，王萌萌先后获得"中国青年五四奖章""全国农村

致富带头人""全国脱贫攻坚青春榜样典型人物""安徽省大学生村
官标兵"等荣誉。在打赢脱贫攻坚战的路上，王萌萌用自己的担当和
作为展现了青年人自力更生、奋发向上的时代精神，用自己的青春和
汗水书写了别样的精彩人生！

服务"三农"，跳出农技抓农技
——记"全国科普惠农兴村带头人"周福红

周福红简介

周福红，男，汉族，1969 年 10 月出生，中共党员，明光市农技推广中心主任、研究员，享受国务院特殊津贴。多年来，他坚持终身学习的理念，积极推广新型农业科技，确立并研发了多项农业应用指标和系统，共获科技成果奖 8 项，发表论著 27 篇（本），撰写田间试验示范报告和调研报告 400 余篇，用实际行动践行了"把论文写在大地上"的精神。他是"全国岗位学雷锋标兵""全国科普惠农兴村带头人""全国测土配方施肥先进个人""安徽省先进工作者""安徽省农村科普带头人""滁州市优秀科技工作者"，曾获"全国农牧渔业丰收奖"贡献奖、一等奖、合作奖，"滁州市人才贡献奖"。他领导的单位和团队也多次获得上级表彰，主要有"全国科技助力精准扶贫

工作先进团队""全国农业农村信息化示范基地""全国测
土配方施肥工作先进单位"等。

下到田里，他撸起袖子、卷起裤管，手把手教农民种田技术；
回到桌前，他潜心钻研，攻科技课题；面向市场，他带领大户试验新
技术、开发新产品；面对群众，他成立扶贫服务团队，帮助发展产业。
他就是全国科普惠农兴村带头人、明光市农技推广中心主任周福红。

传统印象中的基层农技员，是皮肤黝黑、鞋上沾泥，指导的内
容主要是如何打药、如何施肥，而周福红除去具备这些"特质"外，
还常把农业技术数据库、益农信息社、智慧农技 3.0、绿色生态循环
养殖、农业物联网这类词语挂在嘴边。在他看来，基层农技人员是
直接面向农村、发展农业、服务农民的一支主力军，承担着农业科
技普及推广到农民的"最后一公里"重任。因此，农技人员的眼界、
技能和示范带动力将决定一个地方的农业科技水平和农业综合效益、
竞争力。

"做'三农'工作，天天跟泥土打交道，显得很土气，却是我
喜欢干、应该干的事业。"周福红说。他希望通过自己的努力让科技
更好地服务于"三农"，让农业成为有奔头的产业，让农民成为有
吸引力的职业，让农村成为安居乐业的美丽家园。

"庄稼不过周末，我就不过周末"

"周主任一年要来一二十次，有时候还通过微信或电话及时告
诉我如何除草、用药、开沟沥水，如何选育叶片大而厚、叶尖长的新
品种。在他的指导、帮助下，我从几年前的家庭农场种艾草，到现在

周福红（右）与农户在艾田里为新一批艾苗可能出现的病虫害商讨预防对策

成立公司，从种植、选育，到加工、销售，实现了全产业链发展。"
在明光市石坝镇铁山村，臻艾农业发展公司总经理孙延标介绍道。他
的艾草种植基地已有 1000 多亩，带动周围群众种植 4000 余亩，农户
们的苗子都是他免费提供的。

1994 年 7 月从安徽农业大学土壤与植物营养专业毕业后，周福
红就来到明光市土肥站，从事农业技术推广工作。"当时想法很简单，
就是想着学以致用、学有所用，但是没想到，在这里一待就是几十年。"
周福红说。

周福红热爱农业科技，具有"献身、创新、求实、协作"的科学
精神和良好的职业道德，对"三农"充满感情，甘做农技战线上的一
头"老黄牛"。工作以来，他一直扎根基层，常常白天进村入户，跑
田间地头，为农民搞好产前、产中和产后服务，晚上灯下耕耘，写论
文，写调查报告，编写技术规程。

多年来，周福红早上班、迟下班成为惯例，很少有周末休息。他的孩子小时候经常一连半个月看不到爸爸，因为他晚上回来时，小孩已熟睡，早上走时，小孩还没睡醒。即使周末，他也很少陪孩子。为此，他也十分内疚，"但是没办法，庄稼不过周末，我就不过周末"。

遇到冬季雨雪天气，有时候早晨5点多钟就有人打来电话向周福红求助。虽然打着呵欠，天还没亮，但他一把冷水扑脸，就直奔现场，指导种植户采取相应措施进行补救。

"和别的专家联系时，还会时常考虑人家周末是不是在休息，和周主任联系时，即使是周末他也全天在线。我了解到，他每年下乡的时间至少有300天。"在明光市石坝镇石坝村富民农民专业合作社负责人张明的眼里，周福红对于农户提出的任何要求都"有求必应"。从种植、育苗、插秧、除草除虫，到施肥、收获，周福红服务"三农"的身影，贯穿作物生长周期，联结着农民一年的生产和收成。

正是因为长期在农田摸爬滚打，周福红积累了丰富的农作物病虫害诊断经验，成了农作物的"私人医生"、农业生产的引导者和服务者。

"他是咱农民的知心人，会根据每一块土壤性质告诉我们用什么样的品种能增产。有一次我田里水稻稻飞虱严重，想什么办法都除不掉，就打电话给他，没想到他立马自己开车赶来了，仔细查看，手把手教，很快帮我解决了问题。后来一想，这天是星期天，他自己不休息还来帮助我。"明光市桥头镇蒲岗村种粮大户汪恒辉回忆时说。在周福红的指导下，汪恒辉种的水稻亩产从1200斤提高到1600斤，每亩增收几百元。如今，掌握了种粮技术的汪恒辉还成立了合作社，为其他农户提供农业托管服务。

除了倾心服务农业大户，周福红此前还主动结对帮扶6户贫困户，用"一对一"的农技服务让贫困户脱贫致富。管店镇凤山村农户胡自钰在周福红的帮扶下不仅顺利脱贫，还流转了 110 亩土地发展特色种养业，现在家庭人均年收入已经过万元。"能有今天的好日子，多亏了周主任。"提及周福红，胡自钰赞不绝口。

周福红还组建明光市农技推广中心扶贫服务团队，成立了"扶贫智囊团"，以"公司＋基地＋贫困户＋农技"合作脱贫模式，促进了明光优势特色产业带动脱贫致富。2017 年，明光市农技推广中心还被评为"全国科技助力精准扶贫先进团队"。

周福红出生于农村，成长在农村，学于农大，工作在农村，是个地道的"全农"人。他多年如一日带着感情在农业上全心投入，也影响着身边的人。

"有时候我会把女儿带到农田里，我在工作，她在玩耍。久而久之对她也产生了影响。"周福红说，自己的女儿本科读的是农学，后来又在安徽农业大学读环境资源专业研究生。与农为伴，成为父女间的传承。

向科技要效益，用信息化来武装

明光市地处江淮分水岭，既有平原、圩区，也有岗地、山区，土壤养分含量差别大。在明光市土肥站工作期间，周福红发现农民普遍存在不合理施肥习惯，重视氮磷肥，忽视钾肥，导致农作物产出不足。

"以前这里农民耕作的观念认为只要施氮肥、磷肥就可以，不用施钾肥，久而久之土壤缺少微量元素，成分不均匀，农作物长势也不一样。"周福红介绍，此前他遇到不少农民主动向他诉说苦恼，明明自家地里庄稼长得很茂盛，但就是产量不高。

周福红深知，只有精确测出土壤成分含量，针对每块地制定个性化施肥配方，让土壤"缺啥补啥"，才能有效改善土壤质量，提升农作物产量。也只有把产量提上去，让农民得好处，才能真正改变过去的种植模式。

那段时间，明光市的平原、丘陵、山区、岗地，周福红和同事们一起跑了个遍，组织采集了明光市16000多个化验土样，开展土肥试验上百次。他将专业知识和实际问题紧密相连，开展了平衡配套施肥技术和数字化测土配方精准施肥技术的研究。农学出身的他，深知只有不厌其烦地试验，才是找到解决土壤要害问题的唯一途径。

经过夜以继日的辛苦钻研，周福红开发应用了全国第一台数字化测土配方施肥专家决策系统触摸屏，并很快普及，为农户提供免费服务，通过动态监测土壤养分变化状况，保证氮、磷、钾肥含量配比均匀。他没有就此止步，继续优化施肥配方，努力让肥料配方满足不同环境农业生产的实际需求。

测土配方施肥很快就取得了可喜的成效——平均每亩增产7%，增收35公斤，每亩节本增产85元。现在，明光市借助"互联网＋智慧土肥"，着力提升耕地质量，全市推广测土配方施肥面积224.7万亩，技术覆盖率已达97.8%，很多大户用上了测土配方机，实现看土配方、远程下单、自动配肥，农业生产效率大大提高。

"那是我第一次感觉到，只有将科学的农业技术方法传播给农户，才能让自己的所学更有价值。"周福红表示，测土配方施肥悄然改变了地区传统的施肥结构，也就是从那时起，他与农户们建立起深深的信任。

坚持向科技要效益。多年来，周福红主持或参与农业项目30项，创建农作物绿色模式集成技术攻关试验示范基地26个。

"在周老师的指导下，以前原本漫山遍野生长的'杂草'，成了我们致富增收的'金草'。"明光市涧溪镇石岩村村民纪爱国高兴地说。

百姓口中的"金草"，就是周福红在明光市大力推广种植的艾草。

周福红说，艾草适应性强、耐寒，在肥沃的砂质土壤生长较好，每年可收 3~4 茬，只要种植方法得当，农户都能获得不错的收益。

"艾草种植此前在明光市还是个新兴的领域，种植经验更是一张'白纸'。"周福红"临危受命"，带着研发人员"出去学""回来磨"。经过多年的探索，他研究出的"艾根繁殖"法和"艾苗移栽"法大大提高了艾苗的存活率。成活率高了，种植户的信心就足了，收入也跟着提高了。为此，明光市农业技术推广中心还专门举办培训班，将种植技术及时传授给农户们。

后来，针对农户艾草种植除草效果不好，导致只有草没有艾的状况，周福红不断摸索、尝试，总结出三次用药加人工除草的实用办法，效果明显。

目前，明光市艾草产业蓬勃发展，设有艾绒、艾条、纺织艾制品、艾草精油等多条生产线，通过延伸产业链，深度开发艾草系列产品，形成了集种苗栽培管理、收购、加工、销售于一体的产业链。全市已有艾草种植基地 28 个，种植面积近 5 万亩，艾草加工、销售企业 4 家，产品远销全国各地，甚至海外。艾草产业成为当地支柱产业之一，成为加快农民致富的"助推器"。

由于地处江淮分水岭，明光市的气候性灾害较多，因此农业发展的特色和困难并存。为解决农民获取信息的渠道问题，减少农民的损失，周福红组织农业技术人员开展应对气候变化农业适应性技术研究，开发应用了农技气象手机短信系统。该系统已有用户 2 万人，每当气候性灾害来临，系统会及时发布信息，提出科学防范措施。

周福红还组建了"互联网+"现代农业创新团队，通过多年潜心研究，获科技成果奖 8 项，主持或参与地方标准制定 5 项，获实用新型专利 7 项，发明专利受理 2 项，发表论文论著 27 篇（本）30 多万字。省、市、县三级总工会都设立了"周福红劳模创新工作室"。

加强农技科普，甘当田间"大管家"

"农技推广的主要战线在田间地头，面向的是农民，所以要多措并举、采取多种方式让技术抵达农户手头、心头。"为此，越是天热时，周福红越是得下田调查农作物苗情，帮助农民防治水稻、玉米等高温热害和病虫害，越是下雨，他越是要在一线指导开展清沟沥水，防止渍涝成灾。

多年来，周福红走遍当地所有村开展宣讲，现场为农民提供技术服务。他积极创新服务机制，充分发挥涉农企业技术人员、农技示范户、种田大户、农技人员和村级农技员作用，构建市、乡、村三级推广网络和社会化服务体系，培养造就了一支300多人的懂农业、爱农村、爱农民的"三农"工作队伍。农业技术培训、科技普及、推广示范活动形式多样，深受欢迎。

周福红建立了明光市农业技术数据库，初步建成明光市农业物联网，开发了农业专家决策系统触摸屏、手机短信系统、明光智慧农技3.0，打造了16个农业物联网示范点和142个益农信息社，成立了100个农业技术"拇指服务室"，形成了较为完整的农业技术公共信息服务资源，推动了农技成果与社会共享，解决了农业科普"最后一公里"难题，使专业合作社和农户搭上了信息化服务的"快车"。明光市因此被列为全国农业农村信息示范基地。

他还引进农作物抗旱品种二十多个，推广了地膜秸秆覆盖技术、深耕深松技术、山芋玉米起垄栽培技术、缓控释肥等节水技术、玉米水稻短期播种避开高温热害技术，提高了农业抗灾能力。

周福红以节地、节水、节肥、节种、节药、节能和资源的综合

在艾产品加工基地，周福红（左）针对艾草的加工生产提出优化建议

利用为重点，大力推广绿色增效模式集成技术，推动农业向绿色化、优质化、特色化、品牌化方向发展。在他的倡导下，明光市持续加强品牌建设，组织申报国家地理标志产品 2 个，绿色食品产地 20 个、产品 27 个，无公害农产品产地 46 个、产品 136 个。为推广秸秆还田，周福红经过调查研究，编写了农作物秸秆还田明白纸，将秸秆还田的好处、难点、技术模式清晰地告知基层农技人员和广大农户。目前，明光市秸秆还田利用率已有 40% 左右。

　　为了让农业科普到达每一个角落，周福红创新服务平台。自 2014 年起，他创办了"明光市农民田间学校"，依托电台、电视台分别开办"空间课堂""绿色田园"节目，开展"抱团科普惠民乡村行"活动，普及农业科技，提高农民科学素质和专业技能。据不完全统计，多年来，周福红共开办"田间课堂"数十次，通过多种渠道和方式集中培训农民超 4000 人次，指导科技示范户超过 1000 户次，指导合作组织或家庭农场 1100 多个，培养了一批有文化、懂技术、会经营的新型农民。

跳出农技抓农技，让农业产业强起来

在明光市桥头镇蒲岗村的金桥湾现代农业产业园，每到冬捕时节，6000多亩的生态养殖区便格外热闹。

"这一个40多亩的池子产量就能有15万斤到20万斤，是过去的好几倍，大一点的草鱼一条就能卖到100多块钱。常常是我们的鱼还没有开始捕，客户的订单就已经下来了。"金桥湾农业科技公司董事长卞泽西介绍说，这一切多亏了周福红在这里搞的绿色生态循环养殖试验示范。

桥头镇地处皖苏交界，过去以传统养殖为主，鱼的品质一般，在市场上没有竞争力。这两年，周福红等农技专家选择在金桥湾现代农业产业园试点推广生态循环流水养鱼，通过近10项水体净化、收集、循环利用技术，按照标准化的程序进行养殖，效益大增，带动了周边很多农民脱贫致富。

走进面积1.3万亩的核心园区内，鱼菜共生综合养殖池里，水中养鱼蟹虾，水上种菜，水底养泥鳅、黄鳝，农业物联网、物理灭虫灯、自动排灌增氧、自动投放饵料、智能化种植施肥用药等农业新技术随处可见。"除了流水养鱼小循环，我们还在园区试验从附近女山湖引水养鱼，用肥水种水生蔬菜、花卉和水稻，再排出净水的大循环，构建一个绿色种植养殖的新模式。"周福红说。

"农业要面向市场、面向未来、面向世界，基层农技人员既要埋头搞农技，也要抬头看路，跳出农技抓农技，才能让农业产业强起来、市场广起来、农民富起来。"周福红说。

这些年，周福红坚持因地制宜，推动特色农业发展，积极打造特色农产品优势区，以产业兴促进乡村兴、百姓富。

在周福红的指导下，明光市在沿湖沿河推广"稻虾共作"模式，壮大龙虾产业。巩固发展甜叶菊产业，建设甜叶菊育苗基地，开发甜叶菊茶叶，发展甜叶菊粗加工，打造"甜叶菊之都"品牌。2018年，明光市甜叶菊育苗24亿株，占全国份额近80%。稳步增强特色杂粮产业，打造"明绿"品牌，发展"明绿"2万多亩。在泊岗乡、明光街道等乡镇因地制宜发展蔬菜产业，建设"一棵菜"绿色增效模式示范基地。

周福红还参与组织成立了明光市艾草、甜叶菊、绿豆、龙虾、蔬菜等协会。伴随着"组合拳"的打出，艾草、稻虾、甜叶菊、"明绿"和蔬菜已经成为明光市的五大特色产业，推动"一乡一品"产业新格局初步形成，构建起"村有主导产业、户有增收项目"的特色产业发展体系，有效提高了农村常住居民人均可支配收入，为乡村振兴奠定

周福红（左）向种植户传授茄苗培育知识

了基础。

多年扎根基层一线，倾心开展农技推广和科研工作，周福红先后受到各级表彰40余次，其中省部级以上12次。享受国务院特殊津贴的他，还是"全国岗位学雷锋标兵""全国科普惠农兴村带头人""全国测土配方施肥先进个人""安徽省先进工作者""安徽省劳动模范""安徽省农村科普带头人""滁州市优秀科技工作者"，曾获"全国农牧渔业丰收奖"贡献奖、一等奖、合作奖和"滁州市人才贡献奖"。他领导的单位和团队也多次获得上级表彰。

"做好'三农'服务是我一辈子的事，也是我的乐趣所在。我的心中是完完全全热爱农业，它像一团火，让我'充分燃烧'，那些漫长工作生涯里的困难因此就显得'微不足道'。"周福红说，未来十年，再下个十年，他还会奋斗在这片让他爱得深沉的土地上，继续农业新技术的推广工作。

二、勠力脱贫攻坚

"一户不脱贫，我坚决不撤岗"

——记"全国脱贫攻坚先进个人"余静

余静简介

　　余静，女，汉族，1983 年 12 月出生，中共党员，安徽省六安市金寨县花石乡党委政法委员、人武部长，大湾村第一书记。2015 年，她积极响应驻村帮扶号召，主动请缨从金寨县中医院来到大湾村。2016 年 4 月 24 日，习近平总书记深入金寨县大湾村调研指导脱贫攻坚工作，余静当面向习近平总书记汇报了大湾村的脱贫攻坚工作，并向总书记表态："大湾村一户不脱贫，我坚决不撤岗！"在余静的带领下，大湾村脱贫 158 户 399 人，实现了户脱贫、村出列的既定目标。她先后获得"安徽好人""安徽省优秀选派帮扶干部标兵""安徽青年五四奖章""安徽省道德模范""全国脱贫攻坚先进个人"等荣誉，2017 年当选为党的十九大代表。

"大湾村一户不脱贫，我坚决不撤岗！"这是习近平总书记
2016年在大湾村考察时，余静当面作出的郑重承诺。牢记总书记的
嘱托和自己的承诺，余静全身心投入扶贫工作，千方百计推动大湾村
发展，帮助贫困村民增收脱贫。

在余静的带领下，大湾村如期实现了户脱贫、村出列的既定目标。
因工作出色，余静本人先后获得"全国脱贫攻坚先进个人"等荣誉。

城里姑娘　扎根深山战脱贫

2015年7月，余静来到大湾村驻村。初来乍到，余静披着头发、
蹬着坡跟鞋、穿着防晒服，她的这一亮相，让村干部及村民们心里极
为不踏实。"县里干部不一样，就是比咱山里人漂亮，不知道干事是
不是一样漂亮？"看着余静，村干部们心中有些疑虑。

"白白净净，一看就是城里的小姑娘！"大湾村党总支书记何
家枝当时心里还犯嘀咕，"这个女娃儿能在这儿待得住吗？"

一个月后，大湾村遭遇一场暴雨，汛情严峻，余静挽着裤腿，
雨里来泥里去，和村里的干部群众奋战在防汛一线。"这姑娘肯吃苦，
顶得上！"村民对她心里有底了。

"刚到村里时，看到很多房屋都是旧瓦房。那场大雨过后，又
有不少房屋成了危房。"余静挨家挨户走访，动员深山里的9户贫困
户搬迁到山下的集中安置点。

"房顶漏雨了，补两片瓦就行了，为啥要搬？"有些村民想不通。
余静耐心细致地做思想工作："现在你还有力气上房补瓦，可将来上
了岁数怎么办？山下集中安置点生产生活条件更好，交通也方便。"
一次次上门、一遍遍劝说，这些村民渐渐心动了。

村民陈泽平是第一批搬进新家的农户，按照每人 25 平方米的标准，一家三口住进了 75 平方米的二层小楼。通过易地扶贫搬迁、美丽乡村建设等补助政策，他基本没花钱。"眼见为实，大家一看政策这么好，很快就都跟着搬了。"余静说。

"在村里工作一段时间，人晒黑了，但说话办事更利索、更有章法了。"何家枝称赞余静。

事实证明，虽然工作在县城，但这个出生在金寨农村的姑娘天生有着映山红一样的个性，既然种在大别山间，便把根紧紧扎进石头缝里。"我一直牢记着，打好脱贫攻坚战，要采取稳定脱贫措施，建立长效扶贫机制，把扶贫工作锲而不舍抓下去。"余静说。

担任驻村第一书记期间，余静走遍了村里的每一户人家，每个月都上门拜访一次贫困户，村民们也早已把她当成了"自家姑娘"。"在大湾村的这几年，我学会了如何跟老百姓打交道，更有了一股对工作一抓到底、抓出成效的劲儿。"余静笑言。

2014 年，大湾村全村建档立卡贫困户 242 户 707 人，贫困发生率 20.6%。而到 2019 年年底，仅剩 4 户 8 人的脱贫任务，贫困发生率降至 0.23%。几年间，余静引进茶业公司投资，带动村里种植茶叶，实施旅游民宿、漂流项目建设，发展乡村旅游，为村民提供更多就业岗位和增收渠道。

余静来后坚持吃住在村，一户户上门调研，找穷根寻对策。陈泽平的老伴右手残疾，丧失劳动能力，儿子多年前在车祸中意外离世，日子过得十分艰辛。余静上门后，先为他争取了易地扶贫搬迁政策，由政府补贴搬进山下居民新区，又给他介绍了护林员的工作，还帮他入股了光伏发电项目。很快，靠光伏发电陈泽平就收入 3000 元，护林员工资也拿到了每月 500 元，加上土地流转收入和平时打零工等收入，日子有了很大改观。后来，余静又利用产业扶贫政策给陈泽平免

余静（右一）在帮助大湾村茶农修剪茶树

费提供了 3000 株茶苗和一头猪，帮他谋划产业脱贫。余静的付出让大湾村一步步走出贫困，也让她赢得了村民们的认可。

金寨县梅山水库建设时，村民陈泽申跟家人移民至大湾村村民组，在山坳里住了大半辈子，也穷了大半辈子。2016 年年底，村里建起安置房，陈泽申腾退宅基地获得补偿款 9 万多元，加上库区移民补贴和扶贫专项补助，陈泽申搬进了二层小楼，水、电、路设施完善，地面硬化、绿化到位。新家房间多，陈泽申将空余房间租给旅游公司开发民宿。他本人在村里当保洁员拿工资，加上光伏发电分红及山羊养殖、3 亩茶园的收入，"收入像芝麻开花——节节高，生活就像嚼着甘蔗上楼梯——节节甜，步步高"。

"没想到这辈子还能住进这么好的房子！"陈泽申心里亮堂了。现在，他孙子已大学毕业，在省城合肥上班。"人要知道感恩，像我这把年纪，能过上这么好的日子，都是托党的福，我一定要把日子过好。"

"大湾村过去祖祖辈辈'面朝黄土背朝天',是一个有名的穷山村。"但如今,大湾村的村民们欣喜地发现:道路畅通了,还修了一条 8000 多米的水泥路;一座新安装的光伏电站拔地而起;一些垃圾、杂物、危房等被清理、拆除了,生活环境更好了;大家的收入增加了,有的还住上了小洋楼。

坚守承诺　横下心来抓发展

"大湾村一户不脱贫,我坚决不撤岗!"这是余静作出的郑重承诺。为了兑现自己的承诺,她全身心投入扶贫工作。

余静立足大湾村茶叶生产基础,通过新屋茶厂引进资金雄厚、规模较大的茶叶加工企业,吸纳本地企业、专业合作社、能人大户等参与,同时,引导村民以茶园入股,不断壮大村集体经济实力,增加村民收入。她带领村民积极拓宽产业脱贫道路,在发展茶园的基础上发展乡村旅游,鼓励村民把楼房闲置房间改为民宿,让村民在家就能把钱赚了。余静说:"发展产业,让村民的腰包鼓起来是精准脱贫的关键。"

在大湾村,余静总是忙得团团转,走访贫困户,上村民家动员他们发展民宿搞旅游,查看茶厂运营情况……"留在村里的多是老人,大家各有各的顾虑,对发展民宿搞旅游有不同意见,只能耐心做思想工作。"余静说。和村民们围坐在新建好的凉亭中,余静详细分析发展旅游业的好处:"只要拿出一间房改造成民宿,一个周末就能有 300~400 元的收入,如果会烧点农家土菜,顺带搞餐饮,收入还能更高。"见村民们半信半疑,余静招呼大伙前往 10 分钟车程外的村民周丹云家的农家乐，余静请她现身说法，让更多村民动了心。"通过坚持不懈的工作，贫困群众心态发生了非常大的变化，对扶贫干部和扶贫措施开始认可、接受，工作慢慢顺了。"

"精准扶贫要发挥好村党组织和党员的作用。"余静在村里积极推动抓党建促脱贫"四联四帮"工作，带领村党组织班子搭建党员参与工作平台，激发党员队伍活力，促进能人大户帮带自觉性，增强党员的责任感，不仅助推了扶贫工作，还进一步和谐了党群干群关系。

2017年，余静当选为党的十九大代表。"这既是个人的光荣，更是沉甸甸的责任。"余静表示，她会立足岗位，做细做实精准扶贫，确保一户一策落到实处，增加贫困群众脱贫致富的成效。"我保证：'大湾村一户不脱贫，我坚决不撤岗！'这是对党、对群众不变的承诺。只要能帮助大湾村群众过上好日子，我自己再苦一点也值得。"

"多亏了余书记，这几年隔三岔五找我丈夫谈话，给我们鼓劲，我们一家子今天才能过上这样的好日子。"说起余静，大湾村村民肖细雨有着说不完的感谢。

肖细雨是湖北黄石人，嫁给大湾村村民杨习伦后第一次到大湾村，她就为这里的贫穷而惊讶，丈夫杨习伦则习以为常，并没有为了家室生计而努力。"扶贫要扶志，只有让杨习伦振作起来，这个家才有摆脱贫穷的希望。"余静说。在走访中了解到情况后，她下定这个决心，为此经常找杨习伦谈心，询问他的想法、意愿，宣传扶贫政策，联络大户指导他养殖技术，还帮助他选址建舍，鼓励夫妻俩发展旅游业。

如今，杨习伦夫妻开办起一家农家乐，2020年还被评为当地旅游产业发展先进个人，生活变化翻天覆地。"我家现在每个月能有七八千元收入。老杨在漂流公司干活，每个月也能有2000多元收入。"肖细雨说。

杨习伦夫妻只是余静在大湾村帮扶的众多贫困群众之一。2016

年，大湾村刚刚开始发展旅游产业时，当地村民心存疑虑，担心服务搞不好，没人来……余静就一遍遍上门，耐心解释政策，逐步打消村民的疑虑。"大湾村有丰富的旅游资源，发展旅游是村民脱贫致富的最好途径。只要能让大家过上好日子，我多跑一点路、多费一点口舌没啥关系。"余静说。

2018年，大湾村脱贫出列。2020年，全村所有贫困户全部脱贫。余静说："完成脱贫只是第一项工作，下一步要建立稳定脱贫长效机制，重点是发展产业。"目前，大湾村正以创建AAAA级景区和特

余静（中）在向大湾村贫困户了解大病医疗报销情况

色小镇建设为抓手，建设新农村。如今，大湾村已建起4000多亩茶园、32家农家乐，开发出一系列景点，发展起了漂流，美丽乡村建设和各项社会事业正快速推进。

难舍亲情 "带着"儿女去驻村

2019年初秋的一个夜晚，余静从贫困户家出来，此时的大湾村已是暮色沉沉。她偷偷找了个没人的角落，掏出手机，一对小脑袋出现在手机屏幕上。

"妈妈，回来吃饭啊……"电话那头，11岁的儿子、5岁的女儿齐声唤着。

"这周末一定回家，晚上要早点睡觉。"余静捧着手机，语气温柔，更听得出满怀歉意。余静跟朋友说，这话她上周就说过，结果食言了。

驻村的几年时间里，这样的场景是余静与一双儿女的常态。她说："驻村的日子，唯有用手机视频才能与儿女短暂'相聚'。"

对这位"80后"母亲来说，这是一个艰难的选择。余静说，2015年7月，她一狠心给刚满6个月的女儿断奶。当年离开家，她挣脱黏在身上的女儿，交给奶奶抱着，抓起包快步走向门外，伴着女儿的哭声越走越远。

更让她忐忑的，是她即将面对的"新世界"——当年的大湾村是大别山腹地远近闻名的穷山村，村民中有不少建档立卡贫困户，村庄空心化严重，不少村民家门上一把锈迹斑斑的铁锁一锁就是好几年。"一路越往山上走，我的心就越沉。"余静回忆。

大湾村曲折蜿蜒的山间小路上，从此多了一个瘦小的身影。余静一次次、一日日敲开贫困户的家门，也敲开了老百姓的心门。现在的余静常常扎着头发、穿着冲锋衣走村入户，结婚时买的小轿车也成了下村专用，常年灰头土脸。

村民们说，余静变成自家人了。"她啊，比亲女儿都亲！"村民张邦若说。更多人说，余静扶贫工作确实干得漂亮。当年那个表态发言还要写在纸上念出来的腼腆姑娘，如今成了能独当一面的扶贫女将，大湾村的各类数据、特色产业如数家珍，发展致富的新点子、新思路层出不穷。"大湾村也见证了我的成长。"余静说。

"儿女只能'养'在手机里，你后悔过吗？"有人问余静。她说，孩子们也来过大湾村，看到好山好水兴奋地拍起小手，"我要继续'带着'他们看到大湾村越来越多的变化。"

2015年，初到大湾村时，余静的儿子6岁，女儿不满6个月。"从大湾村到金寨县城要一个多小时，每周五晚上到家，第二天早上8点钟之前就要回村，我每周陪两个孩子的时间就这一晚上。"余静感觉最对不起的是孩子。这些年，陪伴孩子们的时间屈指可数，一家四口坐在一起吃饭的次数也很容易就数得过来。

"别人家的孩子抱在怀里，我的孩子只能'养'在手机里。白天要走访群众，晚上要整理材料，忙起来的时候几天也不得空和孩子说说话。"说起孩子，余静充满愧疚。有时，借着去县里开会的机会，余静抽空回趟家。夜里到家，她亲了亲早已熟睡的儿女，天亮便又要回村。

然而，当选派帮扶工作期满有机会回到单位时，余静却主动向组织写下申请书，留在大湾村。"想不想孩子？肯定想！但是为了大湾村的发展，我必须留下来！"余静说。

余静（右）从正在午餐的村民碗里夹起菜肴品尝。如今，鸡鸭鱼肉已走上大湾村很多贫困群众家的餐桌

汲取力量　跑好乡村振兴路

"金寨山水秀，大湾村换新装。山高水长千万里，迎来百花香。"一首由当地人填词谱曲的《情怀大湾》道出了大湾村的变化。

这几年，大湾村不光环境更美了，村民兜里更有钱了，人们的精神面貌也比过去更好。余静说："2015 年，我刚到大湾村时，看到很多人的脸上都是愁云满布，因为大家的日子过得不好，普遍不太爱说话。这几年，随着精准扶贫工作的深入开展，村民的生活条件明显改善，大家话也明显多了，思想变化非常大。"成绩属于过去，大湾村走好乡村振兴路，还需要汲取力量，接续奋斗。

2022 年 2 月 3 日 12 时 30 分许，冬奥火炬抵达张家口市张北县德胜村。54 名火炬手在此参与接力，接力线路 3.3 公里，余静在第四棒。"感到很光荣。"余静说，举办冬奥会是国家实力的体现，她能亲身参与其中，感到非常自豪。余静说，运动员自强不息的精神，是

在金寨县花石乡大湾村，余静（前排左一）在向群众宣讲党的十九大精神，了解群众生产生活情况，和他们共商脱贫办法

克服困难的勇气，是直面人生的坚强。"其实在各行各业中，都需要有运动员这种忘我、投入的精神，才能把你所做的事情做好。"余静说，奥运火炬也代表了拼搏、奉献、共享的奥运精神，"我会将这份喜悦和奥运精神带回去，和大家一起在奥运精神中汲取力量，跑好乡村振兴路。"

张北县德胜村位于张家口坝上高原地区，气候寒冷，土地贫瘠。过去，这里是一个远近闻名的穷村，村民世代以农牧为业，缺产业、少资金，全村443户1176人，过着靠天吃饭的日子。2017年以来，德胜村的种植结构、产业布局、人居环境、村民精神面貌等方面都有了翻天覆地的变化，实现了全村脱贫致富。

因此，张北县德胜村火炬接力的主题为"走向振兴"，旨在展示"全国脱贫攻坚先进集体"德胜村的发展成果，彰显中国在消除贫困这一全人类共同使命中的责任与担当。"在这一点位参与接力的火炬手，很多都是战斗在乡村振兴一线的基层党员干部。"因此，余静在火炬传递前后，也与这些同样在基层工作的火炬手们交流各自的经验，"看看别人是怎么做的，有什么可以借鉴、学习的地方。"

同时，余静也在德胜村四处看了看。据了解，现在的德胜村，不光发展传统种植"老树新枝"，"铁杆庄稼""水培蔬菜"等也是生意盎然。其中，德胜村发挥坝上地区光照充足的自然优势，做强太阳能光伏产业。目前，村级电站功率已达到500千瓦，村集体年稳定增收72万元左右。"我们那里也有光伏产业，但德胜村这边的光伏跟我们有不同的地方。另外，他们也在发展乡村旅游，也有一些成功的经验。"

余静说，参加冬奥火炬传递，让她对冰雪运动有了更多的了解。"其实在我看来，我们大别山里冬天气温低，也有发展冰雪运动的条件。"余静说，目前岳西等地已经开始发展冰雪运动，也吸引了很多人前去滑雪，"我们之前也考虑过发展冰雪运动，这次回去，我想和大家再商量商量。"

对于乡村旅游，余静说，在"大湾景区"已经成功创建为"国家AAA级旅游景区"后，他们已经开始了AAAA级景区的创建。"2022年年初，我们已经完成了AAAA景区的景观质量评估，其他工作也在推进中。"此外，余静现在不仅是大湾村党总支第一书记，也担任花石乡党委政法委员、人武部长，因此也增加了包括征兵等在内的工作任务。"在新的岗位上，我也希望能增进大家的法治观念，丰富乡村文化生活，推动乡村文明建设，也更好地推动乡村振兴。"

"就是倒下，也要倒在岗位上"

——记全国"人民满意的公务员"赵荣凯

赵荣凯简介

赵荣凯，男，汉族，1965 年 12 月出生，中共党员，安徽灵璧县人，原安徽省扶贫办计划项目处处长。他常年奔波在扶贫开发一线，为贫困人口早日致富呕心沥血，在身患胰腺癌的情况下带病坚持工作。2013 年 3 月 28 日去世，年仅 47 岁。被追授全国"人民满意的公务员"、"全省优秀共产党员"、安徽省"人民满意的公务员"、"安徽省直机关优秀共产党员"等荣誉。

2013 年 3 月 28 日，安徽省扶贫办干部赵荣凯在与病魔搏斗了 3 个月后，停止了呼吸，永远地离开了这个世界，离开了挚爱他的亲人、朝夕相伴的同事，还有至死仍让他魂牵梦萦的扶贫事业，年仅 47 岁。

得知他去世的消息后，赵荣凯的生前好友、同事及他关心帮助过的群众都哭了，了解他的人都说：赵荣凯把生命献给了他所钟爱的扶贫事业。

"一定要让草场村民，走上幸福致富路"

宿州市埇桥区夹沟镇草场村，是宿州市最为偏远、落后的自然村。2004 年 3 月，时任埇桥区扶贫办主任的赵荣凯驱车一个小时，又步行近两个小时，走进这个村子时，被眼前的情景惊呆了。

村子四面环山，进出村子只有一条坑洼不平、石头绊脚的山路。地处山区，水成了草场村最紧缺的资源，全村生活用水仅靠村口一口露天的土井。村里唯一的一所小学——草场小学，十间旧瓦房教室，因为年久失修，已成危房。

"一定要让草场村民走上幸福致富路。"赵荣凯是这样说的，也是这样做的。

没有路走，为了让草场村的道路修建早日成为埇桥区的扶贫项目之一，赵荣凯先后多次奔跑协调。2004 年下半年，草场村村路修建工程终于开工，一条绵延近 10 公里的水泥路，成为日后草场村村民的致富路。

为了让村民喝上放心的饮用水，赵荣凯多次到夹沟镇水利部门协调，最终争取到 20 万元扶贫项目资金，为村子兴修了农村饮水安全工程，草场村 700 余名群众家家喝上了干净清甜的自来水。

为了让草场村 100 多名孩子早日坐在宽敞明亮的教室里学习，赵荣凯多方筹措 10 万元资金，在原地重新兴建了十余间洁白整齐的教室，并为学校配置了新桌椅、电脑和乒乓球台。当看到孩子们坐在宽敞明亮的教室里晨读时，赵荣凯发自内心地笑了。

赵荣凯念兹在兹的是，扶贫仍需更有力的"造血"功能。草场村缺水，找什么项目合适呢？赵荣凯的思路转向了种植果树。为此，他为当地引进了樱桃、杏子、木瓜等 2 万株干果树苗，带领村民规模种植近 200 亩果树林。五月樱桃红、六月桃子熟、七月杏子飘香，

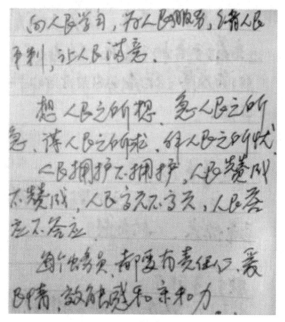

赵荣凯笔记

草场村成了远近闻名的果蔬之乡。然而赵荣凯连一颗果实也没有品尝过。

2005年，赵荣凯带着上高中的孩子来到草场村，看望这里的村民。一位70余岁的老人从家里的果林摘了一筐樱桃，执意要送给赵荣凯。"赵主任，如果不是您，我们现在吃饭还是问题呢。"言辞恳切的老农深深打动了赵荣凯。事后，他告诉自己的儿子："金杯银杯不如老百姓的口碑，这一筐樱桃让我感受到了扶贫干部的价值。"

凡是群众所想的，赵荣凯都想到了；凡是能做的，赵荣凯也都做到了！从陌生到熟悉，从熟悉到亲切，从亲切到胜似亲人！每一件好事、实事以及每一个项目的实施细节都在草场村的帮扶清单上清楚地记录着，也都记在了草场村村民的心坎上！

"正因为是我亲戚，更不能让他做"

赵荣凯是山区里走出来的孩子，1965 年 12 月出生于灵璧县朝阳镇独堆村的一个普通农民家庭，也是当地第一个走出来的大学生。

对于这个村子里走出来的"大官"，独堆村的村民对他却"又怨又气"。都知道赵荣凯在省城里做扶贫干部，但是他家乡连一条像样的路都没有。

独堆村地靠皖北，与徐州交界，村子只有一条坑洼不平的土路。每逢下雨，那条路便成了名副其实的"水泥路"。时任独堆村村支书的赵怀海先后多次到省城，把乡亲们的心愿传达给赵荣凯，希望能够让村民早日走上宽敞干净的水泥路。

"赵书记，其实全省还有很多地方比我们那还要穷。"让赵怀海没有想到的是，赵荣凯一次次"绷着脸"拒绝。

"他对身边的家人和亲戚要求得更加严格。"赵荣凯身边的亲戚朋友都知道，谁也别想从他身上徇一点私情。

2008 年，赵荣凯在一次检查扶贫项目时，发现自己的亲戚在农民工培训项目中私自减少了培训时间，他当即"黑脸"取消了亲戚的培训资格及培训补贴。同事劝他："毕竟都是亲戚，这样做大家不好看，你也不好做。"赵荣凯坚决地说："正因为是我亲戚，更不能让他做。"最终，赵荣凯硬是自掏 3000 块钱腰包帮亲戚"报销"了这笔补贴，用自己吃亏的方式，坚守原则底线。

在宿州市埇桥区工作期间，别人对赵荣凯的评价是四个字"秉公依规"。2004 年，他在下乡检查时发现一个乡镇未经批准擅自变更项目，立即要求该乡镇主要负责人纠正过来并通报全区。有一个村的书记找到赵荣凯，想利用关系争取一些扶贫资金。赵荣凯得知该村

赵荣凯（右二）参加扶贫培训班

并不是贫困村后，耐心对该村书记讲明扶贫政策，并最终说服了该村书记，打消了他争取扶贫资金的念头。

"村里的那间教室，光线始终是暗的，窗和门四季开着，书桌是石头，板凳也是石头，里面装着三个年级的矮房，从七岁到九岁，那是我启蒙的地方！"2008年，赵荣凯在自己的QQ空间里写下这样一首诗。他是农村里走出来的孩子，最让他牵挂的还是老家母校里的几间破瓦房和旧桌椅。

"很幸运做扶贫工作，可以服务贫困群众"

参加工作27年来，赵荣凯养成了每天早上7点30分到办公室的习惯，等同事们来到办公室，他已经烧好了开水，将办公室打扫得干干净净。在妻子的印象中，丈夫仅有的一次迟到是1988年10月17日儿子出生的那天。早上7点30分儿子出生，赵荣凯用板车将妻子和孩子拉回到家里，将刚生产后的妻子交给同事照顾后，他转身赶往单位。

扶贫办人手少，一个人要承担几个人的事，他基本上每个周末都在办公室加班加点，除非出差或特殊情况，二十年如一日，从未间断！他对"人少事多"的解读是"人少玩，事多做"。

2011年年底，中央召开扶贫工作会议。赵荣凯负责编写安徽扶贫开发的参阅资料，从数据到案例，从历史到展望，从成效到不足，从国家的扶贫政策到安徽的扶贫举措，短短一个星期，一本近20万字的扶贫开发"百科全书"就已编印成册。然而，很少有人知道，赵荣凯那个星期的睡眠时间加起来不足30个小时。2012年是安徽扶贫历史上工作任务最繁重的一年。这一年，安徽出台了7个关于扶贫开发的重要文件，文件的初稿和具体工作大都是由他一个人完成，但他从不叫苦叫累，积极主动地默默承担。

"创造一个没有贫困的世界"是赵荣凯经常挂在嘴边的一句话。他总是说："很幸运做扶贫工作，可以服务贫困群众。"

在埇桥区扶贫办的时候，赵荣凯下乡调研，经常自己掏钱慰问困难群众，100元、200元、300元，钱不多，但救急、暖心。直到现在，埇桥区三里湾的老张，还经常念叨"赵主任真是个好人"。

埇桥区夹沟镇夏刘寨村曾是典型的贫困村，提起现在村里的变化，村书记王化东至今还记得赵荣凯所做的工作。他说赵荣凯不仅在扶贫项目上给予支持，更重要的是还经常帮出点子、想办法。赵荣凯经常通过聊天指点夏刘寨村将农业经济做大做强，做名优产品，打出品牌。在赵荣凯的建议下，夏刘寨村与安徽省农科院合作发展有机农业。如今夏刘寨村成为远近闻名的富裕村。

曾与赵荣凯共事多年的埇桥区扶贫办副主任谢义民回忆说，老赵平日里十分节省，吃穿都不讲究，有一次，到外地调研，房间没有电脑，晚上要赶写材料，当地准备为我们换一间房，他说："到办公室或者找一间网吧就行了，能节省一点就省一点，省下的房费可以供一户贫困户一个月生活。"赵荣凯对贫困群众却又十分大方，下乡调研的时候，他经常自己掏钱慰问困难群众，一次就是好几百元。

2005 年，调到省扶贫办工作后，赵荣凯的足迹更是遍布全省各个贫困县区。有一次，他到金寨县水竹坪乡太古村调研，由于位置偏远，村里不通公路，距村部最后 3 公里山路全靠步行。有人建议找一个能通车的地方去看，赵荣凯说："扶贫就是要做到雪中送炭，不搞锦上添花。只有走到百姓中间，才能真正摸清那里的致贫原因，才能准确把握群众所思、所盼、所忧、所急。"由于山路难行，刚走没多久，赵荣凯的脚不慎严重扭伤，硬是借一根拐杖，一瘸一拐地走了两个多小时。

"雄关漫道真如铁，而今迈步从头越"

"赵处长的病是因工作繁忙而延误了最佳诊断期和最佳治疗期，才导致他英年早逝的。"安徽省扶贫办工作人员王树宝眼含热泪地说。安徽省扶贫办的同事们至今仍清晰记得赵荣凯生前坚持带病工作的情景。

长期高负荷工作，损害了他的健康。2012 年 10 月 8 日，赵荣凯的鼻子突然流血不止，同事建议他去医院看看、做个体检，赵荣凯说："先等等吧，忙完手头工作就去。"考虑到手头里没有完成的工作，他一拖再拖。直到 2012 年 12 月 12 日上午，赵荣凯再次鼻子出血，这才想起来前不久医生的提醒。在安排好手头的工作以后，他去了离单位最近的安徽省立医院检查，拿到结果：胰腺癌伴肝转移晚期。医生明确告诉他，生命最多只有3~6个月。

当晚他给妻子打了电话，"谎称"出差一晚，自己一个人找了一间宾馆住下。在独自一人经过一整晚的思考以后，他选择了坦然面对，决定隐瞒病情坚持工作。第二天回到家，他将病情告诉了妻子，并要求妻子为自己保守"秘密"，甚至连儿子也不能透露，他不想让别人为了自己的病情分心。

"雄关漫道真如铁，而今迈步从头越"，2012年12月12日，赵荣凯在一个崭新的笔记本上，写下这几个大字。

12月13日，填写风险廉政防控表格；12月14日，梳理项目处各项工作；12月15日（周六），准备产业扶贫规划编制材料；12月17日—19日，在北京参加产业扶贫规划编制培训班……

2013年1月8日，赵荣凯像往常一样在办公室走廊的传真机上发有关大别山扶贫规划的文件，然而几个小时后他身体虚弱得站不住了，就搬了把椅子坐着，强撑着继续发，直到被其他同志发现了才停

赵荣凯（左一）在工作中

下休息。办公室领导和同事看见他很虚弱的样子，劝他回家休息，把病养好以后再来上班，他还是坚持说没事。

那时谁也不知道他仅剩下 2 个多月的时间。只有他的妻子明白，他是在与死神赛跑、在与命运抗争！多活一秒就多做一秒的事！多活一秒就多完成一秒的工作！

2013 年 2 月，赵荣凯病情恶化，生活不能自理。他的工作日志上再也没能记下新的内容。尽管这样，他还时刻惦记着全省的扶贫工作。2 月底的一天，基层扶贫办的一位同志打电话向他请教一个业务上的问题，他一边接电话一边咯血，断断续续地讲了近 8 分钟，他想把自己懂得的所有东西都毫无保留地奉献出来，坐在旁边的妻子心疼地默默流泪。

为了多一些时间工作，不给单位添麻烦，赵荣凯一直跟单位隐瞒病情，在住院治疗期间，一直跟单位"谎称"在上海治疗。3 月上旬，单位的领导得知赵荣凯在省立医院治疗后，立即派人去医院查阅病历。当看到赵荣凯的病历后，单位的同事都忍不住潸然泪下，他们难以置信，一个如此病重的人，竟能坚持工作这么久。

最让赵荣凯觉得愧疚的当属妻子陆继銮。一直以来，妻子操劳家务，而作为丈夫一点忙都没帮上，每年都承诺带妻子出去旅游，可每年都没有兑现。住院期间，赵荣凯拿出一本名为《魅力岳西》的画册，把那里的风景名胜一一介绍给妻子听。"对不起，带你旅游的愿望一直没有实现，这辈子恐怕都实现不了了，这算是带你旅游吧！"他说。

"到大自然中汲取养料，在人类中释放能量。"赵荣凯细语描述，妻子拿笔在画册上记录着。在赵荣凯住院的两个月时间里，他用这种方式带着妻子在画上的"岳西"旅行了一次又一次，他用这种令人心碎的独特方式给妻子一个安慰。

赵荣凯的儿子在美国读金融硕士，原本打算毕业后留在美国工作。"作为一个年轻人，应该为国家做一些事情，报答国家。"在赵荣凯多次劝说下，儿子最终于 2010 年年底选择回国创业报效国家。在生命的最后时刻，赵荣凯还一直鼓励儿子早日入党，并亲自为儿子修改入党申请书。他对儿子说："儿子啊，一定要听党的话！"后来在整理遗物时，家人发现了一样东西，这件东西就是之前赵荣凯帮他儿子修改的入党申请书。赵荣凯还希望：代他向组织请求，死后给他盖上一面党旗。

"这个时节，山里开遍了映山红，可美了，真想再去看一看。"在生命的最后时刻，他的心依然与所热爱的土地紧紧相连。2013 年 3 月 28 日，赵荣凯带着未竟的遗憾闭上了眼睛，一个心中装着老百姓的扶贫干部，一个让百姓感恩的人，就这样走了。

"以平常之心对待名利，以奉献之心对待事业，以勤勉之心对待工作，以公仆之心对待工作。"这是赵荣凯写给自己的话，而他也用自己的生命践行了人生诺言，把人生最宝贵的生命献给了一生挚爱的扶贫事业。

"读书就会有光明，就叫'光明楼'吧"

工作二十余载，赵荣凯造福了众多贫困地区群众，把温情深埋在心里。去世的前一天，妻儿陪伴在赵荣凯的床前。一家三口这样的团聚，在过去的几十年里居然屈指可数。

赵荣凯拉住妻子的手，眼含热泪地说："我一直有个心愿，就是把平时节约下来的工资攒在一起，等攒得差不多时捐给家乡，为儿时的学校建几间教室。现在我要提前走了，钱恐怕不够，你要把准备给儿子买房的钱拿出一些帮我凑上，帮我了却这个心愿。"

妻子哽咽着点头说："我答应你，但把教室的名字叫作'荣凯'楼吧，我想留个纪念。"

赵荣凯费力地摇了摇头："名字我早就想好了，我们一辈子不图名不图利的，非要写自己的名字干啥，我是那个村为数不多的通过读书走出来的人。读书就会有光明，就叫'光明楼'吧。"

赵荣凯的心愿传到家乡——灵璧县朝阳镇独堆村后，赵怀海喟然长叹："以前他在扶贫办的时候，村里人经常去找他，想多争取一点扶贫资金和项目，他每回都说，全省比咱村里困难的地方还很多，不愿照顾，村里人为此对他有意见。但我知道他是秉公依规，心里还是惦记咱们的。"

赵荣凯临终之际，念念不忘的就是给儿时的学校建几间教室，为家乡的孩子们创造更好的学习环境。为了完成赵荣凯生前的心愿，安徽省人民政府办公厅积极向省有关部门筹措"光明楼"建设专项资金。与此同时，省直单位广大干部职工也进行爱心捐款，为"光明楼"建设添砖加瓦。赵荣凯的爱人陆继銮也代表赵荣凯同志为"光明楼"建设尽一份力。经过公开招投标，2014年3月，这一项目正式开工。在灵璧县有关部门和相关单位的精心组织和大力支持下，"光明楼"如期完工。

2014年12月17日上午，灵璧县朝阳镇京渠小学"光明楼"交付使用仪式举行。当日交付仪式现场，陆继銮女士还向京渠小学的贫困学生捐赠了助学金。这标志着赵荣凯的临终心愿已圆。

如今，京渠小学的光明楼共三层，除了教室、实验室、图书室等外，楼内还设置有赵荣凯同志事迹展览室。大楼二楼的教室内，孩子们正端坐在座位上，认真地学习。

很多人都在思考，怎样才能做一名让人民满意的党员干部，怎样才能做群众所需要的干部？赵荣凯的故事，给了我们许多有益的启示。

在生命的最后时刻，赵荣凯选择了"就是倒下，也要倒在岗位上"。平凡之中见伟大，细微之处见真情。生命的长度虽然难以把握，但生命的宽度可以无限拓展。从赵荣凯的身上，我们看到了一个党员对人民群众的无限深情，看到了一个干部对事业的无限忠诚。"有的人活着，他已经死了；有的人死了，他还活着。"赵荣凯将生命与人民群众的利益紧紧联系在一起，他永远活在人民群众的心里。

平凡的岗位，不平凡的情怀

——记"全国优秀党务工作者"汪品峰

汪品峰简介

汪品峰，男，汉族，1971年2月生，中共党员，安徽岳西人，大专文化，1999年3月参加工作，1999年5月加入中国共产党，现任岳西县主簿镇党委委员，大歇村党支部书记、村委会主任。他先后获得"中国好人""安徽省优秀党务工作者""安徽好人""皖美村支书""安庆市优秀党务工作者""安庆好人""全国优秀党务工作者"等荣誉，连续七年被评为"岳西县十佳村党组织书记"。

大歇岭、张盛沟，
七沟八岭路难走，
只见高山不见田，
一年只收半年粮。

安徽省岳西县主簿镇大歇村，地处大别山腹地，平均海拔700米，因境内有一梅岭古道，翻山越岭至此需"大歇一会儿"而得名。

过去，大歇村是远近闻名的穷山村。如今，绿水青山环绕，红瓦白墙交相辉映，村容村貌整洁，农民人均纯收入高出全省平均水平16%，人均存款达到3万元……

从穷山村到"明星村"，这一变化，是大歇村党支部书记汪品峰带领干部群众苦干实干加巧干得来的。

说啥没人听，干啥没指望

大歇村生态环境好，但祖祖辈辈守着"金山"过穷日子。汪品峰意识到，只有因地制宜发展产业，增加群众收入，让群众过上美好生活，党组织在群众中才更有影响力。担任支部书记以来，汪品峰始终把强村富民作为第一要务，带领支部一班人，开动脑筋，战天斗地。

"以前大歇村男娃找个对象特别难，原本说好的亲事等女方家看了门楼后，往往都要退亲。为啥？大歇村穷，谁也不想闺女跳火坑。"大歇村村民张海青说。

2004年，大歇村由原大歇村和张盛沟村合并而成，辖12个村民组，211户810人，其中党员33人。"村部是危房，寅吃卯时粮，说啥没人听，干啥没指望。"当时流传的这句顺口溜，便是过去大歇村的真实写照。

生于斯、长于斯的汪品峰，比谁都着急。他从小家境贫寒，家中八口人靠父亲一个人挣工分，揭不开锅的时候总有乡亲们来接济。

高中毕业后，他外出务工，承包工程小有成就，2005年收入就

汪品峰（右一）在田间地头调研

超过 10 万元。然而，家乡越来越穷，与外面的差距越来越大，这深深地刺痛了他的心。

"大歇村再也不能这么穷下去了。"汪品峰说。2008 年，他主动回乡参选村书记，一门心思想让乡亲们过上好日子。

刚上任后不久，汪品峰一手解近忧，一手谋远略。"为了让山上的村民搬下来，他就把自家的宅基地无偿让出来。"妻子黄宝玲说。

山上的梅岭组海拔 1000 多米，交通不畅、生活不便，村民日子过得苦。2008 年，汪品峰提出高山移民，并无偿让出自家宅基地，让祖祖辈辈深居高山的 23 户梅岭组村民顺利搬迁至安置点。

搬下来是为了能过上好日子。然而"巧妇难为无米之炊"，村集体经济为零，想干点事谈何容易。

汪品峰找银行贷款，需要提供抵押。大歇村一穷二白，汪品峰便领着银行工作人员来家里让妻子签字，他要把自家的房子抵押给银行，贷款 40 万元作为村里修建基础设施的启动资金。

"平时他就把私车当公车，最后把自家的房子都抵押了，就是想让村民知道他们没有看错人。"黄宝玲说。

为提升党组织服务群众能力，汪品峰不断努力，多方筹措，建成了 600 平方米的村级党群服务中心、2000 平方米的文体广场。如何打造坚强的领导班子？汪品峰深知必须自身过硬。承包工程本是汪品峰家里的重要收入来源，但他从未承揽过本村任何工程项目。他一上任就在村支部会上以决议形式，明确所有村干部不得承揽本村项目。一直以来，他以身作则，讲到做到。

公生廉，廉生威。当过老师、做过老板的汪品峰，无论干什么事都看得远一点、想得深一点。村党支部成了党员群众的"主心骨"，说话有人听，办事有人跟，组织力、战斗力得到显著提升，先后被评为"安徽省'五个好'村党组织标兵""安庆市级基层党组织标准化规范化建设示范点"。

三干三不干，三年一大变

数九寒冬，群山莽莽。

2021 年 1 月 15 日上午，村民储德秋家门口十分热闹，汪品峰和十几位村民围坐在一起，一一签订《土地入股合作合同书》。

"这次利用农户低产田和抛荒地，采取'合作社＋农户'的模式种植香榧，总共有 500 亩，村里又一富民项目落地了。"汪品峰告诉记者。他坚持"四议两公开"，明确"三干三不干"：有利于大歇村长远发展、有利于增加群众收入、有利于壮大集体经济的事情，坚决干；搞形象工程、只顾短期利益、破坏生态环境的事情，坚决不干。

2020 年 8 月，汪品峰召集村民组长、村民代表开会，商议香榧种植，大家意见不一。会议结束后，他便组织大家前往黄山香榧种植基地参观学习、实地考察。后来，大歇村多次召开村民会议，会上大家一致同意通过土地入股种植香榧。

祖祖辈辈生活在深山里的大歇村人，现在不仅对香榧了解得清清楚楚，还时常从嘴里蹦出"AI技术""森林康养""研学旅游"等新鲜词。这些新鲜词都是从汪品峰那儿学来的。汪品峰不仅自己学习，还经常带领大伙儿一起学。

大歇村位置偏僻，刚开始推动产业发展困难重重，多次招商毫无进展，但汪品峰从不气馁，从不轻言放弃。

在脱贫攻坚工作中，为充分激发党员先锋模范作用，他抓实"设岗定责""星级党员评定"等载体，带头与三户贫困户结对。在他的示范下，村里其他的党员争先恐后助力脱贫攻坚。党员许令华种植100多亩映山红苗圃，带动周边五户贫困户脱贫致富。

经过一个月的紧张施工，大歇湾漂流项目正式建成运营，当年村集体获得分红10多万元。大歇湾漂流开业之初，安全员奇缺，公司经理急得满嘴起泡，汪品峰发动村内十余名党员带头报名竞聘安全员。党员丁宪东从江苏回家应聘，由于工作表现突出，被评为"五星级党员户"。

在前往浙江、江苏学习考察时，汪品峰意识到，传统产业只能让群众脱贫，要想老百姓富起来、村集体强起来，必须推进产业融合发展。深山里有一个山洞，原是"三线厂"旧址资源。为了唤醒村里"沉睡的资本"，汪品峰带领大家修通了基地的上山道路，并建成了停车场。

随后，汪品峰又前往合肥招商引资。经历了数十次的碰壁后，功夫不负有心人，他终于软磨硬泡地把投资方合肥金诺数码科技有限公司请到大歇村来考察。"他很爱学习，眼光和眼界都让人惊喜。我们刚来时，汪书记真的很激动，一刻不停地跟我们介绍，马不停蹄地带我们看点，比20多岁的年轻人还要精力充沛，也不让我们'休息'。"

投资方合肥金诺数码科技有限公司负责人丁辰说，"如果不是汪书记本人的性格魅力，我们也不会来大歇村投资。"满满的诚意，深深的感动，最终，大歇村与合肥金诺数码科技有限公司签约投资 1000 万元的合作协议。

"大歇要发展产业，但不能装到篮子里都是菜，我们也拒绝过一些项目。"汪品峰说。

2017 年，一家公司有意向到大歇村投资山羊养殖项目，承诺每年给村里不低于 10 万元。汪品峰考虑到这个项目会对生态环境"不友好"，坚决予以否决。

三干三不干，三年一大变。现如今，村里家家住上了"茭白楼"，"小茶叶"变成了"黄金叶"，建档立卡贫困户全部脱贫，农民人均纯收入由 2015 年 9915 元增长到 2019 年 17814 元，高出全省平均水平 16%，人均存款达到 3 万元。

干部干在前，村民日子甜

汪品峰和党员干部带头，因地制宜发展产业，在山上发展猕猴桃、茶叶，在田里种茭白，收入比传统产业翻了好几倍。如今，大歇村有猕猴桃 120 亩、茭白 300 亩、茶叶 200 亩，2019 年全村 61 户 166 名贫困人口全部脱贫，大歇村也被评为"全国一村一品（茭白）示范村镇"。后来，汪品峰又带领群众发展香榧、黄金芽茶，老百姓的收入稳步提升。

刘小平是村里的老党员，也是汪品峰的邻居。有时候，他去汪品峰家串门，经常看见桌子上摆着方便面或饼干盒。

"品峰啊品峰，你就是再忙，也要正经吃饭呀。弟妹常年不在家，

汪品峰（左）走访村民

你要照顾好自己，实在没有时间就到我家来吃一口。"刘小平说。

汪品峰答应着，却从来没有放慢工作的步伐，无论多累多忙从来没有想过要歇一歇、停一停。

脚步不停歇，农闲人不闲。平时的上午时间，大歇村村民范蔚平、刘燕夫妇会一直在自家厨房里忙活着，准备接待当天中午预约来农家乐就餐的顾客。现如今，在大歇村开农家乐、办民宿的村民共有 20 余户。"过去的大歇村是穷乡僻壤，从未想过发展乡村旅游，真没想到我们还能吃上这碗饭。"范蔚平笑呵呵地说。

2020 年 7 月 18 日，一场百年未遇的洪涝灾害将在建的大歇湾漂流所有基础设施冲毁殆尽，工地一片狼藉，合作方萌生退意。关键时刻，汪品峰顾不上收拾自家进水的房屋，拍着胸膛承诺一起共渡难关，带领村里党员干部组织重建。经过一个月的紧张施工，大歇湾漂流项目正式建成营业。

"90 后"小伙储安阳原来在浙江闯荡，看到大歇村的乡村旅游发展日渐红火，他回乡在村里的旅游公司干起了计划调度，承包经营由村集体出资建成的一幢特色民宿——"大歇作家村"。

汪品峰千方百计动员外出务工经商"小能人"回乡，带动 6 名"海归"人才回乡创业，提出村庄变景区、农民变职员、传统农业变现代农业"新三变"改革，大歇村各项事业蓬勃发展。

党员做先锋，齐心抗疫情

2020 年年初，新冠肺炎疫情防控阻击战打响。每天早上 7 点钟开始，在大歇村的进村路口劝返点，你都会看到一个戴着白色口罩不断徘徊的身影，他就是大歇村党支部书记、村委会主任汪品峰，他每日坚守工作岗位，舍小家为大家，战斗在防疫一线，充分发挥了共产党员先锋模范作用。

在面对疫情防控近千人的排查和宣传的艰巨任务时，汪品峰带领村"两委"发动党员、志愿者，挨家挨户排查疫情，在农历大年二十八坚持至深夜全部完成摸排。针对防疫物资紧缺的问题，他多渠道购得口罩 800 个、消毒液 100 斤，优先用于护村队排查、党员走村宣传等，其余均分发至每家每户，用于农户出行。汪品峰虽没有经过任何专业的医护知识培训，但是仍然冲在第一线。他心系村民，只佩戴着简单的口罩，坚持每天亲自对公共场所、人员密集处开展消毒，同时耐心告知农户病毒感染的严峻性及相关防范知识，面对前来求助的村民，第一时间帮其解决实际问题。在他的带领下，大歇村同气连枝，发动群众力量，克服村居道口分散的困难，快速完成道路设卡排查、隔离关注重点人员、出动党员流动宣传车通村宣传等工作。

为了快速落实疫情防控工作，避免大规模人员聚集，原定的党员动员大会由线下改成线上，利用"学习强国视频会议"完成动员，通过视频安排相关工作，明确任务指令。利用"大歧为村"平台科普防护知识，动态更新数据和任务，通过微信群反馈摸排结果等。不会使用微信的老党员由支部委员电话通知动员，减少人员接触，科学防控，开展接地气、聚人气的防控知识和政策宣传，确保户户到、人人知。

家住大歧村沅河组的黄某一家五口 2020 年 1 月 20 日从湖北省返回家中。当时湖北省是疫情高发区，村里按要求对其采取了隔离措施。在隔离观察期间，黄某一家生活物资短缺，汪品峰为其代购了米、油、面条、洗洁精、口罩等生活、防护用品，还亲自送到他家，为其提供生活保障，并叮嘱他不要恐慌，在家中好好休息，一定不能外出，家中缺什么可随时打电话给他。

"谢谢您！我们一家人回来后别人都躲着我们，只有你们村干部还经常来我家关心我们，为我们解决实际困难。"黄某母亲由衷地感激道。"在疫情面前我们与所有涉鄂涉武人员同在，我们隔离的是疫情，而不是真情，共同的敌人是病毒，而不是武汉人，相信我们众志成城，一定能战胜此次疫情。"汪品峰说。

关键时刻挺立关键英雄，紧急形势检验党性担当。汪品峰高举党旗，不忘初心、牢记使命，团结带领群众全面贯彻"坚定信心、同舟共济、科学防治、精准施策"的要求，在平凡的岗位上彰显不平凡的情怀，积极在工作上掌握主动权，为尽早打赢疫情防控阻击战作出应有贡献。

当家人带头，倡导新乡风

老年人养老和孩子上学，一直是汪品峰心头牵挂的大事。他牵头成立夕阳红老年协会、希望教育协会，并带头捐款筹集资金，为村里 60 岁以上的老年人发放养老金，给贫困学生、成绩优异学生发放助学金、奖学金，累计超过 30 万元，群众都打心眼里说共产党好。

为强化党建引领，他结合美丽乡村建设，在村口打造党史墙，先后建成党建主题公园、廉政文化长廊、河畔书社，主持编写《大歙九章》，引导全村党员群众学党史、感党恩、听党话、跟党走。同时，汪品峰积极探索推广新时代文明实践积分制，将村民在脱贫攻坚、人居环境整治、孝老爱亲等方面的表现情况进行评分，村民可凭积分到村"积分超市"兑换生活用品等，用"小积分"解决了"大问题"，大歙村也顺利入选第二批"全国乡村治理示范村"名单。

在汪品峰的带领下，大歙村"堡垒"强起来了，旅游火起来了，山村美起来了，老百姓口袋也鼓起来了，一年一小变、三年一大变，正朝着"山水相融村庄美、兴业富民生活美、文明和谐乡风美"的社会主义现代化幸福新山村阔步前进，大歙村村民的日子一天比一天甜美。

这些年，大歙村挖掘"花灯之乡""非遗"文化，建设村级民间艺术馆、农耕文化园，集互动体验与科普教学为一体的爱国主义国防教育基地、企业拓展基地、青少年冬夏令营基地、星空帐篷营地、大歙湾漂流等旅游项目正式营业，解决 70 余名村民就业，实现年接待游客 3 万余人次、旅游综合收入 600 万元，农文旅融合新业态蓄势待发。2021 年，大歙村村级集体经济收入达 80 万元。大歙村先后被评为首批省级"三变"改革典型示范村、安徽省美丽乡村重点示范村等。

有人问汪品峰，他天天忙得跟陀螺一样，什么时候能歇一歇呢？汪品峰没有放慢节奏，只是经常哈哈一笑说："歇不得！"大歙村的好日子还在前头，他奔波在乡村振兴的道路上永不停歇。他有一个小目标：力争 2025 年实现村集体收入 1000 万元，将大歙村打造成 AAAAA 级乡村旅游村。

从一个一穷二白的小山村到远近闻名的幸福新山村，大歙村的蜕变得益于有一个好的当家人。

好的当家人是政治上的"明白人"。汪品峰书记、主任"一肩挑"，连续七年获评岳西县"十佳村书记"。他听党话、跟党走，学中干、干中学，抓班子、带队伍，始终做到用党的创新理论武装头脑，锤炼坚定的党性，在政治立场上"过得硬"。

好的当家人是致富路上的"带头人"。大歇村之所以强，强就强在当家人的眼界和眼光。汪品峰本人有经营头脑，早早就摆脱了贫困，然而个人的"一枝秀"不是他想要的"满园春"。他回村主动参选村书记，一步一个脚印带领村民共同致富，实现了大歇村"新三变"目标。

好的当家人是作风上的"干净人"。一碗水端平，公道在人心。他真正做到清清白白做人、干干净净做事。

大山深处的青春之歌

——记"全国脱贫攻坚奖贡献奖"获得者李朝阳

李朝阳简介

　　李朝阳，男，汉族，1980 年
7 月出生，中共党员，大学学历，
安徽亳州人，安徽省民委（省宗
教局）监督管理处处长，曾挂职
安徽省石台县七都镇河口村任党
总支第一书记、驻村扶贫工作队
队长。他奋战在脱贫攻坚一线，
先后到两个贫困村挂职担任驻村
第一书记，在成功摘掉淮南市杨镇村"后进村"帽子后，又
主动请战，担任石台县七都镇河口村党总支第一书记、驻村
扶贫工作队队长。在他的带领下，河口村形成了产业扶贫的
"河口模式"，2016 年实现重点贫困村出列。第二个任期结
束后，面对村民 289 个红手印的请愿书，他选择第三次留任
驻村工作。他先后获得三等功 2 次及"中国好人"、"全国
脱贫攻坚奖贡献奖"、全国"人民满意的公务员"等荣誉。

李朝阳（左一）在村里调研光伏发电情况

　　一名省直机关年轻干部，为什么主动请缨连续三届历时六年投身脱贫攻坚一线？

　　一个深山贫困村，为何仅两年多时间，贫困发生率由25.87%下降到1.74%，实现重点贫困村出列目标？

　　身为全国70万名驻村干部中的普通一员，为何他能荣获2017年全国脱贫攻坚奖贡献奖，并作为驻村干部唯一代表赴京作先进事迹报告？

　　在脱贫攻坚的火热实践中，李朝阳扎根基层、勇挑重担，用青春和奉献，抒写一曲催人奋进的时代赞歌。

为扶贫，驻村书记三次落泪

1980 年出生的李朝阳，微胖的脸，和气的笑容，给人一种"乐天派"的既视感。但自打驻村扶贫以来，这个"乐天派"第一书记不止一次哭鼻子。

2012 年，在安徽省民族事务委员会工作的李朝阳，被选派到淮南市谢家集区孤堆回族乡杨镇村任第一书记。到任不久，李朝阳便跟随村干部走访贫困户。裂了缝的土坯墙，一贫如洗的房间，村民因为重病、残疾卧床不起的黯然眼神，直接震撼了李朝阳。"这些家庭日子真的苦，得想想能为他们做点啥。"身边没人的空当，他偷偷抹了抹眼角，下定了决心。

争取房屋维修资金、发展精米加工、联系助学助残……接下来的任期里，李朝阳忙碌且充实。村民的生活条件有了一番新变化，杨镇村摘掉了多年"贫困"和"后进"的帽子。

2014 年，李朝阳任期结束。他临行前，突然来了几十位村民，都是李朝阳帮助过的贫困户。乡亲们谁也没有多说话，默默走在送别人群中，1 公里、2 公里、5 公里……一直送到高速口。透过车窗，李朝阳眼中的人影越来越模糊，不知是因为距离，还是泪花。"我分明在农村还没干够，真不该离开乡亲们。"他陷入沉思。

回省城不久，省民委帮扶点调整为池州市石台县七都镇河口村，李朝阳有点坐不住了。不同的声音却随之而来："你已在基层'镀过金'，得留点机会给别人。""长期不在单位，和领导接触少，推荐干部时没优势。"……质疑、犹豫、挣扎，复杂的情绪让年轻的李朝阳有点想哭，他却忍住了。

父亲看出了李朝阳的犹豫，鼓励他："家里祖祖辈辈都是农民，农村就是你的根，机关干部多去农村锻炼有啥不好，想去就去吧。"

一语点醒梦中人。是啊，习近平总书记号召全党全社会共同努力，精准扶贫、精准脱贫。脱贫攻坚，小康路上不落一人，需要党员干部沉到基层、扑下身子，跟群众一起干，需要党员干部找对路子、锲而不舍，苦干实干加巧干。这是每个党员的责任，有啥可犹豫的？李朝阳递交了到石台县七都镇河口村工作的请战书。

又是三年。陌生的环境，全新的开始，不变的仍是那份责任、那颗红心。河口村位于皖南深山区，山多地少，交通闭塞，贫困发生率高。因为交通不便，茶叶贩子都不愿意来这里收购茶叶。

李朝阳结合河口村实际，积极打造"合作社＋扶贫"的致富平台和共富载体，引导成立了秸秆食用菌种植合作社、生态富硒茶种植合作社、植保服务合作社等，全村贫困户基本都参与其中。一业兴带来百业旺，村民收入大幅提高，村级集体收入实现了零的突破，并逐年增加。

"可以在家里养殖生态土鸡，达到一定数量，每只鸡能有10元的补贴。"李朝阳经常到河口村贫困户瞿炳文家走访。因妻子患病动手术花了不少钱，瞿炳文家境困难。在他们家加入村里的茶叶合作社后，李朝阳又经常来和他商量增收脱贫的路子。走访村民、争取项目……到石台县七都镇河口村任职几年里，每天忙忙碌碌对李朝阳来说是常态。

村民桂来胜号称村里的"养牛大户"，但其实最初家里也只是养了四五头牛。李朝阳鼓励他牵头成立了黄牛养殖合作社，介绍他到外地学习养殖技术，还帮他申报了小型安全饮水项目。如今，桂来胜的合作社已经养了120多头黄牛，还带动了村里二十多户贫困户社员脱了贫。贫困户夏光和家有五口人，母亲年纪大了，原来全家一年的收入加起来不到1万元，住的是父亲留下来的老房子，一直没钱盖新房。

李朝阳（右二）到村民家中走访调研

2014年年底，夏光和加入了河口村秸秆食用菌种植合作社，现在家庭年收入3万多元，成功脱了贫，还盖了新房。"以前我很消沉，李书记来了后，日子好起来了，人的精神也好起来了！"夏光和说。

2017年10月，李朝阳在河口村的驻村工作任期已满。到村几年，李朝阳率领干部群众新建河口，拓宽道路17公里，建桥6座，建拦河坝4座，修渠5公里，还实施了1片小流域治理，夯实了当地基础设施。河口村贫困发生率也从2014年的25.87%下降到了2016年的1.74%。141户贫困户中，131户脱了贫；村民人均收入从5000多元涨到了10300多元。但他还是放不下尚未脱贫的10户乡亲，决定再次请战，申请继续留在河口村工作。还没等他向组织上开口，他就接到单位转交的一份请愿书，上有289个红通通的手印：请李朝阳书记留任。

"这里有刚起步的事业，还有待啃的'硬骨头'，最难舍的是群众的认可和感情，这是对一名党员最大的褒奖。看到乡亲们的请愿书，我更加坚定了留下来的决心。"李朝阳说，"当了这么多年扶贫工作队队长，进入了'状态'，越干越有劲。"信任、感动、豪情，

李朝阳（右二）调研村民的香菇种植情况

长久以来的辛劳一扫而空，李朝阳热泪夺眶而出。"再干一任，就这么说定了！"这是一名共产党员对党和人民庄严而光荣的承诺。

干实事，帮到群众心坎里

在石台县七都镇河口村驻村的第一个任期里，李朝阳报到第二天，就被村干部领着去河口村最偏僻的村民组——石马塘走访。石马塘是河口村 17 个村民组之一，距村部 6 公里，但过去只通山路，运毛竹只能肩扛，小孩上学难，老人看病难。走了两个多小时的山间小道，没来得及欣赏大山深处的美景，李朝阳就被村民"泼了一头凉水"。"我们盼修路盼了好多年，这事你要是没眉目，以后就别来了。"村民王大姐毫不客气地对他说。

"群众这么说，说明他们苦怕了。"李朝阳想。对世代渴望摆脱贫困的村民来说，再美的风景也比不上一条平坦宽阔的致富路。必须取信于民。李朝阳一边争取项目，一边组织勘测，并做好征地补偿协调工作。2016年，投资100多万元的石马塘公路开工，2018年，世代困扰村民的"行路难"终于解决。村民们服气了，见到他时都说："您是干实事的好干部，欢迎常来。""不畏难、不畏烦、不畏苦，是扶贫干部的基本素养。"李朝阳说。

"脱贫攻坚，最重要的是成效，找准问题才能找对帮扶路子。"驻河口村的几年间，为了尽快改变村里基础设施落后的面貌，李朝阳走遍全村17个村民组，涉及400多户居民，鞋子磨破了十几双。筹集到近2000万元资金，修建了道路、桥梁、拦河坝、防汛堤，实施小流域治理项目，安上了自来水，实现了宽带全覆盖，完成了农村电网改造，群众生产生活条件大大改善。"路修好了，可以面对当年'泼冷水'的王大姐了。"李朝阳笑着说。

脱贫致富需好产业。李朝阳调研发现，村里传统木耳产业有不少弊端：一是需使用大量木屑，违背国家禁伐政策；二来只能靠晒干，易霉变，收益低。他规划产业升级三步走：第一步，改种好入门、周期短、见效快的平菇；第二步，改种平菇为香菇，可烘干、保质久、价钱高；第三步，打富硒农业牌，创品牌搞电商。

"产业扶贫应该把集中规模化和分散因户施策相结合。先搞'短平快'的，提振群众信心，再逐步升级成技术含量高、经济价值高的。"李朝阳这样思考。

李朝阳大学毕业后进机关，并无生产经验，他坚持边干边学：没技术，请专家；没资金，报项目；没销路，跑市场。在工作中，李朝阳还注重发挥挂职干部的优势，积极开拓思路、整合资源，拓宽脱贫致富的新路子。他提出河口村要抢抓"长三角"新一轮产业分工与合作的发展机遇，积极承接产业转移，抓住浙江布衣草人服饰公司拟在外建立童装加工基地的机遇，建成了村扶贫车间发展服装代加工产业，当地劳动力实现了就近就业，增加了工资性收入。上海巴比馒头创始人、中饮巴比食品公司董事长刘会平被李朝阳多年坚持驻村扶贫的敬业精神所感动，欣然接受聘请担任河口村"名誉村长"。在刘会平的帮助下，村里香菇、黑木耳等农产品成功进入了上海市场。

开展教育扶贫是阻断贫困代际传递的根本途径。2015年，河口村没考上高中的16岁少年吴家洛回到家里务农。他家里四口人，70多岁的奶奶有病在身，家里的生活主要靠父母种茶叶和打零工维持。2016年春节后，李朝阳多方努力，推荐包括吴家洛在内的一批贫困户家庭的孩子到安徽汽车工业学校免费学习汽车维修技术。如今，吴家洛等人已经学成就业。李朝阳在每年的"六一"儿童节期间都联系协调凯迪拉克、科大讯飞等知名企业为村小学送去教学设备和学习用品，还整合资金建成了教师周转房，积极改善教师工作生活条件，有效解决了山区小学留不住人才的问题。

李朝阳还坚持"志智同扶"。他倡导在村里开展一系列活动：开办"河口大讲堂"，不定期邀请安徽农业大学、安徽农科院等单位专家教授来村里开展实用技术讲座，邀请创业成功人士来大讲堂讲述创业故事；开展河口村脱贫攻坚奖评选表彰活动，为打赢脱贫攻坚战营造浓厚氛围；开展"河口好人""河口年度十大榜样人物"等各类评选表彰活动，培育社会主义核心价值观，促进农村全面进步。

春雨秋露、寒来暑往，李朝阳奔波在扶贫一线。

早春时节，万物萌发。他带着农技专家，深入田间地头，查看水稻育秧，帮助村民播下一季希望。

夏日炎炎，骄阳似火。他领着村干部，冒着高温酷暑，奔赴周边推销产品，寻找致富新门路。

金秋十月，收获之季。他帮着村民采摘秋茶，询问收成，共同

李朝阳（右）与村民交谈，了解扶贫情况

体会丰收喜悦。

寒冬飘雪，滴水成冰。他忙着走村串户，看望贫困家庭，送去温暖，一起谋划来年生计。

山里山外，处处留下了李朝阳脚踏实地、植根沃土、践行庄严承诺的足迹。

暖民心，点亮山村美好希望

作为一名省直机关干部，李朝阳几年间坚持吃住在村，带着感情完成驻村工作。在农户家中，在田间地头，与贫困群众促膝长谈、真诚沟通，共商脱贫大计。

作为全县重点贫困村之一，河口村脱贫任务很重。李朝阳没有畏缩。几年间，李朝阳制定了"整村推进"工作三年规划和年度实施计划，加大争取力度，筹集各类项目资金 400 多万元，一心带领群众脱贫致富。

打铁先得自身硬。李朝阳带领村干部切实改作风，建立村干部定期走访制度并带头践行，设立意见箱，及时梳理群众的意见建议，增强工作针对性。在村干部和无职党员中开展"为民服务之星"评选活动，强化党员干部服务意识，提升了党总支的凝聚力、战斗力。

脱贫致富，思路决定出路。经过多次外出学习取经后，李朝阳组建合作社，带领群众发展平菇种植、黄牛养殖、茶叶加工，一批贫困户率先脱贫致富；他利用帮扶经费建设村集体茶厂、盘活村集体资产资源、培育管理集体林场、实施光伏电站项目，村集体经济实现从无到有。在李朝阳的带领下，村里各类生态农产品纷纷"走出去"，在合肥、铜陵、安庆、芜湖等地打开了销路。他带领村民建设村组道路和桥梁，整治山塘，治理小流域……几年里，村民的生产生活条件日益改善。

"深入基层最快乐，服务群众最幸福。"李朝阳说，在农村工作虽然又苦又累，但看到村子面貌改变了、村民脱贫致富了，自己亦能收获满满的幸福感。

在驻村期间，每逢假期李朝阳通常没有休假，而是在加班。有一年国庆节，李朝阳仍在村部和香菇采购商沈锐敏商谈香菇销售情况。"正是香菇上市时候，我们村的香菇市场反应怎么样？"李朝阳问道。"非常好，假期农家乐客人多，新鲜香菇需求量很大，我昨天过来采购一批，今天又来了。"沈锐敏回答说。这是李朝阳的假期常态。

每年进入 10 月份，李朝阳比平时更加忙碌。因为当地香菇陆续上市，李朝阳需要把更多精力放在村香菇合作社，帮助社员们解决基地内用水喷灌、香菇销售等问题。曾经，在村里首批大棚平菇集中上市时，李朝阳经常带队在凌晨到周边城市蔬菜批发市场跑销路。

"旭日东升"是李朝阳驻村扶贫以来一直使用的网名。对此，李朝阳说："这其中既有名字的寓意，也表达为群众带去脱贫致富希望的美好祝愿。"

打开李朝阳的聊天记录，里面都是他心系群众、关注扶贫的点点滴滴。

"李书记，昨晚新闻联播里看到你啦，俺们很兴奋，为你骄傲！"2017年10月9日，李朝阳在脱贫攻坚先进事迹报告会上代表全国驻村干部发言。一直挂念他的淮南市谢家集区孤堆回族乡杨镇村的干部群众，第一时间委托时任杨镇村党支部书记胡永琪发来信息祝贺。

"你帮我联系的几个外地客户一直合作，粳米销路很好，谢谢你的帮助！"杨镇村水稻合作社负责人沈友杰祝贺之余不忘报喜。

"基层工作越久，越感到老百姓的淳朴善良。你对他们好，他们都记在心里。"李朝阳动情地说。多年来，李朝阳先后获得多项荣誉。但在他看来，群众认可和赞誉，才是对一名党员干部的最高褒奖。

"是李书记给了我们家新希望。"河口村贫困户蔡小芳对李朝阳充满感激。2012年，蔡小芳的公婆和她相继身患重病，蔡小芳的丈夫只能放弃打工，收入无以为继。李朝阳与村干部主动上门，落实医保政策，安排住院治疗，帮助她丈夫就近就业，让他们家度过了最艰难的光景。

"我在这20多年，这样一心为咱村里的好干部真难得。"河口村卫生室医生徐礼桃还记得，有一年国庆假期，李朝阳陪外地企业负责人到村考察，由于连续阴雨天气，被隐翅虫叮咬，后颈大面积溃烂。他坚持一边在村工作一边治疗，治疗期间，还顺利完成了平菇的商标注册申报、茶叶合作社厂房选址等多项工作。"当时大家都劝他赶紧住院治疗，李书记却说考察耽搁不起，抹点药就走了。对方负责人十分佩服，当场敲定项目，这事也让村民深受感动。"徐礼桃说。

　　河口村村民沈利民在村里种植食用菌，他经常与李朝阳畅谈扩大生产的美好愿景。经过不断地发展，日子慢慢好了起来。对于李朝阳驻村以来村里的变化，沈利民笑说："我在村里住了半辈子，苦了半辈子，第一次发现家乡这么美，未来的日子，一定会更好。"

　　"群众心中有杆秤，他们最看重的不是你说了什么，而是你做了什么。实干才能赢得信任和支持。"对于多年来的驻村扶贫经历，李朝阳深有感触。

三、致敬时代楷模

初心照长路　风雨砺青春

——记"时代楷模"李夏

李夏简介

李夏，男，汉族，1986 年 7 月出生，中共党员，安徽黄山人，2007 年 9 月参加工作，2014 年 12 月加入中国共产党，生前系安徽省宣城市绩溪县荆州乡党委委员、纪委书记，县监委派出荆州乡监察专员。2019 年 8 月 10 日，李夏在抗击"利奇马"超强台风抢险救援时英勇牺牲，年仅 33 岁。他先后被追授"时代楷模"、"全国优秀共产党员"、"中国好人"、"全国脱贫攻坚先进个人"、"安徽省道德模范"、安徽省"人民满意的公务员"、"安徽省优秀共产党员"、"安徽省纪检监察系统先进工作者"、"安徽省五一劳动奖章"、"安徽青年五四奖章"等荣誉称号。

"80后"的李夏，主动由城市来到农村，扎根乡镇八年，奋战在脱贫攻坚、乡村振兴、正风肃纪第一线。2019年8月10日，在抗击9号超强台风"利奇马"中，突遇山体塌方，李夏为保护人民群众生命财产安全，英勇牺牲。在生命的最后80分钟，明知有危险，李夏仍冲锋在前，第一时间转移和安置受灾群众，牺牲在抢险救灾现场。他有血有肉、有情有义、有信仰有操守、有担当有作为的一生，短暂而光彩，平凡而伟岸。

对党绝对忠诚，创新理论实践者

李夏同志在抗击台风中英勇牺牲，是一种偶然，但偶然中有必然，这种必然就是他对党的一贯忠诚，对习近平新时代中国特色社会主义思想的一贯信仰，对初心使命、担当作为的一贯坚守。"初心不因来路迢遥而改变，使命不因风雨坎坷而淡忘"是李夏的微信签名，也是他践行初心使命的生动诠释。

他潜心刻苦学习，把党的创新理论注入灵魂。李夏是用习近平新时代中国特色社会主义思想武装起来的年轻干部。他说："青年干部学什么，首先是政治理论，没有政治观点就没有政治灵魂，要提高政治素养。"在他的办公桌上和一墙之隔的宿舍床头柜上摆放着《习近平新时代中国特色社会主义思想学习纲要》《习近平关于全面从严治党重要论述摘编》《习近平扶贫论述摘编》等书籍。他在学习感悟中写道："我一直在思考，怎样把理论知识运用到工作生活中来，首先就必须牢牢掌握习近平新时代中国特色社会主义思想，细细品味、思考、判断理论知识对日常工作、生活的启示，将理论与实践紧密联系起来，用辩证的观点分析问题，寻找问题的根源，探索解决问题的办法。"

李夏常跟同事讲:"乡村是抓落实的神经末梢,我们这些在基层工作的党员干部,必须全面领会党中央方针政策,做到思想上成熟一些、品德上高尚一些、工作上积极一些,总书记怎么要求我们就怎么做。"

在长安镇高杨村担任党建指导员期间,李夏认真贯彻习近平总书记"以提升组织力为重点,突出政治功能,加强基层党的建设"的重要指示,紧紧围绕省委提出的"抓农村基层党建促脱贫攻坚促乡村振兴"的部署要求,抓住村"两委"换届契机,耐心细致地做思想工作,积极推荐选拔年轻党员、创业能手进班子,增强了班子的凝聚力战斗力,指导和帮助新任村"两委"明确分工,谋划确定"种植养殖和乡村游"发展思路,积极争取项目,发展集体经济,增加群众收入。

本着务实管用的原则,李夏带领大家结合农村基层党建实际,研究制定了"党员参会'四不准'"和"党员带头'四禁止'",与上级党组织制定的党员重要事项"五报告"、主题党日"五必须"一起,形成"四四五五"一套制度规定,为建强战斗堡垒提供了有力保障。在短短一年的时间里,过去长安镇最偏僻、交通最落后的薄弱村,变成了一个班子团结和谐、干群关系密切、基础设施逐步改善、产业发展兴旺的先进村。2018年,高杨村党支部成为长安镇唯一获得"先进基层党支部"称号的基层党组织,还彻底甩掉了集体经济收入"空白村"的帽子。

严格履职尽责,监督执纪"啄木鸟"

李夏同志把责任扛在肩上,突出整治群众身边的腐败和作风问

李夏（右）前往村民家中走访

题这个重点，敢于斗争、善于斗争，不松劲、不停歇。从事纪检监察工作期间，他主办、参办问题线索 77 条，立案审查 32 起，31 人次受到党纪处分。

坚持原则、认真较真，是当地干部群众对李夏的一致评价。2017 年，李夏收到长安镇某村党总支书记在 2014 年村"两委"换届中存在问题的反映。面对事发时间较长，反映的又是现任的党总支书记，知情人心存顾虑不愿说实情等困难，李夏迎难而上，起早贪黑，走村串户，多方取证，最终查清其拉票的事实，依纪依规给予其党纪处分并免除职务。恰逢新一轮村"两委"换届前夕，这一案件在全县通报，起到了"以案示警"的效果，营造了风清气正的换届风气。

2018 年年底，刚调入荆州乡任纪委书记的李夏，着手梳理县委巡察反馈问题整改清单，发现一项"老大难"问题未整改——某村原支部书记因严重违纪被撤职，对多领取的 1 万多元报酬等不愿退还。同事们说："他钱早花完了，做生意又亏了，我们多次找他没效果，是个棘手难题，别指望追回。"但李夏说："我们干的就是得罪人的活，我来找他谈！"他登门三次，又电话沟通多次，终于做通了工作。考虑到当事人悔错态度和实际困难，李夏提出以分期退款方式限期缴清。这位原村书记说："李夏办的这件事，我心服口服。"

李夏常说："纪检监察干部不能当老好人。"2018年2月7日，在对长安镇机关干部作风督查中，李夏发现王某值班期间擅自脱岗。同事们都觉得两人相处不错，加之王某脱岗是因家中有急事，没有造成严重后果，应该不会深究。李夏坚持在纪律和规矩面前没有"例外"，王某受到诫勉谈话处理，并在镇机关干部会上通报，对机关作风建设起到了警醒作用。有群众举报长安镇某村与李夏比较熟悉的村委汪某，不符合享受农村危房改造政策条件。"你是党员又是村干部，更应当严格要求自己……"面对"老熟人"，李夏多次找汪某谈心谈话，一步步解开了她的心结。汪某不仅接受了处理，还主动退缴了补助资金。

监督是第一职责，民生领域是乡镇纪检监察监督的重点。时任长

李夏（右）参加义务献血

安镇纪委副书记、监察室主任的李夏，在日常监督中，了解到少数死亡五保户供养资金没有及时核停的问题。由于地处偏僻，涉及人员情况复杂，时间跨度长，核查工作量大，追缴十分困难。李夏下决心查个"水落石出"，从源头上堵住漏洞。他和同事一起调取了全镇五保供养资金发放台账和五保户死亡名册，开展信息比对，认真调查核实。通过不懈努力，他们最终追回 1 万余元，并对相关人员进行了处理，完善了相关程序，扎紧了制度"笼子"。

2018 年年底至 2019 年年初，李夏被抽调参加县委巡察工作。家朋乡某村民组反映，供水管道老化，饮用水不能正常保障。李夏同巡察组其他成员一起，深入农户走访，实地察看，发现问题属实。巡察组第一时间发出整改通知书，李夏跟踪督办，督促立行立改。2019 年 3 月底，自来水改造提升工程全面完工，仅用时 2 个月，就解决了困扰 76 户 190 余名村民十几年的吃水难题。"党的优良传统又回来了！"村民的感激之情溢于言表。

纪法约束有硬度，批评教育有力度，组织关怀有温度。长安镇某村民组长汪某因酒驾受到行政处罚后，2018 年 9 月又受到党内严重警告处分，"实在想不通，当党员还吃亏了。"李夏告诉他："纪严于法，对党员干部的要求就是要比别人高。"汪某被李夏对待工作的认真细致和耐心打动，心悦诚服地接受了处分决定，并积极参与农村人居环境整治等工作，一如既往地履行村民组长的职责。

牢记根本宗旨，一心为民勤务员

李夏有着深厚的为民情怀。出生在城市家庭的李夏，大学毕业后到铜陵市地震局当技术员，生活环境好，工作也轻松。但李夏觉得

李夏（左）利用晚上时间走访贫困户

这份工作不适合自己，主动放弃城里的工作，毅然扎根皖南山区基层一线。其间，多个县直部门想选调他，都被他一一婉拒了。他对亲友、同事说："我喜欢跟老百姓打交道，在乡镇工作感觉很踏实。能为老百姓做点实实在在的事，内心充满成就感。"乡亲们说："我们山里'五里不同音，十里不同姓'，你是个外地人，话都听不懂，活还怎么干？"这些都没有难倒李夏，他先找当地会说普通话的年轻人交流，再同中年人谈心，三四个月下来，当地老人地地道道的土话，他都能听懂了，最后成了老百姓眼中"讲普通话的本地人"。

知民情，方能解民忧。李夏每到一地，总会第一时间进百家门、听百家言、知百家事、解百家难，在面对面的交流中了解群众想什么、盼什么。2017年6月，李夏在走访调研时发现长安镇高杨村里的生活污水直排污染环境，便和村"两委"干部商量，积极争取上级帮助解决，在高杨村落户污水处理项目。农村群众白天要干农活，为了不影响他们生产劳作，李夏到农户家走访、在联系点开会都尽量安排在晚上。李夏的妻子宛云萍知道后担心地问："山里晚上黑灯瞎火的，你走夜路不怕被蛇咬了？"他脱口而出："没想那么多。"李夏就是这样的人，宁愿自己辛苦些，也不给群众添麻烦。

如期打赢脱贫攻坚战是乡镇工作的政治任务。李夏坚持因户施策，帮助贫困户制定帮扶方案，精准确定贡菊种植、健康扶贫等措施。贫困户汪少美腿脚有疾、行动不便，李夏为她申请了产业扶持资金，办起了小卖部，帮助解决经营中的实际困难。贫困户许冬仙种植高山贡菊，但因缺少技术，收益不高，李夏专门从邻县请来专业技术人员上门指导，扩大了种植规模，贡菊产量和质量有了明显提升。到荆州乡不到一个月，李夏就跑遍了扶贫包保村下胡家村的 36 户贫困户，摸清了情况，制定了有针对性的帮扶措施。

李夏把群众当家人，把群众的事当家事。"有事情、找李夏"，成了当地群众的"口头禅"。从高杨村村部通往胡村、塔村的田埂路，晴时尘土飞扬，雨时泥泞不堪，是困扰群众多年的"老大难"问题。李夏看在眼里，急在心里，他带领村干部四处奔波，经过几个月的努力，终于筹到了资金，道路改造顺利施工。贫困户冯孝华因病生活不能自理，长期随姐姐冯兰香生活，李夏经常嘘寒问暖，了解他姐姐家有什么困难、需要什么帮助。有一次，冯兰香反映，因弟弟存折丢失，有笔扶贫款不知是否收到。李夏冒着大雨登门核实情况，又马不停蹄赶到银行查询，确认扶贫款已到账才放下心来。考虑到冯兰香带着弟弟行动多有不便，李夏又主动帮忙办理存折挂失、补办等手续。"如果不是他帮忙，我得跑好多路才能办好。"冯兰香感激地说。

调离长安镇后，李夏仍时刻牵挂着曾经朝夕相处的高杨村群众。当得知高杨村村民葛洪亮因摔倒昏迷在医院抢救时，他立即从荆州乡赶到 150 公里外的医院，和亲友一起陪伴葛洪亮熬过了危险期，并积极为其组织募捐并带头捐款。李夏把群众当亲人，群众也把他当亲人。到贫困户许冬仙家中走访时，李夏总是帮着忙这忙那，不是主动做家务，就是带着许冬仙的小孙女玩耍。有段时间，许冬仙重病缠身，李夏每天给她打电话，鼓励她振作精神、战胜疾病、早日康复。"他把我当母亲、把我的孙女当成自己女儿看待，我也把他当成自己的儿子一样。我的手机里会永远存着他的照片和信息。"回忆起李夏，许冬仙泣不成声。大塌方泥石流发生后，李夏失联，乡亲们冒雨在泥土、石块、树杈中，手扒、锹挖、车推，焦急搜寻13个多小时。找到李夏遗体后，在送往县城时，许多群众自发赶来送别，年过七旬的章树花老人，颤巍巍跟着救援队号啕痛哭："真是党的好儿子，这么年轻，怎么就走了呢，真是太可惜了……"

坚持"三严三实"，自身过硬"打铁人"

习近平总书记在十二届全国人大二次会议安徽代表团参加审议时提出"三严三实"要求，在党的十九届中央纪委三次全会上强调"要把力戒形式主义、官僚主义作为重要任务"，再次向全党全社会发出坚决整治形式主义、官僚主义的动员令。李夏同志牢记总书记的要求，把"三严三实"作为座右铭，落实在行动上。

"整治形式主义、官僚主义的关键在于为群众着想，办实事、求实效。"李夏在工作笔记中写道。他与群众特别亲，服务群众从不分上下班，无论白天还是黑夜，总是随叫随到、随到随办。"就在李书记牺牲的前两天，他还到荆州乡下胡家村的一户独居老人家里走访，从下午到晚上，来回整整跑了四趟，才等到老人回家……"荆州乡干部胡圣子回忆说。2019年7月，县委第六巡察组进驻荆州乡方家湾村巡察，当巡察组问到各村民组情况时，李夏对户数、党员

李夏（中）与同事一起在村民家中核灾

数、贫困人口数总是能够张口就答，"一口清"。巡察组的领导问有什么秘诀，李夏笑着说："走得多了，心里就有数了。"对力戒形式主义、官僚主义，李夏坚持做到防范在先、发现在早、处置在小。

李夏时刻保持清廉节俭的政治本色。2016年至2017年，李夏两次被县纪委抽调挂职。按照有关规定，在县城里无住房的，可以住在距离上班地点较近的宾馆，住宿费可以报销。一向勤俭节约的他选择住在每天48元的小旅社，骑自行车上班要二十多分钟。在李夏看来，"住哪儿都可以，公家的钱也是钱，能省一点是一点"。2018年12月，他从长安镇调到荆州乡。乡里办公住宿条件简陋，分管机关后勤的同志与李夏沟通，问能否将他安排与其他乡干部同住一间宿舍。李夏笑着说："大家住一起挺好的，还能有个伴。"破旧的办公桌基本无法使用，乡里准备给他换个新的，李夏急忙阻止："没事儿，这个桌子修修还能用。"这张桌子一直使用到他离世。

"想一想，对'大诱惑'有没有动过心，对'小意思'有没有沾过边，对'微腐败'有没有黑过脸。"李夏的工作笔记本上，一笔一画地记录了他的心迹。工作八年，组织上从未收到任何有关他的不良反映。

弘扬优良家风，重情厚义好后生

"家庭是人生的第一个课堂"，"孩子们从牙牙学语起就开始接受家教，有什么样的家教，就有什么样的人"。李夏同志成长于一个有着优良家教家风的家庭，爷爷奶奶都是1945年参加革命。从小跟爷爷奶奶一起生活，李夏听着革命传统的故事长大。爷爷生前谆谆教导："无数革命烈士浴血奋战，才换来今天的好日子，我们每个人都要懂得感恩，千万不能忘本。"李夏的父母都是工人，爱岗敬业、朴实本分，经常教育他爱党爱国、事业为重。正是生命之躯里的红色基因，让李夏从小就立志做一个对党和人民有用的人。

他是胸怀大我的好青年。在《工作日志》的扉页上，"极耐得苦，故能艰难驰驱"是他对自己的鞭策与激励。当家人心疼他工作条件艰苦时，他只淡淡说了句"工作总要有人干"。不论在什么地方工作，不论有什么急难险重任务，每一次他都冲在第一线。随着工作越来越忙，他回家的次数越来越少，从每周一次到两周一次甚至一月一次，即使周末回家他也带着工作，一接电话就进入工作状态。一家人对他的工作都很支持。李夏的母亲在儿子牺牲后看到这样一幅照片：李夏打着赤脚坐在村民家门口，与干部群众一起商量工作。她心疼地说："从小穿个塑料凉鞋都怕沙子硌脚，没想到他能光着脚下农村。我为这样优秀的儿子感到骄傲！"李夏牺牲后，6岁的女儿问妈妈："爸爸在哪儿？"妈妈宽慰她："我们回家找找，好不好？"女儿自言自语："爸爸在打怪兽，爸爸在保护我……"

他是铁骨柔情的真男儿。李夏的父母都是下岗职工，父亲早逝，他早早挑起家庭生活的大梁，在家里是一个孝顺的好儿子、体贴的好丈夫、慈爱的好父亲。他对母亲说："我已经没有爸爸，再也不能没有妈妈。"由于长期在偏远乡镇工作，他格外珍惜相聚的机会，节假日回家他尽量"宅"在家里，或陪母亲下厨房，或帮妻子做家务，或与女儿搭积木……这是他难得的幸福时光。平时工作在外，下班后只要时间允许，他都要与妻子、女儿视频通话，竭尽所能弥补他不能陪伴在她们身边的缺憾。"把女儿'养'在手机里，把群众放在心尖上"，是他生活的真实写照。李夏十分重视孩子教育，从小就引导孩子向上向善，帮她扣好人生的第一粒扣子。一个刻有"清心为治本，直道是身谋"的陶瓷笔筒，是他和女儿一起制作的廉洁文化作品，他告诉同事："做的过程，我正好给她上了一堂家风课。"

李夏（左）和女儿制作笔筒

初心与恒心辉映，生命为使命而歌。李夏同志用年轻的生命践行了入党的铿锵誓言，用无私的奉献谱写了为民的壮美诗篇，用一贯的坚守赢得了群众的真诚褒奖，在人民心中矗立起一座不朽的丰碑！他的崇高精神和优秀品格，必将永远激励广大党员干部不忘初心、牢记使命，勇于闯出新路，勇于自我革命，为实现中华民族伟大复兴的中国梦砥砺前行！

一位新闻人的大爱情怀

——记"时代楷模"高思杰

高思杰简介

高思杰,男,汉族,1973 年 11 月出生,中共党员,大学学历,安徽阜阳人,阜阳师范大学文学院新闻系教师、高级记者。他忠诚于党的新闻事业,扎根新闻采访一线 21 年,以"奔跑"的状态,在抗击"非典"、抗洪救灾、春运等宣传采访中冲锋在前,在省台、中央台发稿 4800 多条,在央视《新闻联播》发稿 160 多条、头条 6 条,76 件新闻作品、业务论文获奖。他先后获得"时代楷模""全国优秀共产党员""全国优秀新闻工作者""全国广播影视系统先进工作者""中国好人""安徽省优秀共产党员""安徽省道德模范""安徽青年五四奖章""安徽省宣传文化系统'六个一批'拔尖人才"等 40 多项荣誉,享受国务院特殊津贴。

身高近一米九，体重只有 120 斤，在阜阳市广播电视台做记者时的高思杰留给别人的印象就是：清瘦的高个，扛着摄像机、夹着三脚架，从一个新闻现场奔跑到另一个新闻现场。

当记者 21 年，高思杰帮农民"卖粮难"想办法，为艾滋病孤儿募捐，曝光违规"半拉子"工程。他以"奔跑"的状态，在抗击"非典"、抗洪救灾、春运等宣传采访中冲锋在前，大多数除夕夜在采访一线度过。他捐献病逝女儿的器官让 4 名患者获得新生，自己也签署了器官捐献志愿书……多年坚守新闻一线，高思杰对党忠诚、为民解忧、执着追求、无私奉献的记者之路，诠释了对群众、对事业的深沉大爱。

扎根基层，做干净严谨新闻

在火车站和返乡滞留农民工一起过年，在受灾地区和搬迁群众一起过年，在军营和战士一起过年……自从 1998 年走上记者岗位，高思杰大多数的除夕夜是在采访一线度过的。

2003 年，阜阳发现全省第一例"非典"病例，那是一场没有硝烟的战争。那时的阜阳，所有人都陷入恐慌之中，高思杰主动请缨义无反顾走进了隔离病房，连续四十多天跟踪采访，报道了从发生疫情到取得抗击"非典"阶段性胜利的全过程，妻女近在咫尺，女儿刚满周岁又身患严重腹泻，他一次也没顾得上看望。

"非典"报道结束当天，高思杰接到紧急电话：淮河水位猛涨，千里淮河第一闸王家坝可能开闸泄洪。来不及回家取换洗衣服，高思杰即赶赴受灾地区奋战 17 天，发稿 60 多条，全方位报道干群军民携手抗洪过程。

2007 年，高思杰作为一名来自地市台的基层记者代表，参加了央视举办的全国广电系统先进事迹报告会。主持人采访过他后得出结论：“你对你拍摄的这片土地、这群人，你在乎，你有兴趣，他们的苦乐你都放在心里，你就有话可说。”

“农民、教师、商人、基层干部……当记者这么多年，我跟很多采访对象成了交心的朋友，我从他们身上获得了宝贵的素材，也学习了很多闪光的东西。”高思杰觉得，只有扎根基层发挥才智，记者这个职业才更有生命力。

多年来，有企业向高思杰开出过高于他当时工资三倍的高薪聘请，多家发达地市电视台开出个人升职、家属随调的条件，其中一家市台为他将部门主任的职位空缺了四年，安徽电视台也曾多次发出邀请。

“我不是没心动过，也曾思想斗争很激烈。”高思杰说，最终他想明白了，“我是阜阳人民养育的，我要用手里的摄像机为他们做事，我已经在这里扎下根了！”

在记者职业生涯中，有件事让高思杰不能忘怀。那是多年前，当时刚入行的高思杰采访一位乡村教师，老人一生未婚，为资助贫困孩子上学，生活非常节俭。高思杰从中午一直拍到晚上，老人问了一句话：“要不要给你拿几个茶钱？”

提起这句话，高思杰至今仍觉得心痛。这就是群众心目中的记者形象吗？从那时起，他下定决心：要做一个干净的、有良知的记者！

在阜阳广播电视台编辑部，高思杰有个“泥腿子记者”的外号。“哪里有新闻他往哪里冲，经常一脚一腿泥地回来。”老同事刘文敏说，高思杰干活的标准是一定要冲到最前线，“不拿二手的材料，不做摆拍的新闻。”

阜阳火车站客运值班员李玲玲说：“高思杰平时话不多，可一旦进入拍摄状态，就变得风风火火，售票窗口、广场、天桥、站台、车厢、白天黑夜、风雪大雾，他扛着摄像机总是一路小跑。"多年来，高思杰奔跑的身影已成为阜阳火车站春运一景，他也被誉为"车站编外好职工"。

"记者有舆论宣传权和监督权，不严不实，做出来的新闻站不住！"高思杰说，扛起摄像机，感受到的不仅是重量，还有沉甸甸的责任。

"思杰是那种平时工作能看出来、关键时刻能站出来、危急关头能豁出去的记者。他把记者职业看作是最神圣、最干净的职业，他是那种有底线、有原则、不言苦，出去采访让你特别放心的记者。"张洪与高思杰同事多年，在他眼中，高思杰对工作的热爱超乎常人想象。

2015 年 7 月，王家坝迎来淮河洪峰，高思杰又是第一时间赶到现场。他穿着一双拖鞋，右脚上还套了个塑料袋，原来他刚做完甲沟炎手术，脚趾上还缠着厚厚的纱布。为了不耽误发稿，又防止伤口沾水发炎，他就这样穿着拖鞋，一瘸一拐地来到新闻现场。

张哲也是阜阳广播电视台记者，她眼中的高思杰是一个刚正不阿的人。有一年，某乡镇生猪收购经纪人，收购了十多户农民的生猪，就是不给钱。高思杰知道后，拎起摄像机，直奔那个乡镇采访。那个经纪人百般阻挠，并托熟人给高思杰送钱，希望封住他的口，遭到严词拒绝后，还扬言要报复。

高思杰听后微微一笑，依然播出了这篇曝光稿件，并且进行了追踪报道，最终为农民讨回生猪款。"正是这种肩扛公平、笔写正义的职业操守，让思杰挡住了诱惑、耐住了清贫、挑起了使命。他为我们记者树立了榜样。"同事们说。

同事高赸说，高思杰干起工作风风火火，帮助他人从不犹豫。2009 年 4 月，他把刚领回的"首届安徽省道德模范"奖金 5000 元，第一时间捐献给阜阳特殊教育学校。为艾滋病孤儿捐款，为白血病孩

高思杰（中）在采访拍摄

子募捐，为弃婴寻找更好的出路……高思杰用镜头为困难群众办实事、做好事、解难事。

"思杰是阜阳培养出来的，也受到了这片土地的滋养！"崔波是高思杰情同兄弟的同事，他说，被采访对象的善行义举所教育、感染，这是一个真正的记者才能收获的幸运。

"我坚守，是想让脚下的这片热土变得更好。有了这份责任，什么困难和痛苦都不能让我割舍！"高思杰说。

奉献大爱，传递柔情与温暖

每当提起家人，高思杰总是沉默。由于和爱人工作都很忙，女儿高雨桐从小在姥姥身边长大，有时十天半月也见不上一面。快10

高思杰在一线采访拍摄粮食收割

岁时，高思杰和爱人刘海燕才把女儿接回身边。可是美好的时光太短暂了。2014 年年底，12 岁的高雨桐出现嗜睡、字迹歪曲等症状，被诊断为脑干肿瘤和丘脑肿瘤。夫妻俩带着女儿辗转各地求医治疗，竭尽全力，孩子却一天比一天虚弱，从不能走路、不能吃饭，到不能说话，再到最后无法自主呼吸……

女儿才 12 岁，如何能让她在这个世上留下印迹……在女儿生命的最后时刻，高思杰和爱人商量后，一起签下了《中国人体器官登记表》，决定捐献女儿的眼角膜、肾脏以及肝脏，让她的生命以另一种方式延续。2015 年 2 月 14 日凌晨，小雨桐永远告别了这个世界……这个一直坚强的父亲失声痛哭："孩子，不要走好不好？给爸爸一点补偿的机会，爸爸带你去你最想看的大海，好不好！"……此后，高思杰到阜阳市红十字会，在人体器官捐献志愿书上签下自己的名字，百年之后自愿捐献眼角膜、肾脏、肝脏，捐献遗体供医学研究，让大爱在奉献中传递。

这个痛苦的决定注定是一个不平凡的选择。雨桐去世后的第二天下午，雨桐的眼角膜让两名患者重见光明，两颗肾脏让两名肾病患者重获新生。12岁的孩子走后，足足救了四个人！但是女儿离世后没几天，高思杰在大年初三又扛着摄像机去了阜阳火车站，重新投入到一系列采访工作中去了。

高明是高思杰的大哥，也是高思杰初中的数学老师，两人相差21岁。"很小的时候，他有点淘气，成天在田野里跑来跑去。上初二时，他突然开窍了，学习非常刻苦。"高明回忆说。

在那个贫困的年代，考学是农村孩子的"独木桥"。考学意味着转户口，意味着吃商品粮，意味着鱼跃龙门。可年幼的高思杰沉浸在玩耍中，心思并不在学习上。夏天，高思杰和村里小伙伴成群结队去摸鱼捞虾；秋天，他又在田埂上四处点野火；冬天，他在雪地里捉野兔捕麻雀……

上初一时，高思杰患上鼻窦炎，引发偏头疼。那时，全家兄妹七人，守着几亩薄地，年年都要跑"水灾"，日子过得很艰难。休学在家时，他陪母亲去地里给庄稼除草，终于鼓起勇气跟母亲说出了埋藏在心里很久的想法："娘，我不想上学了，跟您一起下地干活，多种粮食让哥姐吃饱饭。"没想到母亲气得直掉泪。那一刻，小小的高思杰懂得了母亲对他的希望。回到家，他放下锄头，拿起课本。"不能让俺娘再为我流泪。"高思杰说。

"无论是学习，还是干事业，他都有一股不服输的劲头。晚上吃不饱，他都要看书学习到深夜。"高明说。那时候，正在长身体的高思杰一顿饭能吃五个馒头，但他只吃两个，一到晚上肚子就饿得慌。对于学习，他很专心，总是全校睡得最晚、起得最早的学生。

高思杰不仅学习刻苦，还会用巧劲儿。他摸索到了适合自己的学习方法，合理分配学习时间，把"难啃"的知识放在学习效果最好的时段。初三时，他的各科成绩非常优秀，当年就以高分考取了阜南师范学院。

其实，高思杰的考试分数远远超过了阜阳一中的分数线。但是，读中专每月有 16 元补助，为了减轻家里负担，他放弃了大学梦。"只要肯上进，不服输，无论走哪条路都会有出息。"高思杰说。

已经 80 多岁的母亲一直很疼爱家里排行最小的高思杰，也一直跟高思杰生活在一起。

"思杰是个心细的孩子，话不多，但孝顺懂事。"母亲说，思杰知道她爱惜食物，所以每次给她买水果都会"定量"，两三个苹果、两三个橘子、十多个大枣、一小串葡萄。这样既能让她吃得好，又不会成为负担。

2009 年，高思杰的母亲做了直肠癌手术，出院回家后，身体非常虚弱。那段时间，高思杰做完工作就往家跑，千方百计抽出时间多陪母亲。有一次他给母亲做饭时，站在厨房门边的母亲突然说："我难道真的没用了吗？"高思杰的眼睛当时就模糊了。他明白母亲的心思，母亲多想赶紧好起来，不给儿子添负担，还能帮儿子搭把手。

从那以后，高思杰与家人商量，做饭时"需要"母亲帮着择择菜洗洗菜，要让母亲感到自己还能干，孩子们生活离不开她。"我生过好几次大病，医生说应该把我的碗筷单独放，但思杰就是坚持把碗筷放在一起。"高思杰的母亲说。

女儿的生病、去世，高思杰难掩心中悲痛，但他只要见到母亲，都要给母亲一副温暖的笑容，不让母亲担心。在那段最艰难的日子里，他一遍一遍告诫自己："我不能有事，我一定要撑下去，年迈的母亲和岳父岳母还等着我照顾呢。"

1997 年，高思杰在阜阳师范学院进修本科学历时，对班上的女同学刘海燕一见倾心。"她是城里姑娘，又是公务员，同学说我们不

高思杰在一线采访拍摄汛情

般配，但我就是挺喜欢她的。"高思杰不好意思地说。

在刘海燕看来，高思杰不善言辞，但是对人很真诚。"他总是默默地在我身边，从来不跟我发火。我觉得很安心，心里会有一种家的感觉。"刘海燕第一次到高思杰老家去，中午吃饭时，高思杰特意为她盛了一大碗红芋。"我以前说过我爱吃红芋，他就记下了，还跟我说吃红芋管够，说我这个媳妇真好养。"刘海燕笑着说。

本科毕业后，高思杰和刘海燕在租来的房子里结婚了。婚后不久，刘海燕就被派到乡镇去挂职，这一挂职就是三年。"当时思杰很想要个孩子，但是他跟我说，等我回到市里，再考虑生孩子的事情。"刘海燕说。

两地分居的日子里，高思杰几乎把所有时间都用在了工作和学习上。高思杰像陀螺一样飞速旋转，每天马不停蹄地从一个新闻现场赶到另一个新闻现场。

"他那么拼命工作，一方面是为了新闻事业，另一方面是为了我们这个家，为了老母亲能早一点进城和我们住一起，也为了我能够生活得更好一些。"刘海燕说。在他们的共同努力下，他们的日子过得很温馨，可以说是相敬如宾。

每天早上，高思杰趁妻子还在睡觉，就麻利地做好早餐。虽然都是家常饭菜，但他总能让妻子一起床就能吃上热乎乎的早餐。"结婚纪念日、我的生日等日子，他根本记不住，有时他会忽然想起来，可是都过去几十天了。"刘海燕说。

涤荡心灵，努力耕耘传帮带

消瘦而高挑的高思杰，总是哪里有新闻就冲向哪里。2004年除夕夜，他冒着暴雪连续采访9个单位的值班人员。凌晨1时，路上积雪达半尺多深，他用雨伞紧紧地护住摄像机走了两里多路才回到家。爱人打开家门时，他用快要冻僵的双手递过去的是怀中已然焐得热乎乎的摄像机。2007年抗洪抢险32天，77岁的老母亲生病，他挤出时间为母亲抓的中药，因为紧急采访被忘在了药店里。他在火车站和农民工一起过年，在军营和武警战士一起过年，在王家坝和搬迁群众一起过年……唯独没有和家人一起过年。

"非典"的病房、抗洪的现场、春运的火车站、在下基层的路上，高思杰总是肩扛摄像机，奔跑在新闻第一线，双腿上留有十多个手术刀口……高思杰的事迹感染了很多人。"他对新闻的热爱，对阜阳的热爱，一般人很难做到，令人敬佩。"安徽出版集团员工刘姗姗说。

如何对待名利。"当今社会一些人向钱看，为人民币服务，高思杰却默默付出，用自己手中的摄像机，为老百姓做实事。"安徽建筑大学纪委工作人员何玉宏说。高思杰非常真实，话语朴实。有的企业找高思杰拍软广告，有的人想借用他的影响力吹自己，都被高思杰严词拒绝。

这是一名记者的责任担当，这是一名记者的职业道德，这是一名记者的为民情怀。

"在我印象中记者要么风光无限，总是和明星大腕在一起做娱乐节目，要么就是像社会上说得那样'防火防盗防记者'，总是和社会阴暗面联系在一起。没想到，高思杰的事迹让我知道，记者也这么苦这么累这么不容易。"安徽中医药大学针灸推拿专业学生刘巧说。

如何对待家人。当风烛残年的老母亲，站在窗口遥望高思杰回家的巷口；当天真烂漫的女儿，站在门口期待爸爸的身影；当大年三十的深夜，一家人等待高思杰回家过年……高思杰的事迹，让人动容。

"高思杰深爱着自己的女儿，女儿花季夭折，高思杰痛不欲生，同样捐献了自己的器官，以这种方式陪伴，令人动容。""90后"大学生张俊锋说。人生有很多遗憾，视新闻为生命的高思杰，却没有机会来弥补缺失的父爱。

"我对家人挺愧疚，没有照顾好家人，我一直觉得只要努力工作，为家人创造更好的生活环境，就是对家庭负责。"高思杰说。

"以前我听说过高思杰的事迹，坦白说，刚开始我并不理解他为了工作不顾家人的行为。听了他的事迹后我深受感动，他并不是一个无情无义只会工作的人，他是一个对社会有大爱对家庭有爱心的记者。"刘姗姗说。

做记者的21年间，高思杰的足迹遍及阜阳市170多个乡镇，绝大多数时候都是一个人独立采编传。他注重传帮带，将自己每月应得的2000多元稿费全部分给年轻记者，80多次给国家、省、市、县新闻记者上新闻采访课、职业责任课。他还深入基层一线，宣讲习近平新时代中国特色社会主义思想和党的十九大精神104场。

2018 年 11 月，怀揣培养更多党的新闻工作者的愿望，高思杰选择到阜阳师范大学文学院新闻系当老师，承担马克思主义新闻观、新闻采访、新闻摄像、专题报道采写技巧与训练等多门课程的教学任务。角色虽然转换，但新闻事业常伴身边。他以一名新闻人的视角，将课堂讲授与采访实践相结合，为党的新闻事业培养新时代的新闻工作者，继续以"奔跑"诠释"时代楷模"的精神力量。他用忘我的情怀、奉献的精神、执着的追求，诠释着对百姓、对事业的无疆大爱——这就是高思杰！

枕戈待旦　守护百姓安宁

——记"时代楷模"张劼

张劼简介

张劼，男，汉族，1980 年 3 月出生，中共党员，大学学历，安徽蚌埠人，蚌埠市公安局特警支队副支队长。他先后获得"时代楷模"、"中国五四青年奖章"、首期"全国公安楷模"、"全国公安系统二级英雄模范"、"全国特级优秀人民警察"、"中国好人"、第五届"安徽省道德模范"、"安徽省优秀共产党员"、"全省优秀人民警察"、"安徽省先进工作者"等荣誉，先后荣立三等功 2 次、获嘉奖 5 次。

"一个人的成长，恰似蝴蝶破茧的过程，在痛苦的挣扎中，意志得到锻炼，力量得到加强，心智得到提高，生命得到升华。"这是蚌埠市公安局特警支队副支队长张劼的一番感悟。

2016 年 1 月 5 日，在一起危害公共安全重大警情处置中，张劼不顾生命危险，第一个冲入房间，将正在打开汽油桶和液化气罐的犯罪嫌疑人扑倒在地，以血肉之躯保护了人民群众的生命财产安全，用生命价值诠释了"人民公安为人民"。

一个只响了一声的未接来电

2016 年 1 月 5 日傍晚 6 时许，张劼正举着筷子夹菜，手机突然响了一声，又迅速挂了。他低头一看，是副支队长石鑫打来的，职业敏感告诉他：队里一定有事。张劼当即回拨过去。几句对话后，他便借用同学的私家车，直奔特警支队。

"在队里换装时，我脑子突然一闪念，万一我回不来了，同学的车钥匙不能被我锁在抽屉里，我还特意把车钥匙放在桌面上。"张劼说。几分钟后，他和战友消失在警灯闪烁的夜幕中。

此时，蚌埠市光彩小区，一栋楼 402 室户主吕某在家中堆放了若干煤气罐和汽油桶，扬言要引爆居民楼。特警、消防公安迅速集结，指挥中心紧锣密鼓布控，一张反暴恐的大网正在紧急合拢。

张劼和其他四名战友组成的突击小组，来到与 402 室一墙之隔的 401 室南阳台，侦查特警李龙发现门窗全被钢条封死，犯罪嫌疑人歇斯底里。情势万分危急，恐怖气氛在冬夜的上空弥漫，所有人的心都收拢得紧紧的，头上都挂着一层细细的汗珠。

8 时左右，犯罪嫌疑人高喊："大家一起完蛋！"屋内飘出浓烈的煤气味，指挥中心下令突击小组实施强攻！

战友石鑫用太平斧在窗户上砸开个洞，李龙用破门锤击打阳台门，他一连砸断了三根钢条后，并用手掰开。破开的门洞狭小，突击队员张劼和石磊只能脱去头盔、防护服，才能迅速钻进去。

张劼参加体能考核

　　"你马上要结婚，还是我第一个上！"张劼拦下队友石磊，一缩身第一个钻进房间。吕某一边狷狂喊叫着，一边快速拧开煤气罐的阀门……张劼腾空而起，直扑过去，控制那双可怕的手。

　　"轰"的一声，房间里火光一片，浓烟上下翻滚，强大的气浪将张劼和吕某掀翻在地。吕某双脚乱踹，企图将汽油桶踹翻在地，张劼死死地把犯罪嫌疑人压在身下。张劼和紧随其后进入的队员被灼热的气浪掀倒，屋内顿时一片火海。随后进入房间的石磊和李龙，半蹲着在弥漫着浓烟的房间里摸到了奄奄一息的张劼。张劼本人全身30%面积深二度烧伤，后来经历6次手术后，才脱离生命危险。

　　后来，消防官兵从屋里清理出10个煤气罐和2个汽油桶。其中，5个煤气罐的阀门已被拧开，1个汽油桶的盖子被打开。经有关部门事后估算：如果10个煤气罐和2个30公升汽油桶全部爆炸，其威力相当于引爆40公斤TNT炸药或800颗手雷。当时，这栋楼里住着48户200多位居民。

　　一场生死对决，画上了句号，大家提到嗓子眼里的心稍稍落了下来。张劼却倒下了，在爆燃的那一刻，他以为自己"死定了"。与

张劼（右）帮同事调整警用头盔

死神擦肩而过，张劼生命垂危，全身深二度烧伤面积达到 30%。

"事发当天张劼并不值班，我刚拨通他的电话就挂掉，是转念想起他好久没有回家了。如果他没有立刻回拨那个只响了一声的电话，他就不可能受这么严重的烧伤。"石鑫红了眼睛说。

一个从未使用过的"无名指暗号"

"他的手真冷，冷得像冰块，不停地在抖，当时他已经说不出话来了。"战友李龙回忆那一晚在医院的情景，说着说着他就泪流满面。

气管被切开，浑身炭黑，身上插满管子，全身水肿，脸部肿得像盆一样。因为呼吸不畅，张劼拼命咧开变了形的嘴巴，想多吸进一些新鲜空气，像一只被冲上岸边的鱼，大口大口地奋力挣扎着。他的眼睛什么都看不见，切开的气管不能发音，浑身上下焦皮烂肉一碰就掉，唯有五根手指得以保全，这也成了他与外界交流的唯一方式。

受特警战术手语的启发，战友就跟他约定：动大拇指是想大小便，动食指是想喝水，中指是想擦拭口鼻，无名指是疼痛求助，小拇指是立即叫医生。手语表达对于张劼来说是最简单的事，他用遍了其他四指，从来没有用那根无名指！

张劼从不喊疼，虽然他身上的肌肉总在颤抖。只有在昏睡中，他才会发出那令人心碎的呻吟声。

这世上，没有钢铁般不会疼的身体，只有钢铁般的意志在支撑。

2016年1月12日，天空飘起雪花。经过前期清创治疗后，张劼被紧急转往上海瑞金医院。在那里，张劼度过了人生中最艰难的日子。

每天都被绑在"烧伤床"上，钻心般的疼痛像潮水般袭来，疼得他每天都要汗湿床单好几次。体温高达39.5℃，腋下夹着两个冰疙瘩，有时候烧得迷迷糊糊，不知道自己是否还活着。

有时候手术不能麻醉，看着疼痛如筛糠般的张劼，医生都忍不住劝他："你喊出来吧，也许可以减轻点疼痛。"张劼咬牙忍住。手术结束后，医生说从来没有见过像张劼这样对自己这么"狠"的人。

最难熬的是夜晚，一切安静下来，那失去皮肤保护而裸露的血肉，稍有空气流动就会感到火燎般的疼痛。张劼从没想到身边的气流竟会这般又黑又重，仿佛压得人喘不过气来。更为痛苦的是，睡觉还不能闭上眼睛，为矫正口型，张劼睡觉时口中要含着扩张器，睡觉不能闭眼。吃饭时，张劼用力撑开自己残缺的嘴，硬往里面塞东西吃，哪怕嘴角和下颌渗出血来。为了尽快恢复体力，张劼在病房里做起了俯卧撑，一开始一天300个，后来一天可以做到700多个。

从蚌埠到上海，从瑞金医院到武警医院，再转至上海九院，张劼先后经历 14 次手术、40 余次植皮。每一次植皮换肤，都是脱胎换骨的磨难，都是撕心裂肺的煎熬，都是百炼成钢的涅槃。

尽管疼痛难忍，但张劼依旧没有失去信心。在医院的日子里，张劼始终怀着一个信念："战胜痛苦，早日回到特警岗位上！"凭借着信念的支撑，张劼一次次挺了过来，治疗间隙，只要伤情允许，张劼加强自身锻炼，跑步、游泳、俯卧撑和器械训练，体力和技战术水平逐步得到恢复。

一张伤痕累累的"最帅面孔"

伤疤是特警身上最闪耀的勋章，勋章是男人身上最帅气的饰品。

治疗中的张劼，第一次照镜子，是受伤后一个多月以后。在武警医院病房的卫生间里，他抬头看到镜子中的自己。"我看了很久，很平静，没流泪。我在心里告诉我自己，无论我变成什么模样，我都要接受我自己。"张劼说。

亲人和战友曾一度担心相貌英俊的张劼是否能够接受以后的相貌，总是小心翼翼地把房间里的镜子藏好。

他们没有想到，张劼如此坦然坚强，如此乐观面对。不仅如此，张劼还开通了微博，发了受伤后的自拍照。他就像超人一样感染着身边的人。很快，那个坚强乐观的张劼又出现在同事的身边，并且重新走上了执勤一线。

2016 年 11 月 18 日，公安部在北京隆重举行全国首期"公安楷模"发布活动，张劼应邀前去领奖。

戴着面罩的张劼（右二）与同事们在一起

表彰会前，公安部曾专门给他定做了高质量的面罩。大幕拉开后，没有佩戴面罩的张劼迈着铿锵有力的正步走上前台，一句响亮利落的立正，一个英姿飒爽的军礼，观众站起来给他鼓掌，为勇敢鼓掌，为坚强鼓掌，为帅在骨子里鼓掌！

男人的帅不必在脸上，最帅的人都在大家的掌声里，最可爱的人都刻在心坎上。

从警多年，张劼由一个稚气未脱的新警，逐步磨砺成长为特警精英，各种急难险重警情处置中总有他智勇刚健的身影。

2008年3月12日，蚌埠禹会区一家足浴店突发歹徒持刀劫持女员工事件。谈判无果后，在"声光失能弹"的掩护下，张劼迎着寒气逼人的匕首，第一个冲上去将嫌疑人扑倒，成功解救人质。

"劫哥不仅体能好，而且心理素质特别好。"战友石磊说。无论是面对凶狠的歹徒、狡诈的毒贩，还是穷凶极恶的亡命之徒，张劫总是第一个冲上去。

2010年2月，一起命案的4名犯罪嫌疑人逃到蚌埠一家浴池。张劫和战友一个装扮成浴客，一个装扮成大堂经理，刚好在二楼大厅与犯罪嫌疑人打了个照面。机会！机会就在眼前，战友一个眼色，张劫像猎豹一样一跃而上，扯住犯罪嫌疑人的脖子，将其扑倒在地。

犯罪嫌疑人不甘就擒，激烈反抗，试图翻身将张劫压在身下。张劫死死抱住他，在地上翻滚，石鑫和其他埋伏的队员赶上增援，将犯罪嫌疑人彻底制服。事后审讯得知，犯罪嫌疑人正在策划实施杀害案件的知情者，如果抓捕不及时，后果不堪设想。

支队领导担心张劫的伤情，经常不给张劫分配任务，并叮嘱他多休息。可是每一次任务来临，张劫都会主动请缨，用他的话说，"努力为队友多分担一点"。为了能够胜任工作，出院以来，张劫从没间断过体能锻炼，每天都要在健身房内待上一到两个小时，任凭汗水渍

张劫（右）和同事们在一起

痛患处。"现在我的体能已恢复九成，工作时更加得心应手。"张劼说。

2018 年 10 月，第十四届安徽省运动会在蚌埠开幕，加上残运会、农运会，会期持续近 1 个月。面对重任，张劼再一次主动领命，带领队员坚守一线，圆满完成了任务。

"张劼归队以后，只要队里有急难险重的任务，第一个跳入我脑海的主攻成员还是张劼。首战用我，用我必胜，张劼有这样的豪气，也有这样的底气。"蚌埠市公安局特警支队支队长孙虎说。

一支生死相依的英雄团队

"执行任务时，我从来没害怕过。我们是个强大的团队，放心把后背留给队友。我们是生死之交，用生命换来的信任。"张劼说。张劼所在的特警中队，每一位战士都是反恐防暴的"尖刀"，战斗在维护社会稳定的最前沿。

刚入警队时，张劼被分配到了巡警支队。2008 年，蚌埠特警支队成立，张劼又成为这支精英队伍的一员。

"真正的男子汉，对自己就要狠一点。"特警支队会聚了各路精英，张劼身形瘦削，体力和耐力远不及他人。张劼不分白天黑夜把自己"焊"在训练场，晴天一身汗水、雨天一身泥水，是警队里出了名的"拼命三郎"。

每天下午的 5 公里越野训练中，张劼都会加穿两件老式钢板防弹背心。有一次打靶，一块从子弹壳上蹦出的碎片扎进了张劼的面颊，而他不顾满脸的鲜血，猛地拔出碎片，用纱布按住伤口说："没事，继续！"然后又投入训练。

石鑫是张劼刚入队时的师父。在石鑫的言传身教下，从专业技能到实战经验，张劼经验逐渐丰富，开始主动请缨打头阵。从抓获一般嫌疑人到吸毒嫌疑人，从抓捕逃犯到抓捕杀人犯，再到处置突发事件，张劼逐渐成为主力队员。

2014年4月，特警支队在处理一起涉黑团伙的案子时，张劼主动申请先去山林侦察。经过两天的踏勘，张劼把上山下山路线和犯罪团伙出入的路线摸得一清二楚。"哪个点有几个放风的，哪个点有埋伏的，每一个细节都考虑到了。"石鑫说。支队最终按照张劼的方案，一举捣毁该犯罪团伙。

有一次在抓获一个贩毒团伙时，张劼扮成贩毒人员乘坐出租车前去交易，战友紧随其后暗中保护。来到指定地点时，犯罪嫌疑人十分警惕，还未完成交易便扭头就跑。张劼穷追不舍，与犯罪嫌疑人扭打在一起。"对方身上有武器，要不是后援力量及时赶到，恐怕那一次我是凶多吉少。"张劼说。

"1·05"警情的成功处置，避免了重大人员伤亡事件的发生。"我们是英雄的团队，正是团队的力量、所有战友的付出，才能完成每次急难险重的任务。"张劼说。战友石鑫、周小康、石磊和李龙都曾荣立个人一等功。

英雄的背后，总有一支英雄团队。英雄的成长，总有一个英雄家庭。英雄的本色，总是在一个个舍生忘死的故事中彰显。

一对警察父子的家庭传承

"过去，你以我为荣；今后，我永远为你骄傲。"父亲张留成写给儿子张劼的一封信，让人感慨万千。看着儿子成长成熟，张留成眼里噙着热泪，脸上却闪耀着荣光。

张留成是一位铁路公安警察，曾被省公安厅荣记个人一等功，先后荣获"全国优秀人民警察""安徽省五一劳动奖章"等称号。《蚌埠日报》曾在头版报道张留成的先进事迹，号召公安干警向张留成学习。

很多孩子是听童话长大的，而小张劼是听"爸爸抓坏蛋"的故事长大的。

1974 年，张留成在南京火车站执行任务，突然一名犯罪嫌疑人挥舞着砍刀，发疯似的冲向人群。张留成赤手空拳迎上去，与犯罪嫌疑人展开了生死搏斗。最终，浑身是血的张留成，死死地"逮"住了犯罪嫌疑人。"如果不是腰上的皮带挡了好几刀，很可能当时我就牺牲了。"张留成回忆说。

"张劼的'劼'字寓意着谦虚、勤勉、坚强，这也是我和他母亲对他的希冀和勉励。"张留成说。党员父亲的言传身教，早就在儿子心中种下了英雄的种子，铭刻了党的印记。每当听到父亲说起往事，小张劼的眼睛里总闪出一种亮光。有一天，张留成带着小张劼上街，看到有几个人围坐在一起赌博。为避免路人被诱惑上当，张留成亮出身份："我是警察，不许赌博！"参与赌博的人一哄而散。事后，小张劼在一篇题为《我的爸爸》的作文里写道："我的爸爸是警察，他非常英俊，非常勇敢。长大后，我也要当一名警察。"

偷戴爸爸的"大盖帽"，喜欢舞枪弄棒，一看警匪片就着迷，只要跟"警察"沾边的事儿，小张劼都精神头大得很。开始识字后，张劼喜欢读"福尔摩斯探案集"之类的书籍，有空就抱着读，一动不动能看好几个小时。

十来岁时，看到邻居奶奶搬煤球，他立刻跑过去，一趟又一趟地帮助老人把煤球送到楼上；上中学时，看到隔壁阿姨搬不动大米，张劼二话不说，扛起 50 斤的大米一口气跑到 5 楼。

在母亲张萍看来，张劼中学毕业时要么去读电校，要么去读警校。可是，在张劼看来，他的人生不可能有其他选择。知子莫如父，在爸爸的支持下，张劼如愿以偿走进警校的大门。

穿上警服的张劼深深懂得，"警察"二字，不仅仅代表着光荣和自豪，更意味着担当和危险。

2000年6月8日中午，穿着便装的张留成骑车下班途中，突然听到一阵阵凄惨的"救命"声。他回头一看，只见两三名男子正在追砍一名十五六岁的女孩。"住手！"张留成扔下自行车飞奔过去，用身体护住女孩。

丧心病狂的歹徒挥舞着剃头刀，如雨点般地砍过来，张留成手无寸铁，寡不敌众，最终因失血过多瘫倒在地。这一次，张留成头部有6处裂伤，颈部和胸部刀伤达13厘米，全身共缝了103针。

"看着我爸血肉模糊地躺在病床上，我心里既心疼又自豪，这也让我更加真切地感受到警察的沉重和伟大。"张劼说。小时候，张劼迷恋的是警察的光环；长大后，张劼因为更懂得警察的责任而选择这份职业。

虎父无犬子，上阵父子兵。张留成的言传身教，早早地在儿子心中种下了英雄的种子。这就是家庭传承，这就是家风滋养，这就是家教熏陶。

如今，张留成说话时语速很慢，声音不是特别响亮，因为他的面部神经受损，现在两个耳朵大小不一。他曾经动过念头，想动用自己的老关系，和市公安局打个招呼，将儿子调到一个相对安全的警种，有的亲戚也常常这么劝他。可他见到领导时，好几次话到嘴边，又咽了回去。"干这一行，谁都会遇到危险，谁没有父母呢？谁家的儿子不是儿子呢？还是算了。"张留成打消了这个念头。这件事，他也从未对儿子提起过。

张劼家客厅里挂着一面锦旗,上面写着:两代英模 人民卫士。初心使命一脉相承,英雄父子接续奋斗,满腔热血守护百姓,践行了人民公安为人民的庄严承诺。

把生命的光热化作希望的种子

——记"时代楷模"邱军

邱军简介

　　邱军，男，汉族，1981年9月生，中共党员，安徽淮北人，大学本科学历。2005年7月参加工作，生前系甘肃省华池县人民政府副县长（挂职），中国化学工程集团有限公司所属东华科技项目管理部党支部书记、副主任。

　　在脱贫攻坚进入决战决胜的关键时刻，他积极响应习近平总书记号召，主动请缨到条件艰苦的革命老区挂职，积极发挥央企资源优势，开展产业扶贫、教育扶贫、消费扶贫和就业扶贫，创新"央企＋民企＋贫困户"的劳务输转模式，助力华池县实现整体脱贫。2021年1月8日，邱军不幸病逝在工作岗位上，年仅39岁。他被追授"全国脱贫攻坚先进个人""时代楷模""中央企业优秀共产党员""央企楷模"等荣誉。

在东华工程科技股份有限公司同事们的眼里，他是声音洪亮、积极阳光的淮北小伙，是充满智慧和能量的"大块头"。

在甘肃省庆阳市华池县乡亲们的眼里，他是辞家别亲、舍身忘我，没有"官架子"，把一腔热血献给了老区群众的副县长。

他就是邱军。2021年1月8日，他不幸病逝在工作岗位上，把生命献给了华池这片红色热土，年仅39岁。

不舍：把最深的牵挂安放在高天厚土间

"把自评报告交宋部长；全年和四季度工作总结，数据完善到11月30号；明年的牛产业要做大，菊花产业要做强，乡上和村上工作要加强……我很好，尽量少麻烦大家。"

字迹散乱，却写得密密麻麻——这张字条是邱军经历50多天抢救后，留下的最后嘱托。

2021年1月8日，39岁的中国化学工程集团有限公司定点帮扶甘肃庆阳华池县原挂职副县长邱军，在带领当地群众脱贫攻坚的两年间燃尽气力，永远地离开了他深深眷恋的大地。

"如果让他早点去医院就好了，可是没时间啊！"一直跟在邱军身边工作的华池县人民政府办公室干部魏建飞至今依然不能释怀，降压药还静静躺在邱县长办公室的抽屉里。

病发十几天前，略显疲态的邱军曾告诉魏建飞，先放一放手头的工作。"可他嘴上说缓一缓，第二天又跑去榆林一家企业对接消费扶贫，他想赶着年底，多帮乡亲们吆喝一下……"

县里的干部们都说，完成全面建成小康任务在即，邱县长心里装的事太多了——

邱军（右）和华池县南梁镇高台村村民张应芬商议产业发展情况

土特产要卖出去，金丝皇菊烘干车间要加快建设，石油伴生气项目科研规划要推进，还有肉牛养殖分红还没发到群众手里……

2020年11月17日，天气阴冷。11时，正在办公室撰写材料的邱军突然感到一阵眩晕，直冒冷汗。

一杯红糖水，不管用，再喝葡萄糖，还是难受，魏建飞强拉他去了县医院。由于病情严重，邱军被连夜送往西安西京医院抢救，从此再没能回来。

在县医院输液时，他叮嘱提前做好启动中央定点帮扶单位临时党支部主题教育活动的准备；转到西安西京医院做完手术，刚能开口说话，他就追问帮扶工作的自评报告有没有呈交；脑出血之前，他还艰难地喘着粗气，嘱咐魏建飞把工作用的笔记本从县里捎过来……

有多少深藏于心的牵挂，就有多少事无巨细的操心。

虽然不是生于斯长于斯，但是这个出身农家的挂职干部，对这片位于六盘山特困片区的土地，实在倾注了太多的心血和期望。

"贫穷不该是革命老区的代名词！"2018年12月，响应中央企业定点扶贫工作的号召，已是中国化学工程集团所属东华科技中层干部的邱军主动请缨，从 1200 公里外的安徽合肥来到这个黄土高原的偏远山区。

华池县是老一辈革命家刘志丹、谢子长、习仲勋开辟陕甘边革命根据地的地方。但是山大沟深的地理特点、十年九旱的自然环境，始终困扰着老区人民，是脱贫攻坚战场上的"难中之难、坚中之坚"。

上任第一个月，邱军就走访了全县 15 个乡镇、75 个行政村。200 多个贫困户，一家一家问，一户一户记。车辆难以到达的地方，他就步行前往。一天下来，三餐并作两顿，一双黑皮鞋沾满了土，成了"灰"皮鞋。

整整一个冬天，刀子般的风皴裂了他的嘴唇，啃上几口硬馍，起皮的口子又迸出了血丝。可他依然乐呵呵地开着车到处跑。

短短两年间，邱军几乎走遍了华池县的每一道山川梁峁。从沙棘苗产业到奶牛饲养场，从为乡村学校安装崭新路灯到为贫困青年开设"订单式"技能培训……在老乡的炕头上，他理清了帮扶的思路，找到了扶贫的"药方"。

因地制宜发展的奶牛、肉牛养殖业，让贫困群众户均增收 5000 元；沙棘、金丝皇菊种植项目带动户均增收 15000 元；白瓜子、黄花菜、黑木耳、小杂粮等特色农产品，已带着"华池"品牌飞出大山。

干部群众抖擞精神，华池县脱胎换骨，于 2020 年 2 月摘掉了贫困县的帽子！

邱军的办公桌正对面挂着一张小白板，他习惯把近期的工作重点和难点列在上面，提醒自己。

随时在更新，随时在改变。这块小白板上记录的，不仅有精准扶贫政策的部署推进，还有邱军自己学方言给外地客商当翻译、背台词给县里带货当"主播"的工作创新。

"他的心里呀，全是扶贫。"中国化学工程集团的同事们曾经这样评价邱军。自从来到华池，他发了65条朋友圈动态，有64条是关于扶贫工作，只有一条与工作无关——

2020年6月，他的儿子出生，"感恩眷顾，好字凑齐……唯愿平安快乐，加油少年，奔跑吧，后浪！"

"生命的最后几天，他心里装的都是华池县的扶贫工作。"东华工程科技股份有限公司的汪小娟说。

"我有好几次做梦，梦到他从华池县回到合肥了，站在家门口没有进来，脸上挂着熟悉的笑容，双手张开要拥抱我们。"妻子岳丽英流着泪。

梦中的邱军没有离去，抱着一岁多的儿子，贴在脸上亲了又亲……岳丽英不愿醒来。在梦里，一家人终于团聚了，牙牙学语的儿子喊"爸爸"终于有了回应声。

入户解难、争取项目、发展产业、直播带货……邱军不停地忙碌着。在革命老区脱贫攻坚的两年间，他回家的次数屈指可数，直到去世，他仅和儿子见过两面。

岳丽英最后一次和邱军通话，是2020年11月17日。那天上午，正在办公室撰写材料的邱军突然感到一阵眩晕，冷汗直冒。同事魏建飞拉他去了县医院，当时邱军已经疼得浑身发抖。"我们通话时他就在医院，但他故意瞒着我。说话有气无力，感觉像是从牙缝中蹦出几个字，我以为他太累了。"岳丽英回忆说。再有四十多天，挂职就要结束，孩子就可以天天见到爸爸了。

可是，他再也不能给妻儿做顿可口的饭菜，再也不能给远方的老母亲尽点孝心……这位赤子，已把最深的牵挂安放在高天厚土间。

奋斗：把"山鹰的翅膀"带给大山中的人

"如果养 5 头奶牛，你只掏 1 万元，剩余由帮扶单位补贴，不仅配套铡草机、牛棚，等牛出栏后有企业保底价回收，遇到风险还能享受保险……"在华池县城壕镇新建的养殖场，养牛户几乎个个都能说一遍养牛经，而这曾让邱军费尽思量。

经过走访调研，他发现华池县有大面积的天然草场，有优质的水源和空气，但是传统固化的散养模式，制约了养殖业的发展，养一头牛一年最多收入 2000 多元。

"肉牛咱还能养活，奶牛咋能伺候好哩？"邱军的提议，让庄稼汉们愣了神。

从分户散养转向规模化养殖，谈何容易？没有钱，邱军去争取产业扶持资金；没知识，他组织开展培训；没销路，他引进龙头企业与群众合办养殖场。

不管在田间地头，还是窑口院外，只要群众对奶牛养殖有关切，邱军都会一字一句讲解政策、算对比账。

为进一步消除乡亲们的后顾之忧，他又联系养殖企业与农户签订保底收购协议，鼓励企业与农户抱团发展。

2019 年年底，城壕镇养牛户户均增收 5000 元以上；2020 年，邱军又推出托管代养，不仅让群众变"股民"享受分红，还带动 6 个村集体增收 60 万元以上。

邱县长说的"发牛财"，真的实现了！单一产业"有吃头没盼头"的旧生活，一去不复返！

然而，邱军仍在苦苦思考：这一座座横亘在家门口的荒山，如何变成绿水青山，再化作金山银山？

一次调研，邱军偶然发现了在沟渠罅缝里零星生长的沙棘。

这是一种干旱地区常见的植物，具有不错的经济价值和生态效益。圆实的野生果子，收进农民的箩筐，经过县城的加工厂加工，就能变成味美甘甜的沙棘饮料。但是，野生果实稀疏、个头小，"喂不饱"全县的沙棘产业。

邱军又找到当地出产的沙棘籽油，跑去外地的专业机构鉴定，得出"生物活性成分多，开发前景良好"的结论。

时不我待，说干就干！2019年，他积极联系中国化学工程集团投入138万元，启动沙棘扦插苗培育试点。

"邱县长不知道来调研了多少次，他说沙棘苗就是我们山里人的金凤凰。"城壕镇庄科村党支部书记阎鑫说。

不到半年，62座具有节水喷灌功能的钢架大棚拔地而起，620万株沙棘苗栽种完毕，试点村贫困户全部纳入合作社，"租金＋劳务＋分红"的模式让人均增收超过1.5万元，10年内持续产果的长期收益让乡亲们合不拢嘴。

春节前后，邱军（右）前往村民家中送温暖

家里的"金窝窝"筑起来，邱军又开始鼓励富余劳动力特别是年轻人走出去。可是，山里人"守土"而生，一代又一代困在这山峦间，更挣不开那观念的绳圈。

"山鸡哪能飞过山去？"华池县城壕镇余家砭村的燕刚、燕丽兄妹，从来不敢想象山外的世界。

年幼时父亲因病离世，母亲重病瘫痪在床。靠着种田养鸡和政府低保金，兄妹俩勉强维持生计。

一个隆冬天，邱军掀开门帘，走了进来，坐在了燕家的炕沿上，笑容可掬地说："以后我就是你们的帮扶干部，有啥困难你们都可以随时来找我。"他边问边听，还不时在小本子上写写画画。

从此之后，几次三番上门入户，邱军开始动员燕刚学电焊，当个技术工。

"趁着年轻，你得出去闯一闯。"燕刚至今记得邱大哥亲和的笑容。可是，他放心不下母亲和妹妹，他更担心，祖祖辈辈都没闯出个名堂，自己能行吗？

"等工作稳定了，咱们再想办法，把你母亲接到养老院。""咱们县上自己的企业带你们出去，抱团发展，你们可以打消顾虑。"半信半疑，燕刚等二十余个青年走进焊工技术培训班。经过三个月的专业培训，燕刚拿到了焊工证，还在浙江谋到月薪8000元的岗位。"邱大哥让我家的生活一下亮堂了。"燕丽说。

一人学会技能，全家摆脱贫困。2019年8月，在邱军推动下，华池县27名高中生到陕西西安学习交流。邱军还对接中国化学工程集团及所属企业举办就业扶贫专场招聘会，先后有175名大学生、23名贫困农村青年实现稳定就业。在邱军的牵线搭桥下，中国化学工程集团所属东华科技与华池县建筑企业成功构建"央企＋民企＋贫困户"合作机制，签订帮扶项目投资达2100万元。

邱军（左）在乔川乡村民家中宣讲扶贫政策

"曾有人担心邱县长来穷山沟镀个金就走了。没想到，他是把'山鹰的翅膀'带给了我们。"华池县乡村振兴局干部胡国芳说。

希望：把光热的种子播撒在广袤大地

华池县出产的白瓜子、黄花菜、小杂粮等农产品，口感纯正品质佳，却因山大沟深、交通不畅，"养在深山人未识"。

扶贫产业有了，产品出路在哪里？绿色天然的农特产品走出革命老区，走出大山，一直以来都是华池人的心愿。面对贫困群众农特产品销售难的困境，邱军看在眼里，急在心里，自觉当起了"推销员"，在各种展销会、推介会上带头"吆喝"，成为华池的"网红县长"。

"网不网红不重要，产品卖得好，直播没出岔子，没给老区人民丢脸我就知足了。"邱军说。在中国农民丰收节金秋消费季上，他第一次亲自上阵带货直播，担心忘词又怕冷场，一遍又一遍地反复推敲自己准备的材料。一场直播下来，斩获 3700 多单，销售收入 47 万元。两年来，在他的倾心助力下，扶贫产品销售额累计有 1000 多万元，党的十九大代表王雅丽、民间工艺大师赵星萍等纷纷走进直播间，推荐家乡土特产。

志不立，脱贫看似近在眼前，却又远在天边。针对一些贫困户"靠着墙根晒太阳，等着别人送小康""宁愿苦熬，不愿苦干"的现象，他执笔创作了南梁说唱《扶贫赞》，坚定了贫困群众脱贫的信心，激发群众致富内生动力。

2019 年年底，华池县实现了整县脱贫，城壕镇也如期通过脱贫验收，实现脱贫摘帽。

"你从江南来，你从西北走。常思量，泪纵横……"当地流传的歌谣，道出乡亲们对邱军的思念。而华池县的大山里，一簇簇挂满果子的沙棘树，在大西北的秋风里怒放生命，经历风霜后愈发红艳。

乡亲们说，沙棘是山里人的骄傲，极耐干旱贫瘠，环境越是艰难困苦，生长越是顽强热烈。在黄土梁上苦干实干的邱军，不也好似这漫山遍野的沙棘中的一棵吗？

偶尔踱步在田埂边，阎鑫总会想起同邱军的初识。那时，得知来了个挂职干部，乡亲们私下议论："就挂两年职，他的心真能把百姓装进去？"

一座桥，让老百姓的心踏实了。

庄科村的路边有一条沟，沟对面住着 7 户人，一下雨，河水漫，出行难。

邱军听说后，不到三个月，一座崭新的钢筋架构水泥桥出现在群众眼前。

邱军曾在日记中这样写道："我来自农村，所以要倍加珍惜这样一次回馈土地和乡亲们的机会。"乡亲们把邱军当华池人，邱军也把大家当亲人。邱军还把女儿从安徽老家带到县里的帮扶户家中，教育女儿和他们的孩子"当亲戚、交朋友"。旁边的干部惭愧了：在地方干了这么些年，也没带孩子来走"穷亲戚"。

城壕镇的乡亲们只要听说邱县长来了，总是争相邀请他去"串亲戚""唠家常"。一次，从农户家走出来，半道儿，邱军把宽厚的手掌放在阎鑫肩膀上说："我是央企派下来扶贫的，理应对得起扶贫工作。"将心比心，以心换心，一个外地来的人，却把这里当成了家。

扶贫还要扶智。出身农家的邱军更重视乡村孩子的教育："孩子有出息，生活才有希望，未来才有奔头。"

他联系多家公益组织，给乡村学校装路灯、设立助学基金；他看到中学校园的运动场都是水泥地，就筹集善款给孩子们换成塑胶场

邱军（左二）在城壕镇太阳幼儿园了解办学情况

地；他发现山里孩子的假期生活单调，就组织他们参加夏令营和研学活动……

因为苦着他们的苦，所以愁着他们的愁。他心里有一本账，清楚谁家鸡多鸭少；他亲口尝过，知道谁家喝苦咸水；看见农民把辛苦收获的土豆一箩筐一箩筐地倒掉，他就尝试直播带货，把卖不出去的山货销出去……

"邱大哥，我们的日子好过了，你怎么却走了呢？"

"县长兄弟，你放心吧，我们会像你说的，一直勇敢往前走！"

两年光阴，邱军同华池干部群众一起，在一寸寸黄土塬上，开出了一片片沃土。那一簇簇沙棘苗，默默把根系扎得更深，挺拔向上生长。

"共产党人任何时候都要走好群众路线。"那个不仅常把这句话挂在嘴边、更用生命践行共产党人为人民谋幸福初心和承诺的人，已把生命的光热化作希望的种子，播撒在广袤大地。

斯人已去，人们没有因为时间的流逝，淡忘这位帮助他们走向小康的好干部。

两年里，在邱军的带领下，山村脱贫的基础越夯越牢，致富的产业越来越实，老百姓不断获得可持续发展的动能。即使倒在了病床上，他仍然一心嘱托干部要把兴办起来的富民产业做大做强，早点把产业分红发到群众手里。他用行动为革命老区的小康生活画下绚丽一笔，更用生命诠释了一名共产党员心系群众的大爱。

出身农村，邱军深知革命老区群众躬耕之苦。他始终怀着一颗赤子之心，把群众的急难愁盼作为工作方向，双脚扎根基层，与天地苦斗。"他的心里呀，全是扶贫。"地方干部的话道出了邱军一心为民的心声。有了情怀，就有了力量。

这种力量，体现着心中有党、心中有民、心中有责、心中有戒的时代要求，彰显着信念坚定、为民服务、勤政务实、敢于担当、清正廉洁的好干部标准，更源于中国共产党全心全意为人民服务的坚守。正是在中国共产党领导下，无数基层干部以满腔热血投身到解决人民群众的急难愁盼之中，汇聚起推动进步的磅礴力量。

时代呼唤赤子心。每一位共产党员都应见贤思齐，把个人前程融入时代征程，与人民同呼吸、共命运，以担当为笔，用情怀作答，向时代和人民交出满意的答卷。

心中有多少责任，脚下就沾有多少泥土。都说扶贫是件"苦差事"，邱军却主动请缨，他说："我来自农村，所以要倍加珍惜这样一次回馈土地和乡亲们的机会。"正因他心里装着群众、一心为了百姓致富，才能够倾力奉献、苦干实干，同贫困群众想在一起、干在一起。

邱军曾说，发扬好"南梁精神"，就没有什么困难是战胜不了的。邱军走了，他的生命永远定格在脱贫攻坚的征程上。作为一名共产党人，他为群众幸福倾心付出，为脱贫事业无私奉献，他在实干中传承红色基因，在奋斗中赓续光荣传统，以实际行动践行初心使命。

四、播洒人间大爱

余热生辉的"乡村烛光"

——记"全国道德模范"叶连平

叶连平简介

叶连平，男，汉族，1928年9月出生，中共党员，河北沧州人，高中学历，安徽省和县卜陈学校退休教师。自1978年从教，到1989年退休，再到鲐背之年，90多岁高龄的叶连平始终坚守在三尺讲台，为乡村学生燃烧了40多年，被乡亲们誉为余热生辉的"乡村烛光"。他坚持为学生义务辅导，2000年自费开办家庭课堂"留守未成年人之家"，辅导学生1000余名。他获得全国"最美奋斗者"、"全国道德模范"、"全国德育教育先进个人"、"中国好人"、"安徽省优秀共产党员"、"安徽省'五一'劳动奖章"、"安徽省优秀教师"等荣誉。

他没有亲生子女，却有许多贴心子女。多年来，他创办的校外家庭辅导站，培育了 1000 余名孩子，其中有 700 余名是留守儿童，几乎个个都是他的亲人。

他有一份稳定的退休工资，却没有一点积蓄。有人私下里给他算了一笔账：多年来，他义务办站、购买桌椅文具，让孩子们在他家吃、用、住，组织学生外出参观，资助困难学生，少说也有 30 万元。

他，就是叶连平老师。

"叶爷爷就是我们的亲爷爷"

叶连平 1989 年退休后，看到许多留守儿童由于缺少家庭教育支持，作业完成得差强人意。这些留守儿童来自周边村庄，父母大多在外做生意，都由爷爷奶奶在家看护。爷爷奶奶大多没有文化，对孩子们的功课帮不上一点忙，于是这些孩子一放学总爱往叶连平家跑，喜欢在他家做作业。孩子们有不懂的问题可以随时问他，他都耐心地一一解答。很快，留守儿童之家的孩子从最初的几个发展到现在的三五十个。后来他发现，不少孩子英语成绩很差。因为年轻时曾在美国驻华大使馆做过勤杂工，叶连平的英语很好，于是他萌生了一个自费创办校外家庭教育辅导站的念头，决定每逢双休日和寒暑假义务为孩子辅导英语。叶连平不但分文不收，连用电、用水、稿纸、图书、相关学习资料，都是自掏腰包购买。

2000 年 7 月，叶连平在和县乌江镇的家里腾出了客厅，打制了课桌板凳，又买来英语、语文的教材，义务办起了和县关工系统第一个校外家庭教育辅导站。那些贫困家庭，尤其是留守儿童家庭的家长，纷纷领着孩子来报名。辅导站开始是 1 个班 20 多人，后来发展到 2

叶连平在"留守儿童之家"为孩子们辅导英语

个班40多人，再后来发展到4个班80多人。他天天尽义务，为小学
到初中段的孩子免费补课。不仅如此，他还动员乌江镇卜陈中学的在
职教师加盟，扩大义务教学的范围。

　　叶连平办学不仅不收钱，还要为那些贫困家庭的孩子贴钱。他辅
导过的1000多名孩子中，在他家长年累月免费吃住的孩子少说也有
100余人。江明月，如今正在南京市一所大学读研究生。她在读初中
一年级的时候，英语、数学等功课跟不上趟。她和妹妹都是留守儿童，
家庭经济又很拮据，自然是一筹莫展。叶连平知道了这一情况后，就
主动把她接到自己的家庭辅导站，不仅免费补课，而且免费提供吃住。
在叶连平和其他老师的精心辅导下，仅仅两年时间，江明月的学习成
绩有了很大提高。2006年她考上了重点中学，2009年又被南京理工
大学录取。此后不久，叶连平又将她的妹妹江敏接到家中，为她免费
"吃小灶"补课并提供吃住。两年后，江敏考上了和县重点高中。姐
妹俩每每谈起这些经历，总会激动地说："叶爷爷就是我们的亲爷爷，

他的大恩大德我们永远不会忘记！"

2012 年年底，叶连平因脑出血被组织送到南京八一医院接受手术治疗。动完手术后的第四天，他就找到医院的医生，要求出院。医生说，像这种手术，你做完后在医院里起码要住上一个月，这个要求不能答应你。他说："我太想我的那些孩子了。"死磨硬缠，医生拗不过他，要他"签字画押"，表示出院后不让医院承担任何责任。心中装着孩子，叶连平果断地签下了"生死状"。就这样，叶连平头上缝合的线还没拆除，他就忍着伤痛，回到了朝思暮想的校外家庭教育辅导站，又站到他一生酷爱的三尺讲台上。

"教师不仅仅要教书，更要育人"

2018 年 10 月的一天，借着出差的机会，上海楷麓实业有限公司总经理常久明匆匆赶回和县乌江镇卜陈村，看望自己的初中老师叶连平。

"您身体恢复得怎么样了？"两个多月前，叶连平骑自行车买菜，回家路上遭遇交通意外受伤，常久明一直很牵挂，"等您身体恢复些，我接您去上海休息几天。"

常久明曾一度刻意躲着叶连平。那时，初中生常久明学习成绩很好，但因为家境贫寒，父母就让他辍学学缝纫。一天下午，常久明硬着头皮把即将辍学的事报告了叶连平，意外的是叶连平并没有当场责骂他。常久明随即离校回家。

就在那天天擦黑的时候，正在棉花地里帮父母干农活的常久明，看到远处一个身影步履蹒跚地走过来。"叶老师怎么来了？"常久明和父母都大吃一惊，常久明赶紧躲了起来。

叶连平给留守孩子上英语课

常久明家距离学校有 5 公里，都是土路，且要翻山过河，当时还正值汛期。叶连平最终没能说服常久明的父母。夜色笼罩着田野，躲在暗处的常久明盯着那个渐去渐远的落寞身影，忍不住热泪盈眶。

"尽管我后来还是辍学了，但成为叶连平学生，是我一辈子的幸运。"怀着一颗感恩的心，在上海拼出一片天地的常久明，如今每年都资助叶连平奖学金基金。

叶连平坚持每年到每个学生家至少家访一次，不管多远都一定访到。特别是那些在校表现一般、家庭困难、住址离学校远的学生，他更是格外关注、关爱，多次上门。在卜陈学校周边的乡村田野间，经常会看到一个老人，提着马灯跌跌撞撞地赶路，有时身上还沾了很多泥水。

"叶老师对学生负责，是出了名的。"令叶连平曾经的同事、卜陈学校教师戴启涌印象特别深刻的是，叶连平批改学生作业，连标点符号都会一一校正。

"教师不仅仅要教书，更要育人。"叶连平当班主任时，曾带着学生勤工俭学，用赚来的钱购买课外书给学生看，开阔学生眼界，这在当时算是特立独行了。多年后，那个班的学生发现，当初勤工俭学挣的钱根本不够买那么多课外书，很多书都是叶老师自己贴钱买的。

"孩子们学习进步，就能感受到丰收的快乐"

乡村学校学生，英语基础普遍差，学习吃力。叶连平看在眼里、急在心里。

2000年，叶连平在自己家里开设英语课堂（后更名为"留守儿童之家"），免费给周边孩子补习英语。教学用的书本、用具都是他拿自己的退休金买的。由于他教学态度认真、教学方法得当，补习的学生英语成绩提高很快。他那间30平方米的老房子，一度摆满了课桌。后来，乌江镇政府出钱把他家对门的学校仓库改建成两间教室，一间供他上课，一间作为图书室。

叶连平的"留守儿童之家"里有4个班级70多个孩子，他一人身兼英语老师和语文老师。他戏称自己没有寒暑假、没有周末，只有"黄金周"。有时，上午补习的孩子还没离开教室，下午补习的孩子就已经到了，为了给他们多上一会课，叶连平就坐在教室门口拐角处随便扒几口午饭。

批改学生作业是叶连平极为重视的教学环节。没课的时候，他早上8点就坐在教室里，低着头逐字逐句批改。

翻开叶连平批改过的作业本，满目红彤彤一片。其中，既有细致的修改，也有严厉的批评语，还不乏诸如"你用作业本太浪费，而且还有损坏"这样的亲切提醒。被叶连平批改过的作业本，就像是被

159

他涂了"大花脸",许多孩子就调皮地叫他"大花脸"老师。

叶连平细心地将每个学生每个单元的学习成绩都记录在教室墙上的纸上,不及格的都用红笔记录。"我会定期记录更新成绩,让孩子掌握自己的学习情况,激励他们更加努力。"叶连平说。

来过"留守儿童之家"的老师都感叹:这样的教学任务量,不要说一名90多岁的老人,就是一名年轻教师都难以承受。

这么多年来,叶连平从没停办"留守儿童之家"。许多经他辅导的孩子考上大学,甚至出国留学。叶连平欣慰地说:"看着孩子们学习进步,就能感受到丰收的快乐。"

"他们家庭困难,我能不帮一把吗"

"我家离学校远,叶老师让我中午不回家,就在他家吃午饭,可以节省出1个小时时间来学习。"卜陈学校的学生程雨秋说。她父亲因病去世,母亲平日在周边打工,供她上学。她希望能用好成绩让妈妈开心,但过去考试成绩一直处于班级中下等,尤其是英语总"拖后腿"。

叶连平了解情况后,不仅积极联系爱心人士资助程雨秋,还让她每周日上午在"留守儿童之家"补习英语。平日中午,叶连平也抽出时间辅导她做作业,讲解英语难题。

"叶老师每天供我午饭,一分钱都不收,还给我补习英语,我不能辜负了他的期望。"程雨秋学习十分用功,英语成绩突飞猛进,考试总成绩保持在班级前五名。

在叶连平家吃"免费午餐"的不只程雨秋。比如从卜陈学校毕业的钱龙女,在叶连平家整整免费吃住了三年,直至考上了和县幼儿师范学校。至今，在叶连平家客厅后面钱龙女睡过的床上还放着她未带走的被褥。

"按中考成绩我是可以上高中的，但选择上和县幼儿师范学校，就是想成为一名像叶老师一样的好老师。"钱龙女略带羞涩地说，叶老师让她感觉当老师挺好的。

多年来，叶连平免费提供吃住的孩子超过了 100 名。有时候，孩子家长实在过意不去，就送钱或物到叶连平家，但都被他坚决拒绝了。他的理由是："我一个月有 3000 多元退休金，不缺钱花，而且我吃

业余时间，叶连平利用村口的黑板办简报，村民们从他的"缤纷世界"里了解天下大事

在村民们眼中，叶连平就是村里不灭的"蜡烛"，也是照亮孩子们的希望之光

什么就让孩子吃什么，并没有特意准备菜。"

    事实上，叶连平对买菜很讲究，为了买到又便宜又好的菜，他有时会骑车到20公里外的镇上去买。免费办补习班，还贴钱供午饭，老伴难免不理解。叶连平反问："都是我的孩子，他们家庭困难，我能不帮一把吗？"

"我希望呼出的最后一口气是在讲台上"

    曾经坚持上课不坐、不喝水的叶连平，有一次由于受伤未痊愈，绑着腰围的他站着讲课十分吃力，不得不向孩子们道歉，在讲台后面坐下来继续上课，不时费力挺直佝偻的腰在黑板上板书。还有他做白内障手术时，左眼手术，他就睁着右眼上课，右眼手术，他就睁着左眼上课，"一只眼上课，一节课没落下"。

"我希望呼出的最后一口气是在讲台上！"叶连平说。然而，他放心不下的是，他走了以后，这些孩子谁来管？

之后，叶连平拿出积蓄2万多元，在社会各方的支持下，于2012年成立了叶连平奖学金基金，奖励优秀学生，资助困难学生。

"我不在了，基金会仍会正常运行，孩子们仍会受益，可以让我'死而不已'。"叶连平高兴地说。叶连平平时穿的秋衣袖口和领口处磨出了毛边，还有不少小破洞，他冬天常穿的棉背心，还是1960年下放时妹夫送的，已经辨别不出原来的颜色了。

捧着一颗心来，不带半根草去。叶连平说，他已安排好了自己的身后事。百年之后，他会把积蓄捐给叶连平奖学金基金，把遗体捐献给医学院，供学生学习解剖。

"不管生命还有多长，我都会沿着当前的路一直走下去。和孩子们在一起，我就忘记头上有多少白发了。"叶连平说。

当地人提到叶连平，无不敬佩，赞他为"乡村永不熄灭的烛光"。对此，叶连平笑着说："我充其量不过是只萤火虫。"

"几次三番让我帮他把钱捐出去，没办法，拗不过他"

2020年年初，新冠肺炎疫情突发。当年的2月29日，安徽和县一家银行柜台前，站着一位身材瘦削、精神矍铄的老人，他就是叶连平。他来这里先捐了一笔2万元，用于疫情防控，又转了一笔10万元，将前阵子获得的"全国道德模范"的慰问金转到"叶连平奖学金"里。

早在疫情发生之初，叶连平便起了捐款的念头。"几次三番让我帮他把钱捐出去，没办法，拗不过他。"陪同叶老捐款的卜陈学校校长居平树说。

半个月前,叶连平认真找居平树谈过:"我看到报道,一位 93 岁的退伍军人捐了 1000 元给武汉。人家可没我厉害,手都在抖呢,头发也没了,我比他好。不过现在老胳膊老腿,也不能去一线,请务必想办法,帮我把钱捐出去。"这是叶老第四次提出"请求"。那时,他准备捐出 1 万元。

2 月 29 日上午,叶连平看到一份由县教育局发出的关于组织党员自愿捐款支持疫情防控工作的倡议,当时激动地一拍大腿:"成了!终于有机会了!"居平树知道拦也拦不住了,陪叶连平去了银行。带着 3000 元现金,他们来到银行。居平树没料到,叶连平这次取出了 17000 元。

"不是说捐一万么?捐这么多?你还有多少积蓄?"居平树问道。

"我的钱,不都是党和人民给的吗?我又不会造钱!"叶连平说。他转头跟柜台工作人员说:"麻烦您,还有 10 万,转到'叶连平奖学金',这笔钱留给孩子。"

2019 年,是叶连平"收入"最多的一年。这一年,他因当选"全国道德模范"获得 10 万元慰问金,可他分文未动,生活中依然是个"抠"老头,平时吃穿用很节俭,一件衣服缝缝补补穿了二十年都舍不得扔,一个搪瓷水杯,里面全黑了还在用。

对那些留守儿童,叶连平却大方得很。退休后,看到村里的留守儿童作业无人辅导,叶连平便将自家的一间房屋腾了出来,免费给孩子们辅导功课。自 2000 年创办"留守儿童之家"以来,他自费给孩子们购买学习资料,组织夏令营,每年带着孩子到南京、合肥,参观科技馆、博物馆、烈士陵园等。

现在叶连平存下的钱用途明确——退休工资,拿来给孩子们买学习资料和家用;慰问金和奖金,必须转到基金会里,留给孩子。

"今天，我帮叶老上一课"

"Nian is the monster, he lives in the hill..."2019年10月20日下午，琅琅的英语诵读声从马鞍山市和县乌江镇叶连平老师的"留守儿童之家"传出来。然而，讲台上站着的不是大家熟识的叶连平老师，而是一位陌生的女老师。

"今天，我帮叶老上一课。"在学生们读书的间隙，女老师向记者作了自我介绍。她是马鞍山名师工作室——"李明玉名师工作室"负责人、英语老师李明玉，今天带着助手潘娟老师来义务支教。此时，一头白发的叶连平正坐在教室后排，低着头聚精会神地看手中的教案。

"我帮叶老上一课"活动，是马鞍山市教育系统扎实开展"不忘初心、牢记使命"主题教育的一个重要载体，是一场传递叶连平精神火种的持久"接力赛"。

"随着年龄的增长，教从启蒙到高阶4个辅导班的英语课，确实有点力不从心，需要有人来帮个手。"叶连平高兴地说。他认真看了教案，又跟堂听课，觉得李明玉用中国年的传说开场，一下子就激起了孩子们的好奇心和探知欲，用听故事、读故事、演故事的方式，让孩子们参与到课堂教学活动中，做到了寓教于乐，教学效果非常好。

与叶连平简短交流了课堂教学体会后，李明玉返回讲台，认真讲起了英语语法。老师讲得生动，学生们听得入神，不知不觉就到了放学时间。七年级学生尹蕾显然意犹未尽，她主动走上讲台询问课后怎么练习；四年级学生陈春玲走到叶连平面前，报告自己新学的几个单词和语法，"今天，老师把语法串进故事里，让我觉得没那么难记了"；还有一些学生在相互交流学习心得……

"把这个'重担'交给你们两位，给你们造成'负担'啦！"等李明玉辅导完最后一个学生后，叶连平走上前风趣地对她说。他坦言，这个英语班学生大部分来自附近的卜陈小学，其他来自乌江小学和黄坝小学，英语水平参差不齐，教起来难度不小。

"是重担，但绝不是负担。我们来这也是受教育，受党性教育、受师德教育！"李明玉和潘娟连连摆手，"您是老师们的'偶像'，大家都乐意来帮您上一课。"李明玉告诉叶连平，工作室已排好了本学期的教学计划，将每周派来两位老师。为了让每堂课能衔接起来，老师们集体备课，课上发现的问题当堂解决，本堂课老师先复习上一堂课老师教的知识点。

李明玉的一番话让叶连平脸上露出孩子般的笑容，他欣慰地连连称好。原来，之前也断断续续有人来帮他上课，但没有系统性、连续性，虽然减轻了他的教学任务，可孩子们学习效果不是很理想。他相信，这次"李明玉名师工作室"老师们连续来支教，孩子们的英语水平会有明显提高。

红霞染满了半边天。李明玉和潘娟依依不舍地向叶连平道别，离开了"留守儿童之家"。

"叶老这支'永不熄灭的乡村红烛'，用实际行动彰显了坚守初心使命的政治品格和立德树人的职业操守。"马鞍山市教育局机关党委专职副书记邰英强深有感触地表示，党的教育工作者要立足工作岗位学先进、赶先进，传扬叶老的宝贵精神，争做"四有"好老师。

莫道桑榆晚，为霞尚满天。如今，90多岁的叶连平站在"留守儿童之家"的讲台上，操着一口流利的英语给孩子们授课。阳光轻触着他的银发，光与声化为知识的种子，播入台下渴盼的心灵。三尺讲台，一间教室，一间图书室，几十个留守儿童，这就是卜陈"留守儿童之家"，也是年过九旬退休教师叶连平的家。从教二十一载，退休后本可以享受天伦之乐，他却是退而不休，不顾年高体迈，淡泊名利，倾尽心力，义务辅导学生二十载，用知识改变农村孩子的命运，被人们誉为余热生辉的"乡村烛光"。

拐杖上的坚强人生

——记"中国好人"李元芳

李元芳简介

李元芳，女，汉族，1974年8月出生，中共党员，凤台县丁集镇张巷小学教师。李元芳出生在凤台县农村一个教师家庭，3岁时不幸身患小儿麻痹症，左腿肌肉严重萎缩。不服输的李元芳刻苦学习考取了大学。1998年毕业后，她回到家乡一所偏僻的农村小学当了老师，依靠拐杖支撑身体，踱移在讲台两侧。她先后获得"安徽好人""中国好人""全国三八红旗手""全国模范教师"等荣誉。

淮南市凤台县张巷小学教师李元芳，因脊髓灰质炎致左腿肌肉萎缩，二十多年在乡村小学里默默耕耘，用温暖呵护留守儿童，用自强激励乡村少年，跪守三尺讲台，送走了一批又一批学生。

"跪立讲台"的好老师

2018 年 11 月 7 日，农历立冬节气，正是秋冬换季的日子，一场冷雨降临在凤台，气温骤降，初冬的寒意令人猝不及防。

"每到这个季节，腰和腿就特别疼。"虽然疼痛，但凤台县丁集镇张巷小学教师李元芳仍早早来到学校。走进教室，李元芳放下拐杖，单腿跪在讲台后的椅子上，用多年来最熟悉的姿势，开始一天的教学工作。

因小儿麻痹症导致左腿肌肉严重萎缩的李元芳，已经在张巷小学坚守了二十多年。二十多年来，她克服了残疾造成的种种困难，无法长时间站立就跪在板凳上为孩子们上课，用多年的坚持，践行着一位乡村教师的职业使命。

1998 年，李元芳大学毕业，选择回到家乡丁集镇的张巷小学做一名教师。最早她还是用双拐支撑行走，但是为了教学需要，她放弃了双拐，学会了使用单拐。写粉笔字的时候，她靠着拐杖和黑板的支撑，工整地在黑板上一笔一画书写。

每天李元芳都要上 4 节课，照看一个小时的自习，一天差不多要站 4 个小时，经常一天下来，汗水浸透衣服。为缓解疼痛，李元芳在讲台后边放了一个长板凳，疼得受不了，就跪在板凳上上课。"要是坐着，学生就看不到我了，我得让每一个学生都能在课堂上清楚地看到我，清晰地听到我讲课。"李元芳说。

长期的站立让原本就腿脚不便的李元芳脊柱严重变形，天气一转凉，腰和腿就疼痛难忍。医生多次建议她冬季要注意休息和保暖，但她说自己放心不下班里的孩子。

李元芳老师上下楼梯都十分费力，但她坚持了多年

李元芳的付出得到了孩子们真诚的回馈，他们在心底里都把李元芳当成自己的母亲一般。李元芳每天骑着电动车去学校，每次遇到步行的学生，她都要载上他们。有一次，两个孩子搭车，半路电动车没电了。孩子们知道她行动不便，让她别下车，主动把车推到学校。那一刻，他们在她身后，笑声温暖了她的心。

"虽然我残疾，但我一直被呵护着成长，被世界温柔以待，心里充满温暖和阳光，我希望这种温暖可以传递给我的学生们，特别是留守儿童。我要尽我最大的努力，让他们拥有一个温暖的童年。"李元芳说。

留守孩子的"守护神"

2016 年 6 月 19 日早上 7 点多，李元芳骑着三轮电动车，在乡间小路上徐徐行驶，路边的白杨树迎风招展，秧苗在水田里昂首挺胸，劳作的农民偶尔会直起身板歇息片刻。

行至一块路边的水田旁，李元芳把电动车停下来，拄着拐杖，慢慢走到湿润的田埂上，留下深浅不一的脚印和深深的小黑洞。

"然然奶奶，现在天气这么热，然然的长袖褂子该换成短袖的了，晚上也该给她洗洗头、洗洗澡了。"李元芳笑呵呵地"交代"着。然然的奶奶笑着解释："这两天都摸黑插秧，今天晚上回家一定给然然洗澡洗头。"

然然是李元芳班里的学生，父母常年在外打工，只有过年的时候才能回家，农活繁重的爷爷奶奶经常疏于照顾然然。

此时，然然正在张巷小学一年级的教室里，和其他 68 个孩子一起晨读。李元芳走进教室，晨读的声音更热烈了些。

李元芳踱移到讲台上，戴上"小蜜蜂"，挎上扩音器，还没有开口讲话，脸上就笑开了花，眼里荡漾着浓稠的爱意。

李元芳开始上课了。她虽拄着拐杖，却十分轻盈。讲解课文时，她像只燕子，不停穿梭在学生中。无论她走到哪儿，孩子们的眼神就跟到哪儿，她的眼里都是孩子，孩子的眼里也都是老师。

一节课接近尾声时，李元芳站在讲台上，讲台后有一条板凳，她悄悄地跪在上面，头上有层细细的汗珠。"同学们，今天是父亲节，回家别忘了跟爸爸说一句节日快乐。"

"老师老师，我爸爸在福建呢，我能不能祝爷爷节日快乐？"学生李子豪举手问。

"当然可以。爷爷是爸爸的爸爸，只要是我们的亲人，我们都要关心噢。"李元芳一边说一边用手在脸上比画了一个笑脸。孩子们哄堂大笑，不知是哪个"调皮"的孩子说了句"Yes"。

下课铃声一响，活泼可爱的孩子们蜂拥而出。李元芳还跪在板凳上，几个孩子急吼吼地围住她。

"老师老师，你可知道？俺爸昨天回来啦！""老师老师，你猜俺家大黄狗下了几只狗崽？"……阳光洒在孩子们的脸上，像一朵朵向日葵，要和"太阳"分享美好与幸福。

李元芳觉得，作为一名农村小学的老师，身教胜于言传，育人比教书更重要。孩子们最纯真，只有你喜欢他们，他们才会喜欢你。

"老师，你坐着上课吧，你这样跪着多累啊。"然然又一次"央求"李老师。

"坐着讲课看不到你们啊，跪着上课是累一些，但是我想看到

李元芳（右一）"跪立讲台"给孩子们上课

你们，看你们红扑扑的小脸蛋啊。眼里有你们，心里也有你们。"

李元芳跪着上课，她的两个膝盖白得像纸、硬得像书本一样，见证了一个乡村老师对职业的坚守和对学生的关爱。有一年，李元芳负责学校四年级的语文课。班里 42 名学生，三分之一是留守儿童。有的留守儿童很敏感，性格不免孤僻，李元芳便经常拄着拐杖，一家一户去了解孩子们的家庭生活状况。班里每个孩子的生日，她都牢记在心，过生日的时候，会组织全班同学参与，让每一名留守儿童都能感受到家庭的关爱和温暖，她希望成为他们的"守护神"。

学生家长的"传声筒"

李元芳发的微信朋友圈里，主角都是她的学生。那些照片上的孩子，眼里藏不住对父母的想念。

"我和很多家长都是微信好友，我常把孩子们的照片发给他们，孩子长得很快，我想尽可能让外出打工的家长，熟悉孩子成长的每一步。"李元芳说。

有的留守儿童很敏感，有的还很倔强。班上的小刚就是这样的一个小孩，明明很想念父母，可是，他从来不愿意接父母的电话。"有的孩子心里会埋怨父母离他远去，不知道在电话里跟父母说什么，与父母的距离越来越远，性格也会越来越孤僻。"

李元芳经常给小刚的父母发照片，记录小刚点点滴滴的变化。慢慢地，小刚愿意接电话，与爸爸妈妈在电话里聊天，也变得越来越开朗了。

李元芳就像风筝上的线，一头连着父母，一头拴着孩子，千方百计地创造机会成为学生和家长的"传声筒"，让身在外地的父母参与孩子的成长。

强强是单亲家庭的孩子，不知道妈妈长什么样子，从小就跟着20多岁的哥哥一起生活。孤单的强强性格内向，小小年纪就独来独往。李元芳看在眼里，疼在心里，总是放心不下他。只要一有时间，她就拄着拐杖到强强家去看看，很多时候家里只有强强一个人生活。

"李老师教我怎么用燃气灶，教我怎么用电磁炉，教我怎么叠被子……刚开始，我觉得她好烦啊，但那种'烦'好像有一种母爱的味道。"强强说。

如今，强强早已从张巷小学毕业，远离了李元芳的视线，但是只要他回到张巷村，都要找李元芳听听他的"唠叨"，问候他心目中的"妈妈"。

"在农村小学，很多孩子都是因为喜欢语文老师，然后再喜欢语文这门课。孩子们喜欢老师，他们的成绩自然而然就不会太差。"这是多年来李元芳总结出来的"教育心经"。

李元芳骨子里有种坚毅，她喜欢帮助别人，哪怕是很小的一件事，都能使她满足，让她感受到幸福。班上曾经有个叫飞飞的孩子，父母都在上海打工，家中只有一个读初中的姐姐。飞飞好动、淘气，经常影响身边的同学。李元芳没有批评他，像一个大朋友一样心平气和地与他谈心，排解他心中的烦恼，经常骑着三轮车到他家家访。姐弟俩需要什么，李元芳就帮助他们什么，给他们亲人一般的关怀。在李元芳的关爱和引导下，飞飞变得听话懂事起来，性格也更加开朗。

"千教万教教人求真，千学万学学做真人"，这是李元芳的座右铭。二十多年来，李元芳坚持爱的付出，将自己最好的一面展现给学生。在校园里，李元芳总是笑呵呵地与孩子打成一片，在所有孩子眼里，这位拄着拐杖的老师既可敬又可亲，有什么困难都可以对她讲。

学生们大多是父母在外务工的留守儿童，李元芳（右二）带着不能回家的孩子一起吃饭

李元芳教过的学生中，很多都考上了重点大学。"为乡村孩子铺就成长之路，让他们有更好的将来，就是我心中最大的快乐。"李元芳说。

自立自强的奔走者

李元芳拄坏了多少根拐杖，她自己也不知道，但是她清楚每一步都走得不容易。而在骑电动车之前，她也学过骑自行车。

"3 岁前，她已经会走路了，后来得了这个病，左腿坏了，不能走路她就开始爬，还把一条腿挂在脖子上，另一条腿拖着走。"李元芳的父亲李加庆说。

后来，村里来了懂得医术的知青，李加庆请对方给女儿针灸。6 个月后，女儿右腿渐渐恢复了知觉。知青走后，父亲又带着她到处治

放学了，有的孩子还需要李元芳（右二）送上一程

疗。等李元芳到了上学的年纪，父亲背着她上学。

李元芳曾很自卑，自记事起，她有很长的时间喜欢独处，害怕别人的目光停在自己身上。

父亲李加庆说，一条好腿、一条"孬"腿走路，摔跟头是常有的事。但无论摔得多么疼，李元芳从来不哭出声音，总是双眼噙满泪水。

1990 年，李元芳的左腿已蜷曲变形，膝关节无法伸直。经医生手术后虽有缓解，但为避免进一步恶化，医生劝她把单拐改成双拐，防止脊柱进一步侧弯。

"一个没治掉，反倒治成了两个？"说什么李元芳都不肯用双拐。她甚至威胁父亲："若是买，回家路上便顺着长江大桥扔下去。"李加庆被她的激烈反应吓到了，加之手术成功，到底没拗过女儿。

上大学住校期间，她双手拄着一个拐，单手拿不了重物，室友和同学都帮她打饭、洗衣，事事都很照顾她。

大学毕业后，李元芳成为一名小学老师。每次去学校，不是父亲骑车带她去，就是母亲拉着板车带她去。

"父母不能拉我一辈子，我想学习骑自行车，必须学，无论摔多少次。"李元芳回忆说。

连路都走不稳，学骑自行车谈何容易？李加庆在后面扶着，一放手，李元芳就跌倒在地，身上全是伤。"用好腿蹬一圈，坏腿随惯性带一圈。"这过程异常艰难，李元芳坚持了十多天才学会。

当风从耳边呼啸而过，自行车骑得稳稳当当，她有生以来第一次感受到了飞翔的感觉。那段时间，她就这样开心地围着村子，骑了一圈又一圈，迷恋自行车带给她久违的自信。

"在风雨中飞翔的鸟，才是勇敢的；顶着困难往前跑的人，才是有出息的。"在教室的外墙上，挂着这样一句励志格言。对此李元芳特别有感触。回首过往，她拄着一根拐，用自立自强奔走着人生每一步。

乐于助人的好大姐

潘敏是李元芳的同事，住在凤台县城。每天上下班，她步行约2.5公里才能乘车到学校。"怀孕时，我挺个大肚子，李老师天天骑电动车接我上下班，是我们眼中的好大姐。"潘敏感激地说。当时有人提醒李元芳："你胆子真大，自己拄着拐，还天天接送孕妇，万一在路上出点事，你能担起这个责任吗！"李元芳呵呵一笑："在路上两个人好照应，她万一要生了，我能立即送她去医院。""李老师就是这样，身上充满了阳光，本该接受照顾的她，反而温暖地帮助着身边的每一个人。"潘敏说。

李传标是李元芳的搭档，同事十八年，他俩一个教语文一个教数学，送走了一批又一批学生。在李传标看来，李元芳像妈妈一样去关心照顾学生："往往越是成绩不好的学生，她就越关心他们，她从来不会放弃任何一个孩子。"在李元芳心里，没有"好学生"与"差学生"之分，他们都是同样需要温暖的"祖国花朵"。

"教师办公室的卫生，她抢着主动打扫。给她在一楼隔个小办公室，她说什么也不同意。"校长张纪西说。李元芳从来没有跟任何一位同事红过脸，更不可能闹过什么矛盾。只要学校举行联欢会，她总是踊跃报名参加，挂着拐杖忙前忙后，阳光般的笑容总是挂在脸上。

一位叫李广星的家长，并不住在张巷村，他舍近求远把女儿送到张巷小学上学，就是因为有李元芳这样坚强乐观的好老师。"看到李老师'跪'着给孩子上课，我都流泪了。这样坚强又有爱心的好老师，一定带得出好孩子。"

相扶相携的好妻子

李元芳有一条项链，是爱人张克君送给她的礼物，它的坠子是张克君的属相——马。"从买回来那天起，就一直挂在脖子上。"说到开心处，李元芳甜蜜地笑着。

张克君在丁集镇上开了一家电动车修理店，还顺带着卖电动车。平时，店里很忙，来找张克君修车的人很多。有空时，李元芳就搬着板凳，坐在门口看着爱人忙来忙去。修车的顾客结账时，张克君油手一擦，回头看着李元芳，说："钱给我家掌柜的。"憨憨的张克君，言语不多，一开口就能将李元芳逗得乐呵呵。

"她人好,对我特别好。在我眼里,她是完美的。"张克君说。2000年,经媒人介绍,李元芳认识了邻村的张克君。"第一次见元芳,她腿不好我很心疼,就想好好照顾她。"张克君说,自己如果想找个姑娘结婚也不是很困难,村里的残疾人大多是找残疾人过活,"但我就是一眼相中了李元芳。"2002年,两人成婚,生活甜蜜,第二年生了宝宝。

生活中,张克君不想让妻子太累,经常包揽了大部分的家务,觉得应当好好照顾妻子。在张克君眼里,妻子什么都好,但也有"不听话"的时候。平时,趁爱人不在家,李元芳拄着拐杖,在家里忙着擦地、烧锅、洗衣服……任凭张克君怎样"批评教育",李元芳依然我行我素。"其实,家务活大部分都是克君包揽的,我没有'后顾之忧'才能全身心扑在工作上。"李元芳说。

热爱生活的好榜样

"读高中的时候她很要强,学习非常刻苦,常常挑灯夜读,学习到深夜。"李元芳的高中同学陈东华回忆说。最早到教室晨读,最晚熄灯睡觉,李元芳几乎所有的时间都在看书学习,在为自己的理想拼搏。

有一次期末考试,数学试卷发下来后,因为没有考好,李元芳气得直掉眼泪,趴在桌子上好久都没有抬头。"我特别在意数学,因为我当时想学医,自己一身病痛,学医至少能够帮助别人减轻病痛的折磨。"李元芳说。她想学中医,第一年高考差了几分,没能被安徽中医学院(现名安徽中医药大学)录取。第二年复读再考,她仍然没有考上心仪的医学高校,之后被芜湖联合大学(现名芜湖职业技术学院)

轻化工程系录取。

"大学经历是我人生中的宝贵财富。"大学是人生的一个关键时期。大学生活意味着新的体验、新的希望、新的追求。在大学里，她生平第一次开始自在地追逐自己的理想、兴趣，生平第一次不再单纯地学习或背诵书本上的理论知识，开始更多地参与社会生活，生平第一次不再由父母安排生活和学习中的一切，成为一个对自己的一切独立决策的人。回想起大学的求学经历，李元芳眼里闪烁着光芒。

一直爱看书的李元芳，现在依然手不离书。在她的床头，《谁拿走了孩子们的幸福》《假如给我三天光明》等书籍堆成高高的一摞，阅读已经成为李元芳多年的生活习惯。"我让孩子们多看课外书籍，我自己也要不断充电学习，勇于尝试，不断提升自己。"李元芳说。

李元芳不仅工作上尽心尽责，而且生活多姿多彩，是热爱生活的好榜样。在繁忙的工作之余，李元芳还学习了古筝。"我妈送我去学吉他时，她自己爱上了古筝，当时就报名参加了学习班。"儿子宝孩说。在家里，李元芳养了春兰、蕙兰、四季兰等多种兰花，温馨充满了家中的小角落。

"兰花是'花中君子'，不以无人而不芳，不因清寒而凋零。我喜欢它的高洁。"李元芳说。

幽兰生前庭，含薰待清风。温暖如阳光、清甜如雨露的李元芳，正如一株兰花，风姿素雅，沁人心脾，幽香悠长……

爱是最好的教育，李元芳是这样说的，也是这样做的。

李元芳说，每一位孩子都是可爱的天使，无法割舍。在村里，大多数孩子远离父母，跟爷爷奶奶生活在一起，缺少父母的关爱。李元芳牵挂着班上每位学生的阴晴冷暖，不仅教他们读书识字，更教导他们为人处世。

谁爱孩子，孩子就爱谁，只有爱孩子的老师，才能真正开启孩子的心灵。李元芳"跪守"三尺讲台，传授知识、播种希望，尊重关爱每一个学生，她的身体力行就是一种爱的教育，教会孩子们善良，给孩子们力量，这是让他们受益终身的教育。

思政课上的"燃灯者"

——记全国"最美思政课教师"路丙辉

路丙辉简介

路丙辉，男，汉族，1968年10月出生，中共党员，法学博士，安徽师范大学马克思主义学院教授、博士生导师。从教以来，他始终不忘教书育人初心，坚守思政育人课堂，创建安徽省弘扬社会主义核心价值观名师工作室"丙辉工作室"和"丙辉漫谈"师生思想交流平台，创办"中国辅导员网"，课内课外、线上线下联动，开辟了高校思想政治工作新境界，培养了一大批信念坚定的优秀青年和素质过硬的思政工作骨干，是学生健康成长的指导者和引路人，是可信可敬可靠、乐为敢为有为的思政课教师代表，被誉为思政课上的"燃灯者"。他先后获得全国"最美思政课教师"、"全国师德标兵"、"中国好人"、"全国优秀共产党员"、"安徽省优秀德育工作者"、"安徽省道德模范"等荣誉。

"人生的意义是什么？大学的价值在哪里？我为什么要做更好的自己？"在安徽师范大学举办的学生德育研究会成立30周年纪念活动上，全国"最美思政课教师"路丙辉回顾起了这个影响了自己一生的"三连问"。

一名中文系的毕业生成为思政课的老师，多年过去，路丙辉依然坚定地认为："不是改行，是本行。这样的选择，没错。"

"师生之缘，是一次温暖的陪伴，老师应该是那个给予学生温暖的人。"这是路丙辉的话。然而，谁知道为了这一路"温暖的陪伴"，他付出了多少——30年的时间，义务为学生举办"丙辉漫谈"350多场，听众6万多人次，回答学生问题1万余个，与学生交流的笔谈20余万字……

"中国好人榜敬业奉献好人""全国师德标兵""安徽省优秀德育工作者"……这些荣誉对路丙辉来说，不过是"激励我在思政课教学上坚定走下去的动力"。

传承：从"德育研究会"到"丙辉漫谈"

大学生思维活跃、求知欲强，不断思考促成自我精神上的成人，也会产生成长中的疑惑。30多年前，当路丙辉还是安徽师范大学中文系大三学生时，他就有着强烈的亲身感受。

"那时的我对人生、对自我有着很多批判和思辨，是老师和同学眼中不折不扣的'问题学生'。"路丙辉说。幸运的是，他在"人生哲理"这门课上遇上了钱广荣先生。

钱老师是全国百名优秀德育工作者，非常支持学生们发问，认真倾听学生的想法，再耐心地分析对话。如此贴近心灵的教学方法让同学们都非常喜欢，也感染了年轻的路丙辉。他渐渐感到，价值体系的建立、德行修养的塑造是与文化知识的学习同等重要的。被钱老师生动的教学方法吸引的路丙辉萌发了一个想法："我是学中文的，中国文学讲究'文以载道'。但很多学生过于追求'文'，而忽视了其中的'道'。"

1991 年 3 月 19 日，这个日子让路丙辉刻骨铭心。那天，还是安徽师范大学中文系三年级学生的路丙辉创办了学生社团"德育研究会"。而成立"德育研究会"的初衷，就是倡导同学们在学习之余一

路丙辉（中）和学生们一起进行课外学习

起探索精神空间、一起探寻传统文化中的"道"与"德"。

1992年，因为"德育研究会"的影响，路丙辉毕业留校，成了一名思政课老师。也就是从那时起，"德育研究会"坚持下来，成为他和同事们开展思政教育的重要辅助平台。

如果说，当年启发路丙辉走上思政之路的钱广荣老师是他的"燃灯者"，那么，多年以后，路丙辉又用这盏灯点亮了无数学生。

"孔子有多长寿？"路丙辉的提问让学生陷入了沉思，"人类历史有多长，孔子就有多长寿。因为孔子就是智慧，智慧将永远传承。"

路丙辉教授拿着遥控器，一边播放PPT，一边侃侃而谈。这是"丙辉漫谈"第325期开讲时的场景。在这场主题为"人生的智慧"的讲座中，路丙辉在文史哲中自如穿越，结合社会热点和自己的人生感悟，给学生们带来一场思想盛宴。

"做人讲智慧，做事讲能力""使人发光的不是衣服上的珠宝，而是心灵深处的智慧"，这样的"金句"如春雨般不断播洒。

润物无声。安徽师范大学2017级思政专业研究生钱亚琴，一直是路丙辉的忠实粉丝。刚进大学时，她就听学长们说，大学四年如果没有听过路老师的"丙辉漫谈"，就等于没在安徽师范大学学习过。两年熏陶后，钱亚琴说："我也想成为像路老师一样的人。路老师就像灯塔，不是遥不可及，而是就在身边，很踏实。"

一次下课回家的路上，一位年轻人主动和路丙辉打招呼："路老师，谢谢您在我最迷茫的时候给予的点拨。"几年前，这位来自农村的学生走进校园后却不知道该如何度过大学生活，对未来也充满困惑。无意之中，他走进"丙辉漫谈"，恰好，那次的讲座是"随大流也是一种人生方式"。

"当你置身人群中而迷失方向时，跟着大部队前行也是一种选择。走着走着，你就会找到自己的方向而不至于掉队。"如同醍醐灌顶，这位同学选择了学习最认真的同学作为目标。毕业后，和路丙辉一样，他选择了留校。他一定要找个机会向路老师表达他的谢意："是'丙辉漫谈'照亮了我的路。"

"丙辉漫谈"，是路丙辉从 1992 年开始搭建的思想教育辅助平台，目前已经成为安徽师范大学最受学生欢迎的招牌思政课，本科生参加讲座需要通过官网或系统提前预约，预约不上、抢不到位子的情况时有发生。

"课堂上只有 45 分钟，但学生的问题很多，没办法一一解决。"正是出于这样的考虑，"丙辉漫谈"应运而生。路丙辉利用课余时间给学生义务开讲座，每场讲座，路丙辉不仅精心设置与学生生活学习密切相关的主题，还安排答疑环节，排解学生学习生活中的困惑。

这一做就再也没有停下来。路丙辉 30 年时间里义务为学生举办漫谈 350 多场，有 6 万余人次听过"丙辉漫谈"。直到今天，"丙辉漫谈"依然深受学生追捧，场场爆满，成为德育研究会最受学生追捧的招牌社团活动。

"最长的一次活动持续了将近 5 个小时，结束之后，双脚都失去了知觉。"

春风化雨般的对话温暖着青年人的心，让他们成长路上不再孤单。"思政课上学生愿意把头抬起来，人生路上学生愿意把话聊下去，这就是他们对我最大的信任。"路丙辉说。

突破：在学子们的心灵里点亮一盏灯

"学生们无拘无束地敞开心扉，把心结或者疑惑交给我，我都会一一解答。这是学生对我的信任，我享受这份信任，不能辜负这分信任。"路丙辉说。

为了让思政课入脑入心，为了成为学生信任的老师，路丙辉探索了多年。

第一年，路丙辉用个人演讲的方式在班上进行爱国主义教育，结果学生只是觉得"老师演讲得很不错"，却没有理解老师真正的用意。第二年，路丙辉采用自己演讲、学生讨论的方式，效果仍然不满意。第三年，路丙辉采用爱国主题电影观摩的形式，让同学们观看纪录片《圆明园》。当看到精致美丽、宏伟壮观的圆明园被烧毁的时候，学生义愤填膺，有人甚至拍起了桌子，一部电影将学生内心的爱国情愫彻底激发了出来。

学生的情绪被路丙辉准确地抓住。第四年，路丙辉在学生看完爱国主义电影后，带领全班唱起了《七子之歌》《松花江上》《我的祖国》等歌曲。当唱到《义勇军进行曲》的时候，学生全体起立，激动

路丙辉（中）和同学们进行课外交流

不已，路丙辉泪流满面……

"不是学生不需要思政课，而是不需要枯燥的、照本宣科的思政课。思政教育不是开热闹的讲座，也不是束之高阁的空谈，而是引导学生改变自己、找到人生目标。思政课上，学生愿意把头抬起来，人生路上才能走得稳。"路丙辉记得，自己刚上思政课时，学生们从后门进来抢着坐后排。后来，他再上课时，后门一直敞开，却没有一个学生"溜课"。

"路老师您好，我今年大二，对您刚刚讨论的专业、职业、事业问题深有感触。我是师范生，对于考研有很多想法，但父亲总是想让我跨专业考研。我很矛盾，不知道该怎么办。"这名叫许楠的学生，在听了"丙辉漫谈"后留下这样一张纸条。

这些年，通过"丙辉漫谈"，路丙辉认识了一批需要帮助、渴求引导的学生。家庭有困难的，他慷慨解囊；心理和情感有创伤的，他用心安抚。只要路丙辉发现需要帮助的学生，他一个都不放弃、不抛弃。

由于"丙辉漫谈"有时间限制，又是不定期开办，为了保证更多的学生获得解答，路丙辉让学生把问题写在纸条上，他整理好后再给学生回复。每一场讲座结束后，问题卡都有厚厚的一摞。

在此基础上，为了更高效地解决学生们的疑惑，也为其他没有提问的同学提供参考，路丙辉把微博、微信也用了起来。"安徽师大路丙辉"微博近2000万的阅读量和微信公众号日益增长的关注人数都是路丙辉努力的见证。"只要有空闲，我就打开微博，一条条回答学生的问题。"

积跬步，致千里。"丙辉漫谈"终于成了学生们主动参与的心灵"对话场"。迄今，路丙辉微博答疑超过30万字，正是这一个个字符陪伴了无数个迷茫的学生。

路丙辉（右一）在工作中

2006年，路丙辉自掏腰包注册了"中国辅导员网"，把"丙辉漫谈"作为其中重要的专栏。十多年来，网站发布了1.2万余篇与德育相关的文章，浏览量逾1000万次，路丙辉本人的笔谈超过20万字。

思政课也必须和学生的生活、专业学习紧密结合起来，真理往往就蕴藏在日常学习生活中。依托德育研究会，路丙辉和学生们共同探索，从2009年开始将专业学习与德育活动有机结合起来，开辟了习德园、文德园、礼德园、美德园、管德园、理德园、工德园等14个德育园地，在专业学习过程中有效揭示专业中的德育内涵，逐渐形成了百花齐放、各具特色的浸润式德育模式。

这其中，"武德园"已经连续14年组织"文化苦旅"毅行活动。2021年的毅行活动中，会员们徒步25公里，在赭山公园瞻仰戴安澜烈士墓、在滨江公园了解芜湖海关的历史变迁、在十里江湾公园感受城市的发展规划，意志品质被磨炼了，思想格局也被打开了。"知德园"与"党建＋石榴籽"菁英班的同学共同举办民族风情展，"西德园"与外教老师探讨中西方文化差异及价值根源，"师德园"与各专业的师范生比拼师范生技能，"爱德园"慰问抗战老兵、退休老师……

由会员根据兴趣自创、凭借活动引流的德育园地，打破了传统思政类学生社团以教师宣讲和理论学习为中心的模式，建立了教师指导、以学生为中心的运作方式，学生在社团中交流意见、参与活动、展示自我，充分发挥了学生的主体作用，实现了自我成长。

当年刚入学时，"95后"思政教育专业学生周明鹏和大多数同学一样，觉得思政课与自己没多大关联，不接受"理论灌输"，依然能过得"潇洒"，他将空闲时间用来睡觉、打游戏，报名了3个兴趣社团也基本没去过。一个冬夜，他和一位同学路过"丙辉漫谈"的教室，看到学生特别多，没人玩手机，就好奇地走了进去。

台上，路丙辉结合历史事实，妙语连珠地谈起大学生怎么做时代的弄潮儿，周明鹏听得入了神。他觉得，自己不应该如此碌碌无为。后来，他参加了德育研究会的相声小品大赛等活动。在一次次筹备和讨论中，他发现，大学生的学习实践、寝室关系等小事都可以和德育活动相结合。他意识到："自己所学专业的意义并不是为了背书考试，而是将人道理在生活中外化于行，慢慢改变人的品格。"

再后来，周明鹏担任德育研究会第二十七届会长，目前在一所高校担任教师，继续秉承当年路丙辉传授的"用能力说服人，用思想带动人，用感情联络人"的育人思路。

"站稳站好思政课讲台、全面推进课程思政建设、德育浸润学习生活实践，是安徽师范大学落实立德树人根本任务的三个重要渠道，德育研究会有效地将这三个渠道打通融合，并对学生'拔节孕穗期'的思想引导起到了不可替代的栽培和雕琢作用。"安徽师范大学党委书记胡朝荣说。

无悔："做一个温暖的老师"

"做一个温暖的老师"，一直是路丙辉的座右铭。

路丙辉的学生李杰清楚地记得他去路丙辉家见到的场景："不到80平方米的老房子，除了简陋的家具，就是书，显得有些凌乱。路老师年迈的母亲呆呆地坐在床边且行动迟缓，上高中的儿子在自己的房间看书。为了不影响母亲和儿子，路老师在阳台上搭了个书桌，书桌上堆满了试卷……"

"生有吾父，学有'师父'，实乃吾辈之幸。"路丙辉的学生、安徽师范大学数统学院专职辅导员张春光这样评价恩师。

路丙辉习惯称学生为"孩子"，再亲切一点，叫"宝贝"或者"儿子"。他这样称呼学生的时候，眼神中总是充满柔情。

而学生，无一例外称他为"师父"。每个学期，总有十多名同学主动报名帮路丙辉打理"中国辅导员网"网站，收集学生的问题。

学生们谁也不曾想到过，眼里温暖可亲的路老师，也曾遭受过命运的重创。二十年前，妻子临产时因大出血不幸离世，路丙辉含泪抱出呱呱坠地的孩子。二十年间，他婉拒了无数次再婚的机会，独自一人抚养孩子、赡养老人，把私人时间忘我地全部投入到学生思政教育工作中去。苦难没有打垮他，反而让他更多地去思考"情义"二字。

"路老师是我的恩师，遇到他我三生有幸。"如今在北京某金融信息服务公司任部门总监的陈勇只要一提起路丙辉就激动不已。陈勇来自农村，大一时，路丙辉了解了陈勇的情况后，主动收他为"徒弟"。2008年，陈勇因脑部血管渗血导致失眠，需要开颅手术。路丙辉得知后，一边四处筹款，一边到医院看望陪护，甚至连住院手续、住院时用的脸盆和毛巾都是他为陈勇办好的。

做开颅手术的那天早晨，路丙辉拥抱着陈勇给他鼓励，说："别怕，会好的，我就在外面等你。"

"我们要引导学生成为健康的优秀人才，我们自己就要首先成为这种人，这样才有说服力。"这是路丙辉经常挂在嘴边的一句话。

光明，就是一束光照亮另一束光。

为了让思政课的光照亮每一个学生，路丙辉几乎把所有的精力都给了学生，在学校的时间也远远超过了在家的时间。

后来，路丙辉担任"思想道德修养与法律基础"教研室主任，仍然坚持担任辅导员。此外，他还指导学生结合课程教学，举办多届"师德论坛""道德与文明辩论赛""德育相声小品大赛"等品牌活动，先后指导学生8000余人。在他看来："辅导员是学生踏入大学校门的第一个老师，言行可能会影响学生一生，而且影响的是一个群体。如果辅导员出了问题，知识界就会出问题。"

多年来，路丙辉先后担任专科、本科、研究生等不同层次学生的兼职辅导员，为的就是能更贴近大学生的思想和生活。"心和学生的心贴得越近，你的观点和行为就越有针对性和说服力。"

曹克亮是路丙辉担任辅导员时班上的学生。当时，他的成绩倒数第一，在一次"说说你对辅导员的期待"留言中，他写了四个字"不要管我"。打架、逃课、打麻将对曹克亮而言是家常便饭，然而路丙辉认为："没有教不好的学生，只有不会教的老师。"曹克亮虽顽劣，但很聪明，如果放任不管，就是教师的失职。

只要有空，路丙辉就会找曹克亮聊天，谈人生谈理想。本科快毕业时，曹克亮突然找到了路丙辉："路老师，我准备考研！"这个决定让路丙辉眼泪差点流下来了："我就知道这孩子肯定行。"

研究生毕业后，曹克亮成了中国计量大学的思政课老师。他模仿"丙辉漫谈"，在中国计量大学开设了"克亮漫谈"，还学着路老师，在学生中发起"克亮暴走"。

爱和善良，总会以接力的方式传承。当一个种子发芽，就意味着更多的爱被传播。

枞阳县白云中学的校长吴小法多年前毕业于安徽师范大学外语系。在校时，专科生的身份曾让他非常自卑，看不清未来。"德育研究会的活动一次次鼓舞着我。有一次，我听了安徽张海迪式好青年吴军的报告，他那句'有所作为是生活的最高境界'点醒了我，这句话成了我一生追求的目标。"吴小法说。毕业后，他扎根枞阳县白云中学，从基层教师做起，带着学生们建广播站、文学社，编校刊，将在德育研究会所学运用于工作，一步步成长为校党总支书记、校长。

获评安徽省优秀辅导员称号的李宏林，上大三时，路丙辉请他喝茶，问他毕业后有没有什么打算。他被问懵了。路老师温和地说："不要着急作决定，你可以结合在德育会的活动经历，思考一下什么事情对你最有触动，相信你能找到有意义的事。"此后，李宏林作了一次深刻自省，他想起老师说过"要做一个温暖的人"，此后逐渐明确了成为一名教育工作者的方向。李宏林的同学伍兵组织参与了更多社团活动，2010年当上了德育研究会副会长。2016年，他从安徽师范大学思想政治教育专业研究生毕业后，进入高校担任辅导员，指导学生在"挑战杯"、职业生涯规划大赛中多次获奖。

德育研究会三十年薪火相传，走出一代代"燃灯者"。第二届会长张贺京的儿子张奎文选择考父亲的母校，后来成为德育研究会副会长；第十一届德育研究会理事长孔读云成为南京市三江学院"最受欢迎的思想政治理论课老师"；第十七届会员卢力成为安徽肥东圣泉中学道德与法治组年级组长……

"我是农村来的，在成长的路上也曾有过很多困惑，也很希望有这么一个人可以解惑。我没有觉得我有什么特别的，作为一个老师，学生有需要，我就应该做。"路丙辉说。

守护"村小"，为农村孩子照亮前行的路

——记"全国教书育人楷模"孙浩

孙浩简介

孙浩，男，汉族，1980 年 10 月生，中共党员，安徽省宿州市埇桥区汴河中心小学教师。他扎根乡村教育二十多年，面对落后的乡村教学条件，没有退缩，坚定了扎根母校的决心。他用一颗真诚的爱心做孩子身边最亲的人，帮助孩子们树立正确的学习目标，

走进留守孩子们的内心，把培养德智体美劳全面发展的新时代少年作为终身教育教学的目标。他深入研究农村课堂，形成了质朴自然的教学风格，发表多篇教学感悟，二十多篇论文在省市获奖，成为年轻的省级教坛新星。他每年进行公开课讲座十多场，有效带动了一批专业教师的成长。他积极响应号召，远赴新疆皮山县开展援疆支教工作，为促进民族团结、助力教育脱贫作出了贡献。他先后获得"全国教书育人

楷模"、新疆维吾尔自治区"优秀支教教师"、"全国模范教师"、"中国好人"、安徽省"最美教师"等多项荣誉。

在安徽宿州,古老的汴河默默润泽着两岸万物。汴河中心小学就依偎在这条古运河的北岸。在这所乡村小学里有一位周边群众熟知的"80后"年轻的特级教师——孙浩。

2020年9月,中宣部、教育部公布当年全国教书育人楷模名单,全国12位教师入选,孙浩名列其中。

"咱埇桥区汴河中心小学教师孙浩和钟南山、张伯礼教授一同获奖。真是了不起!"伴随着周边群众的奔走相告,这条喜讯迅速传遍了埇桥区以及宿州市。

多年来,孙浩用心守护着农村教育这块青青麦田,悉心呵护"小麦穗"的成长,在当地早已传为佳话。孙浩获得殊荣的消息传来,乡亲们高兴、激动之情溢于言表。然而,面对荣誉,孙浩格外坦然:"我生在农村、长在农村,更愿意留在农村,为孩子照亮前行的路!"

汴水悠悠,情意绵绵,载着孙浩对家乡深沉的爱。

放下"闯一闯"想法,扎根农村守护"村小"

那是2000年,看着身边好友都相约去大城市"闯一闯",刚从师范学校毕业的孙浩也有些按捺不住,"不知道宿州以外的地方是什么样子"。但有一天,孙浩站在桥上看着奔流远去的汴河,犹豫了。

"咱学校十几年都没进过师范毕业生了,你留下来吧。"校长的这一句话,孙浩记忆深刻。"我想了想,我既然是师范学校毕业的,就应该当个老师,回到自己念小学的母校也不错。"孙浩说。

孙浩（右）在课堂上辅导学生功课

　　但当回到汴河中心小学，孙浩感觉时间像是静止了。他眼前是一排低矮的瓦房，好多窗户已经没了玻璃，旧课桌没了抽屉，黑板因为油漆脱落而变得斑驳，校园里没有操场，只有一片杂草丛生的荒地。

　　母校不仅没有太多好的变化，还更破败了。孙浩心里五味杂陈。在世纪之交，在这个一切仿佛都欣欣向荣的年代，这所农村小学像被甩在了时代后面，悄然衰落，这让孙浩有些沮丧。

　　在这里就读的学生，不少都是进城务工浪潮下的留守儿童。"他们的父母外出打工，自己没人管没人问。等长大一些，他们中的很多也像他们的父母那样出去打工。一代一代打工，是无法根本上改变贫困的命运的。"那些原本天真烂漫的孩子，眼中满是警惕、迷茫，这是本不属于孩子的眼神，孙浩看在眼里，疼在心里。

　　孙浩说，自己不想让这群孩子们当个"放羊娃"，想让每一个孩子都能"走出去"。虽然家里也有不同声音，但执拗的孙浩最终决定留下来，为家乡的父老乡亲、为那些渴望知识的孩子们做一点事。

　　修桌子、修黑板、修教室，好不容易到了开学，孙浩也开始慢慢地进入教学正轨。但随着时间的推移，孙浩慢慢发现学生家长大多外出打工，班里的孩子们一般跟着爷爷奶奶或者寄宿在亲戚家里，而农村人又忙于地里的农活，多数时候无暇照顾孩子。孩子们成为人们口中学习无人关心、作业无人辅导的"留守儿童"。

孙浩看在眼里，急在心里。为了改变这种状况、拉近与孩子的距离，孙浩天天泡在学生堆里。除了教数学，孙浩还兼任音乐、美术、体育等课程教师。音乐课上，他教孩子们唱少先队队歌、《社会主义好》等歌曲，孩子们唱得整齐洪亮；美术课上，他让孩子们画家乡、画父母；上体育课没有操场，他就带孩子们在草地上一起做游戏……

用孙浩自己的话说，身边添了几十个"弟弟妹妹"，春天带着"弟弟妹妹"们踏青，夏天在树下做游戏，秋天到村道捡树叶做标本，冬天里围着煤球炉取暖。孩子们的作业不懂了，孙浩"包教包会"。

"后来发生了一件事情，让我更加坚定了做乡村教师的信念。"孙浩说。在一次毕业班会上，他像往常一样站在讲台上开班会，只不过这次说的却是祝福孩子们能去一个更好的学校、有更好的发展，但说着说着自己就低下了头，声音哽咽，眼角泛起了泪花。再抬头一看时，发现孩子们都围在了自己的身边，都喊着："孙老师，你怎么了，别哭啊，我们不去那个学校了，你别哭啊。"

"就是这事，让我觉得我做的这一切都值得，我不仅是一个老师，更是一个'哥哥'。当时，守护孩子的信念'噌'的一下就充满了整个脑子，我想，我一定要把他们送出去，让他们有更好的发展。"

就这样，带着信念的孙浩在乡村教师的岗位上，一干就是二十多年。

不把孩子"带歪了"，逆风飞翔成就行家里手

"家长们都喊你孙老师，你得对他们负责，你必须进步，不然就是误人子弟。"孙浩说。

初执教时，孙浩生怕自己这个新手"带歪了"孩子们，千方百计想得到一本专业的数学教学参考书。当时附近只有两家书店，卖的多是畅销书，孙浩跑了一趟又一趟，却无功而返。当时的校长常听孙浩念叨买书的事，就亲自去外地给他买回了一本参考书。这本书又厚又沉，但孙浩总随身带着，干活休息时也不忘拿出来翻一翻。

孙浩曾经一度成了别的老师课堂上的"不速之客"。其他教师走进课堂，常常能看到端坐在教室后面的孙浩。有的老师不愿让别人旁听自己上课，孙浩因此常被"请"出教室，他就趴在窗沿下偷听别的老师怎么讲课。

"其实，我觉得我很平庸。平庸的我在面对学生时总觉得惭愧，我想把更好的东西带给学生。"孙浩会一遍遍地问自己，是否还可以做得更多、做得更好。

那时，孙浩最期待的是区里组织的教师集体培训，一想到有专家来上课，他能兴奋很久。哪里有老教师的讲座，哪个区又请到专家了……孙浩对这些信息"门儿清"，有的讲座他需要蹬着自行车跑几十公里才能听到，有的甚至前一天就去蹲守。

一路走来，他边学习边实践，边向当地名师请教。在2007年"教学大练兵"活动中，他"把握学情顺学而教"的做法受到了评委们的认可。

"同学们请先独立思考，尝试完成，然后在小组内交流。""请说一说你对这个问题的看法。"孙浩发现，农村孩子的学习基础较为薄弱，而且完全没有预习的习惯，有人连教材上简单的知识点都难以掌握。"我在课本的基础上再降低一点难度，由易过渡到难，

由浅入深，这样更容易让他们建立学习的信心和获得成就感。"

学然后知不足，教然后知困。淳朴的乡土孕育出孙浩质朴自然的教学风格。

2008年，孙浩从一众城市学校优秀教师的"包围"中成功突围，被评为安徽省教坛新星。但这个荣誉称号，孙浩拿得并不容易。

没有人带、没有设备准备比赛。校长帮孙浩借来一台笔记本电脑："咱农村不能像城里那样为你组织辅导团队，你只有靠自己了！"

那段时间，孙浩白天上课，晚上就把自己关在小房间里，一遍遍地手绘课件，有一点错误便要推倒重来，无数个未眠的夜晚见证了这股"土劲儿"的胜利。历经近一年时间，经过层层选拔，孙浩最终以当年最年轻的乡村教师身份入选安徽省教坛新星行列。

专注且热爱地去做，孙浩证明了乡村教师也可以拥有无限可能。从2009年开始，孙浩被选为宿州市、区"送培送教"首席专家，成为"老师的老师"。在给其他老师做讲座时，孙浩不免有些紧张："大家感觉我还是太年轻了，下面坐着的有资历比我老得多的教师，也有名牌大学毕业的教师。"但一堂讲座下来，大家眼中的质疑大多变为肯定："他们听完后发现，这个农村教师在课堂上居然真的有独到之处。"

2020年，新冠肺炎疫情肆虐，孙浩听从召唤，开启了为期两个月的录课模式。为了营造真实课堂效果，孙浩精益求精，一句话、一个神态，总是反复琢磨，边修改边录制，20分钟的课录制了8个多小时。第一次录课视频播放的当天，孙浩收到许多赞赏的信息。接下来他不但要继续录制视频资源，还要帮助本区其他教师。从教学设计到制作课件，再到最终的视频录制，处处可见孙浩老师那瘦弱的身影。老师们都说："哪里有需要哪里就有孙浩。"

梅花香自苦寒来。2014年，孙浩荣获"全国模范教师"称号；2016年，他被评为"安徽省特级教师"，成为宿州市最年轻的特级教师；

2019 年，他被评为安徽省"最美教师"；2020 年，他成为"全国教书育人楷模"。他的多篇教学感悟在省级刊物发表、20 多篇论文在省市级获奖，多次应邀参与安徽省教科院组织编写修订《基础训练》《寒（暑）假作业》，供全省小学生使用。

千里之外"沉下心"，援疆支教书写青春无悔

孙浩说："援疆支教，青春无悔！"

2012 年 8 月，秋季新学期伊始，孙浩响应援疆支教号召，来到了祖国西部边陲——新疆皮山县，开始了一段不平凡的支教之旅。

实际上，远赴皮山，孙浩心中也有诸多的放不下。那时他孩子很小，爱人刚做完手术，爷爷年迈且身体有多种疾病。"去往千里之外，离不开家人的理解和支持。"孙浩说。

在确定支教后，孙浩每天一回到家就跑到爷爷屋里，收拾东西，帮爷爷按摩老寒腿、按摩腹部，直到爷爷入睡。出发的那天，爷爷挪动着小步子送到门口，并给了他深深的拥抱。

从皖北平原来到广袤戈壁，初来乍到的孙浩一时难以适应。面对不同的生活习惯、严酷的生活环境、紧张的教学工作，孙浩没有退缩，他深知援疆教师代表的是安徽形象，唯有只争朝夕、努力工作，用奋斗和奉献，才能在新疆大地谱写新时代的"出塞曲"。

这时正好赶上皮山县第一届优质课大奖赛，皮山县教育局邀请孙浩担任评委，并上一节全县示范课。孙浩以此为突破口手把手教当地老师制作课件，开展师徒同备一节课、同上一节课、同反思一节课活动，在实践对比中让当地老师得到历练。

为了不耽误毕业班的课程，他每天按时上完 4 节课，晚上一边准

孙浩和学生们在操场游戏互动

备自己的示范课，一边帮助结对子的老师修改教案、课件，连续半个多月，他每天只睡三个多小时。经过不懈努力，他帮扶的一名老师在大赛中荣获一等奖。在孙浩的带动下，该校教师的教学研讨意识整体提高，学校打造出一支"不走"的教研队伍。

孙浩明白，援疆支教有别于其他工作，在向维吾尔族学生传授知识的同时，还要积极起到促进民族融合、增进民族友谊的作用。孙浩沉下身、静下心，课前主动走进学生中间分析学情，课上放慢语速反复讲析，课后帮助少数民族学生巧学汉语，努力使不同层次的学生都能够发展、进步。孙浩还充分利用课间、课外活动等时间，与学生们打成一片，用表扬和鼓励引导孩子们积极进取、刻苦学习，努力让学生们感受到学习的快乐。当维吾尔族学生把用维吾尔族文字写满孙浩名字的笔记本送给孙浩时，那一刻，孙浩内心感到无比踏实和满足。

援疆一年，孙浩先后被评为新疆维吾尔自治区"优秀支教教师"、安徽省"优秀援疆教师"。

然而，出色完成任务也掩不住孙浩心中永远的遗憾——家人为了他能安心工作，每次电话都说家里一切都好。其实爷爷早已病重在床，他爱人强忍着手术后的病痛照顾孩子，他父母轮流守护昏迷的爷爷。爷爷弥留之际，还一直念叨着他的小名。爷爷去世的噩耗传来，他默默地来到戈壁滩上，面朝家的方向长久跪拜。

为心灵开"一扇窗"，努力离孩子们再近一点

"你知道村里娃那种对你既想依恋又有点抗拒的眼神吗？"孙浩说，看着孩子们的眼睛，就想离他们再近一点。

皖北冬天的乡下特别冷，孩子们的小手小脸吃不消，脸常常冻得像吹起的红气球，手上裂出一道道血口子久久不能愈合。孙浩看着心疼，弄来温水给孩子们泡泡手、焐焐脸，到城里买来冻疮膏一遍遍地给孩子们涂在手上脸上，他又弄来煤球炉取暖，暖了孩子的身，更暖了孩子们的心。

有一对兄妹，衣服似乎很久没有洗过，浑身散发着馊味，头发蓬松打结，目光呆滞，一脸的无助。这俩孩子的父母都在外地打工，常年不回家，亲戚偶尔送来一些米面，兄妹俩互相照顾。孙浩把他们当成自己的弟弟妹妹，带他们到集镇上洗澡、理发，周末带他们到家里吃饭，从此照顾他们就成了孙浩生活的一部分。

一天孙浩正在上课，有个中年妇女背着蛇皮袋朝教室走来，那对兄妹冲出教室跑向她……教室里的孩子们趴在窗户上眼巴巴看着，眼里噙着泪。这也给孙浩带来了震撼——孩子们的生活需要照顾，他们的心灵更需要呵护。

孙浩下课常常不回办公室，他喜欢和孩子们一起游戏、聊天。他发现，只要和孩子们提到爸爸妈妈，孩子们的神情就明显变化。为了缓解孩子们对父母的思念，孙浩在教室的一面墙上精心设计了一个栏目，张贴孩子们的全家福照片，带给孩子们家的温暖，缓解孩子们的思念之情。

孙浩有个小本本记着每个家长的联系方式，他还和家长们约定好通话时间，让孩子们常常听到爸爸妈妈的声音。点滴付出温暖着孩子们，也感动着家长们。农村收获时，孩子们常常把自家的花生、青菜带来

给他，他们把孙老师当成了亲人，口口声声都是"俺孙老师"。

孙浩常常被安排送课、培训、教研、督学……每次外出，他总是为学生详细安排好每天的自学任务。每次出门前，只要时间允许，他都会把行李带到办公室里，给孩子们上完课再急匆匆地出发；活动结束，他又匆匆地赶回学校，直到很晚才回家。

有一次，他需要到外县区参加教研活动，说第二天下午能赶回来。到了第二天下午最后一节课，孩子们时不时地向门口张望着。楼梯传来"咚咚咚……"的脚步声，孩子们兴奋地喊着："老师来了，老师来了。"他气喘吁吁地跑进教室，一下子坐在了三尺讲台上。搭班王老师说："这马上就放学了，你还来学校？"他上气不接下气地回答："王老师，我跟……孩子们……约好了。"

在校园里，孙浩身边总会围着一群孩子争着抢着和他讨论问题，他的身影始终是忙碌的。学校里的其他老师都说："孙浩就是春天的细雨，捧着一颗奉献的心，悄然无声地唤醒草绿。"

带动更多"守望者"，让"小麦穗"茁壮成长

"我希望尽我所能，为农村培养更多教育教学人才。"这是孙浩的心愿。

陈同锋是埇桥区大营镇陈李小学数学老师，他一直对如何教好数学有困惑。2016年，孙浩到他所在小学义务上了一堂示范课，让他豁然开朗。

"面对完全陌生的班级，孙老师一下子抓住学生的注意力，他高超的教学艺术让我终身受益。"此后，孙浩和陈同锋结成帮扶对子，为他制订成长计划，全面提升班级管理、教育教学水平。

自从被选定为市、区"送培送教"首席专家后，孙浩每年开展讲座20多场，与数百名乡村教师交流教育教学感悟。他还与多位乡村教师结成帮扶对子，手把手进行指导。

在他的鼓励带动下，埇桥区符离镇一位乡村教师于2018年成为安徽省特级教师，夹沟镇、芦岭镇2位乡村教师先后荣获安徽省优质课一、二等奖，多位乡村教师在市、区优质课评选中获奖。这些乡村老师常说，他们从孙浩老师身上学到的不仅是教育教学方法，还有严谨的工作作风和无私的奉献精神。

"这些年来，国家对农村教育不断加大投入，乡村老师各方面待遇都有所提高，这些都是对乡村老师的鼓励和肯定。我真心希望不断有新鲜血液补充到乡村教育中来。"孙浩表示。

作为宿州市人大代表，孙浩的建议一贯以务实、可操作性强而著称，他多次就助力教师专业成长建言献策，并细化到老教师如何给新教师上课、如何把结对帮扶的效果落到实处等。"这条从不懂到懂的路子我走过来了，所以我知道年轻老师需要什么。"孙浩说。

一个人的进步不算什么，能带动更多人成长才是更大的进步。当年那个摸着石头过河的青涩小伙已成为教育界的楷模。如今，被更多人知道的孙浩想用自己的经历告诉那些依然在基层默默奋斗的乡村教师们："勇敢去做，付出努力，一定会有收获。"

"回首来时路，也曾有彷徨挣扎。"对于孙浩来说，课堂和学生就是最佳治愈疗法。"不开心时就和学生在一起，不知道怎么做时就到课堂上去，不去想那些乱七八糟的事，只想把学生教得更好一点，把自己变得更好一点，把能量传递给更多的人。守护村小，带动更多人成长，就是我最幸福的事。"

五、弘扬劳模精神

让钻头行走的深度，矗立为行业的高度

——记"大国工匠"朱恒银

朱恒银简介

朱恒银，男，汉族，1955 年 11 月出生，中共党员，安徽省地质矿产勘查局 313 地质队教授级高级工程师。他长期从事地质钻探工作，由普通钻探工人成长为钻探专家、"大国工匠"。他攻克了定向钻探技术难关，将我国小口径岩心钻探地质找矿深度从 1000 米以浅推进至 3000 米以深，为国家创造了上千亿元的经济价值。他主持和参加多项国家和省部级重点科研项目，取得了系列成果，填补了多项国内空白。他荣获国家科学技术进步奖二等奖、李四光地质科学奖、全国创新争先奖，被评为"全国劳动模范"、"全国优秀科技工作者"、2018 年"大国工匠年度人物"、"中国好人"、"全国道德模范"等，享受国务院特殊津贴。

一身红色的工作服，一双白色的工作手套，一顶带有"安徽地矿局 313 队"字样的橙红色安全帽，指着手上的机械制图给身边的年轻人讲着制图内容，这是在地质勘探现场的朱恒银。

朱恒银，安徽省地质矿产勘查局 313 地质队高级工程师，全国知名的钻探专家和安徽省学术与技术带头人。

深耕地质勘探四十多年，他把"地质找矿为荣、艰苦奋斗为荣"作为信条，迎难而上，积极进取，奋斗于安徽的山山水水，走过全国各地，研发的技术成果填补了国内多项空白。他将研发成果用于钻探生产第一线，为国家创造了数千亿元的经济效益。

"从地表到地心，他让探宝'银针'不断挺进。一腔热血，融进千米厚土；一缕阳光，射穿岩层深处。朱恒银，让钻头行走的深度，矗立为行业的高度。"这是 2018 年"大国工匠年度人物"发布活动写给朱恒银的颁奖词。

扎根地质一线，他干一行爱一行专一行

"我们行业内有一句戏称，远看像讨饭的，近看像收破烂的，仔细一看是搞钻探的。"长期工作在钻探第一线，风餐露宿对朱恒银来说，是生活的常态。"钻机一开就不能停啊，三班倒。"他笑着说。

1955 年 11 月，朱恒银出生在安徽省舒城县偏僻的大别山区一个农村小集镇，自幼丧父，家庭生活十分窘困，从小学到高中全由国家资助完成。1976 年，21 岁的他从农村被招工到 313 地质队，成为一名钻探工人。也就是从那时起，他与钻探结下了不解之缘。

初入地质队，朱恒银的眼前是一片荒凉。偌大的荒地上，矗立着几个孤零零的钻机。"当时就感觉在这个单位干一辈子都没有出息。"

朱恒银说，和他一起进入单位的很多年轻人都收拾行李离开了。

然而，当时单位的班长和机长都是部队转业的军人，他们的敬业精神深深打动了朱恒银，他们对刚入行的年轻人说："矿区下面隐藏了大量的宝藏，你们开发勘探出来就是一片城市。"

后来，朱恒银发现也有很多老同志在单位干了一辈子。"干一行爱一行，坚持就能做出成就。一个人有敬业精神，干什么都能干好。"朱恒银说，前辈们的执着奉献精神深深地影响了他。

地质勘探通常在野外，在一片片荒凉的空地上，一个钻探机、一群钻探工人，就组成了一个为国家寻求"宝藏"的团队。有时住帐篷，两块防水帆布，几根帐杆，简易帐篷就搭好了；有时住集装箱，十几平方米的集装箱房内，住上好几个人。

"虽说铁皮集装箱大多没空调，天一热，就像蒸笼一样，但与老早前相比，这个条件还是好太多了。"朱恒银回忆起自己刚入行那会儿，住过老百姓家里的牛棚，墙面用报纸简单糊一下，能挡风就成，地上撒点石灰，防止半夜虫蚁"入侵"。

条件艰苦并不是最糟糕的。1978年勘探现场的一次意外事故，使得朱恒银的班长严重受伤。目睹了班长的经历后，朱恒银立志要改变当时落后的钻探技术。

不久后，他参加高考，考上了安徽地质职工大学，开始学习探矿工程专业。三年大学生涯中，朱恒银一边学习一边实践，一心想为改善提升地质勘探技术出力。

怀揣着改变单位落后现状的梦想，毕业时，本可以选择更好工作的他，再次选择了313地质队。

上天不易，下地更难。地质队在野外为国家找矿，一个皮箱，就是地质人的全部家产。常年在外的朱恒银，平均一年有两百多天都不在家中，除夕在外听到各家团聚时欢快的鞭炮声，他也会低下头，轻叹一声气，心里有股说不出的滋味。

朱恒银在毕业后当钻机技术员时，当时单位正在攻关定向钻探项目，交通不便，也没有电话等通信工具，只能靠着写信和家里联系。一封信送到家需要半个月，一个来回一个月就过去了。

1983年，朱恒银的母亲病危，家里人尝试发电报给他，可是工作地收不了电报，朱恒银就这样错过了消息，没能赶回去。每次说到这里，朱恒银总是眼泛泪光，父亲在他10岁的时候就去世了，全靠着母亲一人独自把他们姐弟三人抚养长大，自己却没能在母亲最后的时光里守着她，每次想到这里，他的内心格外愧疚。

朱恒银的孩子出生时，他也在单位攻关项目，没法抽身回家。这么多年来，他一直感觉愧对家人。"儿子两三岁的时候，有一次回家想抱他，他却哭了起来，不要我抱。"谈及那时儿子对自己的陌生感，朱恒银有些难过和失落。可是当他为国家找到大矿，拿着表彰证书回家时，家里人也由衷地替他感到高兴。

20世纪90年代，单位经济周转一度困难，发不出工资，后来通过把朱恒银的发明放到市场上，创造了效益，解决了困难。这时，上海一家公司向朱恒银伸出了橄榄枝，那家公司给朱恒银开出了1万多元的工资和全家人落户上海的保证。和当时单位发出的200元月工资相比，1万多元的工资得是多大的诱惑啊，朱恒银那时想的却是自己的单位和徒弟们！

"我一走，单位受损失，我的徒弟们也'没饭吃了'，他们可怎么办？"想到这里，朱恒银果断拒绝了高薪工作，陪着大家一起坚持了下来。

"家有黄金数吨，一天也只能吃三顿；豪华房子独占鳌头，一人也只占一个床位。"江苏省华西村原党委书记吴仁宝的这句话是朱恒银坚持奉献的信条，时刻用于自我勉励。"人一辈子能找几个矿？

有的人一辈子也找不到一个矿，找矿是我们地质人的初心和使命。"朱恒银说。

2000年，南京师范大学一个关于我国地质环境演变的国家课题需要朱恒银团队协助。实际上在此之前，许多单位进行了尝试，均以失败告终。朱恒银所在的研究所购买了许多器具，团队也自行设计了器具，开始尝试时也不太顺利。

项目进行过程中，朱恒银需要进医院动手术，术后还未拆线的他，竟躺在车上回到了现场坚持工作。在朱恒银带病工作的敬业精神感染下，整个团队齐心协力，攻克难关，项目很快就圆满完成。

2003年，上海市地铁四号线隧道出现大量涌水、涌沙，黄浦江大堤受到威胁。朱恒银临危受命，采用先进的定向钻探技术，经过七天七夜鏖战，圆满完成了这次特大地面塌陷事故抢险工程，被上海媒体赞誉为"安徽地质神兵"。

其实，朱恒银也曾有过彷徨和苦闷，但四十多年一路艰辛走过来，他从内心爱上了这一行。他常说："钻探施工虽然艰苦，但苦中也有乐，每当我与同志们一起解决了技术难题，心里就非常高兴。"

择一事，终一生。从没想过要转行的朱恒银，钻探事业之于他，早已不仅仅是份工作，而是热爱与责任。

勇于创新争先，他一次次突破技术瓶颈

1986年春节，鞭炮声阵阵，霍邱县淮河边的小房子里，静心写作的朱恒银完成了他人生中的第一本著作——《定向钻探技术规范》。"1982年，我们开始研究小口径定向钻探，历时四年终于研究成功了。有了成果，就想着推广出去，帮助国家解决难题。"朱恒银说。

当时房子很小，一间卧室，一个厨房，加起来一共才十几平方米。为了不打扰家人休息，朱恒银每天都在狭小的厨房里写作。天冷，要等煤球炉子烧暖和点，手才不至于冻僵。就这样，他坐着矮小的木凳子，在平日里吃饭的小方桌上，一笔一画写下自己研究与实践的经验。

"平常上班都在野外，没时间安心写作。趁着春节放假的那几天，可以好好推敲。"提及这本1992年就被纳入国家行业标准的专著，朱恒银高兴地说道。

朱恒银善于琢磨和研究，十分爱动脑筋的他，实际上在此之前便搞起了很多"小改小革"。比如，随着对钻探工作了解的深入，他觉

朱恒银（中）与队员一起研究钻机核心部分金刚钻头的设计工艺和技术细节

得技术设备用起来时常不称手，于是便开始捣鼓起来，想着能不能改进一下。身边同事有看热闹的、有调侃的，也有鼓励肯定的，朱恒银没有过多顾及他人评价看法，专心搞起自己的小发明。功夫不负有心人，他设计研制的"水力喷射泥浆搅拌器"不仅解决了生产实际问题，还获得国家青工"五小"成果二等奖。

"我所有的'小改小革'都是针对钻探操作中的实际问题，改了以后马上就能投入使用，使用之后马上就能产生效益。"朱恒银说，他在二十几岁时，就因为多个"小改小革"而获得过茶杯、脸盆之类的奖励。有一次，朱恒银甚至获得了一台收音机，这在当时可是一个令人十分羡慕的奖品。"一些钻具经过他的改良，钻探效率提高好多倍，他是我们眼中的能人。"曾经的钻机班组同事刘长江说起这事，忍不住赞叹。

在安徽省地质职工大学经过系统学习后的朱恒银，便不能再用"小改小革"来形容他的创新了。

在安徽霍邱、庐枞铁矿，铜陵冬瓜山、安庆月山、滁州琅琊山铜矿，大别山钼、金、铅、锌等大型和特大型矿区的地质勘探工作中，朱恒银和他的团队攻坚克难，屡创佳绩。他带领团队研发的多项地质钻探技术填补了国内空白，使我国深部钻探关键技术达到国际先进水平。他将自己的精湛技术和所研发的机具、工艺方法，推广应用到矿区勘探施工中，解决了复杂地层、坚硬地层、钻进效率等技术难题，为地质找矿的突破提供了重要的技术支撑。

在皖南盆地的页岩气钻探现场，朱恒银彻底颠覆传统的钻头互换技术，将原本需要30多个小时的取芯时间一下子缩短到40分钟。在霍邱县李楼铁矿区，他应用单羽状分支定向孔施工技术，解决了陡矿体、异型矿体等困扰多年的技术难题，完成了该矿区3亿吨储量勘探任务。

滁州琅琊山铜矿一度被判定为资源枯竭矿井。当时，这座已经开采了 50 多年的铜矿在 500 米以浅的深度范围内资源接近枯竭，矿山里 3000 多名职工一度面临再就业困境。朱恒银创新应用定向钻进技术及复杂地层钻进新工艺，让一个 10 万吨的铜矿床惊现世人面前，矿山的开采寿命因此延长 30 年。这项技术在全国 50 多个矿区推广应用后，产生的经济效益高达数千亿元。

2006 年，《国务院关于加强地质工作的决定》出台，地质找矿工作迎来了春天。在新一轮地质找矿中，朱恒银清醒地意识到"攻深找盲，摸底探边"是时下地质找矿工作的重点，而深部钻探验证工作就显得尤为重要。他以敏锐的前瞻性思维，于 2007 年年底论证谋划，申报了《深部矿体勘探钻探技术方法研究》项目。该项目 2008 年通过了安徽省国土资源厅立项，科研经费 1200 余万元，成为安徽省有史以来最大的深部找矿科研项目。而他作为首席专家全面主持该项目。2009 年，该项目被列入安徽省重点科研攻关项目。

苦心人，天不负。该项目最终成功研发了机械化、自动化程度高，安全性强的岩心钻探装备，研发了高强度绳索取心钻杆及系列取心机具，建立了完整的深部地质岩心钻探工艺方法，填补了我国 3000 米深部地质岩心钻探"无一套完整科学高效的技术体系"的空白。创新成果分别获得 2010 年、2012 年、2015 年全国探矿工程"十大新闻"。该项目成果曾应用于汶川、赣州、霍邱、宣城等全国五十余个大型及特大型矿区深部地质找矿、国家科学钻探、海洋地质钻探，多次刷新全国地质找矿钻探孔深纪录。

2013 年，在庐枞盆地科学钻探选址预研究中，朱恒银团队仅用一年时间就完成了终孔深度达 3008.29 米的特深孔。这在当时全国范围实施的 6 个科学钻探预导孔中，不仅孔深最深，而且施工周期最短。

近年来，他作为首席专家承担着安徽省重点科技攻关项目《页岩气勘探钻探关键技术方法研究》及省自然资源厅"安徽深部钻探技术及应用重点实验室"、自然资源部"安徽深部金属矿立体探测工程技术创新中心"建设工作。2018年度，他带领团队立项研发5000米自动化、数字化多功能电动变频钻机。2021年9月，安徽省科技重大专项"5000米新型能源勘探智能钻探装备与技术"成果通过专家评审。以两院院士常印佛为主任的评价委员会认为，该成果总体达到国际先进水平，其中泥浆性能多参数一体化自动测量系统达到国际领先水平。

朱恒银还有一项特殊的本领：只要到钻机前走一走，就能发现别人难以察觉的问题。为了让这些经验帮助更多的人，朱恒银工作之余

朱恒银（左）为中小学生讲解地球的结构等科普知识和地质勘探工作的艰辛

写了两本共计 100 万字的专著。

朱恒银将自己和地质钻探事业紧紧相连，用毅力不断挑战着技艺巅峰，让"钻头行走的深度，矗立为行业的高度"。

无私传授经验，他把工匠精神薪火相传

"选了这条路，就要干下去。"一生执着钻探生涯，朱恒银突破了一个又一个技术瓶颈，也赢得了一个又一个荣誉。多年来，他先后获得李四光地质科学奖、国家科技进步奖二等奖，被评为"全国劳动模范"、2018 年"大国工匠年度人物"、"中国好人"、"全国地矿系统十佳科技工作者"、"国土资源部'十一五''十二五'优秀科技工作者"，享受国务院特殊津贴，获得国家专利和计算机软件著作权多项……

"一枝独放不是春，百花齐放春满园。"面对如此多的荣誉与奖励，朱恒银认为："国家给我颁奖，是对整个地质行业的认可，荣誉的光环戴在我头上，表彰的也是整个团队。我更需要把荣誉作为动力，把技术传承下去。"

将一生的大好年华奉献给钻探事业的朱恒银没有停下奉献的脚步。在潜心钻研创新的同时，他把更多的精力倾注到创新团队的培养上，成立了"安徽深部钻探技术及应用重点实验室"和"全国劳模朱恒银创新工作室"，通过"传帮带"，培养一批批技术能手。在他的精神感召和精心指导下，一大批青年人才脱颖而出、茁壮成长。

经他带出的学生，3 人晋升为钻探工程教授级高级工程师，5 人晋升为高级工程师，10 余人获得工程师职称，培养钻探机班长 40 余人，其中 6 人为钻探技师，2 人为省部级"能工巧匠"，1 人获全国钻探

技能大赛银奖，1人获中国地质学会野外青年地质贡献奖——金罗盘奖，1人被评为安徽省"江淮工匠"，2人获安徽省"五一劳动奖章"，2人荣获安徽省政府特殊津贴。

一生奉献给钻探事业的朱恒银，对这个行业和自己的团队有着难以割舍的情怀和一种特别的感情。如今，他依然经常带着研究所里的年轻工程师一起做研究。"80后"探矿工程师王强就是其中一位。"朱老师工作十分严谨，写文章、技术报告时，对每个数据、每张图纸都仔细斟酌、认真校对，确保准确。"王强感叹道。正是朱恒银的严谨细致和悉心指导，他才能快速成长起来。

这些年来，朱恒银除了继续痴迷于钻探研究之外，为保持队伍稳定，还多了个新爱好，就是给研究所里的年轻人介绍对象。"所里新来的年轻人多，大多是单身。大家长年在野外工作，我不帮着张罗，怎么办？"

朱恒银（左一）在深钻试验钻机现场介绍智能化操作系统

现在，研究所里40多个成员中，四五个人的终身大事都是他帮忙张罗的。2008年进单位的张正，就是其中之一。"我和妻子都在地矿单位上班，她很理解我的工作。"提及朱恒银，张正连连称谢，"成家后，我在野外作业时，更加安心。"

朱恒银也从来没有忘记母校对自己的教诲。他常常说，自己毕业后因带队伍搞科研，失去了再深造的机会，最高学历至今还是母校颁发的。虽然职大的学历并没有耀眼的光环，但母校给予的精神财富让他受用一生。

他所在的单位和创新团队里，有近40名来自母校的优秀毕业生。看到这些年轻人经过几年工作磨炼就能迅速成长为生产和科研骨干，他由衷地感到，母校"爱岗敬业、艰苦创业、建功立业"的精神文化没有丢。

"年轻人要有自己的奋斗目标。不要贪图享受，生活再好也不要忘记艰苦奋斗；要有无私奉献精神，从底层做起，能耐寂寞；要学以致用，把平凡的工作做到极致；要勇于创新，追求卓越。"跟钻探打了一辈子交道的朱恒银是这么说的，也是这么做的。如今，他依然没有停下前行的脚步，依然积极发光发热，让越来越多的钻探人、学子们从他这里汲取营养、寻找动力，教育引领更多人做专业的领跑者、做时代的追梦人。

"在身体还能坚持的情况下，服从国家组织的安排，在地质钻探这个行业里，我想继续给年轻人做顾问，有一分光，发一分热。"朱恒银说。

大山里飞出致富"领头雁"

——记"全国劳动模范"金玉琴

金玉琴简介

金玉琴，女，布依族，1974年2月出生，中共党员，大学学历，贵州福泉人，党的十八大、十九大代表。她扎根黄山市黟县深山十余年，带领村民艰苦奋斗、创新创业。她设立"金玉琴党代表工作室"，倾听群众呼声，解决村民难事。她带头采用"农户＋基地＋合作社＋公司"模式，建成1个村级合作社，落户2000万元工业项目，带动村民就业致富，让偏僻小山村旧貌换新颜。她获得第二届"安徽青年创业奖"提名奖、"安徽省创先争优优秀共产党员"、2012年"安徽年度经济人物"、"全国双学双比女能手"、"诚实守信中国好人"、"全国优秀党务工作者"、"全国劳动模范"、全国"最美奋斗者"、"全国三八红旗手"等多项荣誉。

"一人富不是富，一起富才是富。"1992 年，经亲戚介绍，金玉琴从贵州省远嫁到黟县的大山里——洪星乡红光村。多年来，她用真心换真情，吃透村情民意，自己艰苦创业的同时，带领群众脱贫致富，闯出了一条村兴民富之路。在这片皖南深山区，她被当地村民称为"女当家"。

全国"最美奋斗者"，党的十八大、十九大代表，"全国三八红旗手""全国劳动模范""中国好人"……闪光的荣誉背后，是金玉琴对乡村事业的不懈付出。从纯真烂漫、爱说爱笑的布依族新娘，到深山百姓致富的带头人、乡村振兴的奋斗者，一路走来，金玉琴改变的是青春容颜，不变的是初心使命，还有她那特有的清亮歌声，永远为美丽乡村而唱响。

因地制宜，艰苦创业深山里

"刚来的第一天就后悔了，太远太穷了！"金玉琴至今都还记得跟着爱人坐在乡下拉砖的"砖车"上，沿着盘山路进村时的感受。嫁到村里后，面对完全陌生的生活环境和语言不通的现状，金玉琴在爱人的带领下开始慢慢融入这个小山村的生活，学会了当地的方言。

红光村位于深山之中，地处偏僻，交通不便。金玉琴刚嫁过来时，村民们生活贫困。打小就天天与山林为伴的金玉琴，眼看着满山的木竹资源和乡亲们迷茫的目光，萌生了创办木制品加工厂的想法。

在初步摸清当地木竹原材资源、市场行情、产品结构和销售情况的前提下，有着过人胆魄和远见的金玉琴，做通了公婆的思想工作，又说服了丈夫和她一起创业。抢抓国家鼓励和扶持个私经济发展的大好时机，金玉琴自筹资金 10 万元，于 1998 年 9 月正式注册了黟县第一家少数民族个私企业——黄山市黟县金元木竹制品工艺厂。

"当时办厂，一方面是为了提高本乡木材的附加值，不能让这么好的资源白白浪费掉，另一方面是想安置周边一些生活困难的村民，让他们有稳定的收入。"回忆起创业的初心，金玉琴说。

创建之初，企业是固定资产仅 7.5 万元、年产值不到 10 万元、员工不足 10 人的家庭作坊式小型加工厂，并且由于产品结构的单一和市场信息的缺乏，曾一度举步维艰。

在市场经济中大浪淘沙，适者才能生存。身为厂长的金玉琴深知自身的差距，小作坊经营、"小打小闹"，或许可以在市场经济中博得一席之地，但是如果不能改进提升自身的科技水平、落后管理模式和产品结构，那么企业就不可能做大做强，也不可能带动更多的乡亲致富。于是，在企业发展中，金玉琴一直想办法提升技术水平，积极扩大企业规模。

2005 年下半年，在当地乡政府的牵线搭桥下，金玉琴的企业先后与东北双盛和浙江安吉万荣公司成功洽谈联营项目，投资 35 万元新建精制、烘烤车间，新增无级变速砂光机器 1 台、压刨机床 2 台及其他机械生产设备。2008 年下半年，他们又投资 120 万元，新建厂房 2000 平方米，进一步扩大企业生产规模。

为了扩大企业的市场和知名度，从建厂初期，她就与丈夫一同跟其他企业的销售员学习跑市场、拉客户。慢慢地，他们的业务拓展至江苏、河南、北京及东北等多个区域。创业者的拼搏精神也感染着企业的所有员工。大家上下齐心协力，锯料、粗加工、精刨、打磨、装配等，每一道工序和生产环节，都严把质量关，决不让一件次品流入客户手中。经过不懈努力，企业逐渐走上了稳定健康发展的正轨。

经过多年的发展，企业拥有员工 100 余人，产品远销日本、澳大利亚等国家和沪苏浙及本省周边地区，成为年利税数十万元、拥有上千万元资产的现代化木材精深加工企业。

　　企业的迅速发展给金玉琴带来了财富和光环，但日子越过越好的金玉琴始终没有忘记办厂初衷。企业每次招工时，她都公布一个特殊条件：家庭困难户、勤劳而致富无门者、少数民族和残疾村民优先招收。最多时，企业员工中少数民族和残疾村民占一半，女工占三分之二。在厂里，金玉琴把员工都当成自己的兄弟姐妹，为大家建设了员工宿舍和食堂，员工年收入人均2万多元；在村里，公司收购的木材单价比市场价高出50元左右，仅此一项全村村民人均增收200元。

　　"我们都非常感谢金书记啊，是她让我们的日子越过越红火。"村里的脱贫户王立安文化水平不高，前些年因为父亲重病导致家庭贫

金玉琴（中）在田间地头了解农业生产情况

金玉琴（中）在指导村民进行木材加工

困，平时就靠打零工维持家用。金玉琴找到他，高价收购他的木材，后来又吸纳王立安到木材加工厂上班。如今，每个月能拿到稳定工资收入的王立安，彻底摆脱了贫困。

问题导向，架起便民"连心桥"

在红光村，茶叶是当地村民的主要收入来源之一。每到采茶季，一大早，便会有茶农头戴小竹笠、挎上竹背篓上山采茶。漫山遍野的嫩绿，映衬着茶农们的笑脸。

沿着硬化的路面在村里徜徉，有村民介绍："别看这条路只有 3 米宽，却是金书记上任后建设的第一项'民心工程'。"

2011 年，能力突出、乐于奉献、关心困难群众的金玉琴当选为红光村党支部书记。都说"新官上任三把火"，金玉琴上任伊始，就把目光瞄准了村里的两条路、一座桥，把修路修桥作为首要解决的问题。

"这两条路和一座桥位于红光村的汤村组和汪村组。"金玉琴介绍,以前没有路和桥,村民上山过河很麻烦,碰到雨天山洪,更是完全不能出门,所以她下决心要把这件事办好。

建桥需要找设计师,她四处奔走寻人,但资金方面的预算实在太高,这让她挠头不已。就在这时,也有人善意提醒她:不修路和桥,村民们走田埂和你没关系,要是路和桥修好了,村民开车出了事故你可能还要承担责任。

面对困难和质疑,金玉琴有自己的想法:"当上了村党支部书记,这是村民们的信任,即使困难再大,为了百姓,也一定要把这事做好。"

锚定了目标,金玉琴开始在各个政府部门之间奔走,同时依靠各项扶贫政策,最终筹集到了80多万元的资金。2014年,她带领大家终于为村里修好了全长3公里的两条路和一座20米长的桥。

"以前上山要走半小时,现在只要十几分钟,有了路和桥,通了汽车,机械也能运进山里,大大提高了生产效率。"金玉琴说。

"自从金书记带领大家修通了路,我们再也不用守着金山过穷日子了,在家门口就能卖茶叶,而且价格比以前高多了。"茶农们高兴地说。

修路建桥,架起连心桥。近年来,金玉琴带领村"两委"班子积极争取各项资金约500万元,修建桥梁8座,硬化村庄道路3条,新建便民停车场3处、灌溉水坝4处、洗衣埠12处,架设路灯百余盏,投入70余万元打造集宣讲、展演、阅览、会议等功能为一体的村史馆,争取项目资金20余万元打造横岭古道,形成了覆盖村民住、行、用、生产的基础设施保障体系,让村民享受到实实在在的发展成果,带动村民幸福指数稳步提升。

勠力攻坚，村里摘了"贫困帽"

红光村耕地匮乏，曾经村民们主要靠砍伐、贩卖林木赚取收入。但随着砍伐受到限制以及人们环保意识的提升，村民们的收入难以为继，红光村也戴上了"贫困村"的帽子。

"要想让村民都富起来，光靠无序的砍树是不行的，一旦树木被砍光，村民就会失去收入来源，而且村里还有不少困难户，大部分丧失劳动能力，靠砍树的脱贫之路行不通。"金玉琴说，"不仅要让村民脱贫，还要让百姓有长久发展的能力。"

金玉琴在种养业上动起了脑筋，可是怎么才能让村民主动参与进来呢？

金玉琴有自己的一套办法。她与县农业、科技等部门联系，为村民开展各类实用技术培训，并带头承包山场发展种植养殖业。"这是一种尝试，也是一种示范。若种养业发展效果好，村民自然愿意加入进来，还能总结经验教训，给村民一些技术上的支持。"金玉琴说。

金玉琴积极探索"企业＋基地＋农户"的林业产业化路子，2012年投资60余万元，利用2600多亩山场养殖了黄牛、山羊和土鸡，并进行高山生态多元化开发。这样不仅保护了环境，也帮助和带动周边群众共同致富，为山区发展生态养殖业起到了良好的示范作用。

2015年，她又投资200多万元新建清洁化茶厂，采用"农户＋基地＋合作社＋公司"模式生产有机红茶、绿茶，并注册"黟金茶叶"品牌。每年收茶叶时，其收购价比市场价高，平均每户可增加收入500元。

她鼓励和引导村民发展笋竹两用林，进行笋干加工。全村230户有80多户从事笋干加工，收入占到每户收入的30%左右，成为"笋干加工专业村"。

金玉琴（右）在茶山指导村民采摘春茶

　　一系列"组合拳"的打出，壮大了红光村集体经济，富足了百姓口袋。2016年，红光村摘了"贫困帽"。

　　如今的红光村，不仅有笋干、茶叶，还有油茶等诸多产业。2020年，她又以两个自然村作为试点，鼓励村民们以土地入股的方式参与茶园套种香榧项目。"我们要不断推进香榧产业的发展，让香榧树成为村民的'摇钱树'。"金玉琴说。

　　如今走进红光村，几乎家家户户都种起了香榧树，其中程右明家的香榧林已从一开始的十几棵增加到1000余棵，且干果产量供不应求。在金玉琴的坚持下，荒山结"金果"，在红光村成了现实。

　　现如今，在村党支部和金玉琴牵头下，红光村又组建了农民专业合作组织，流转土地发展覆盆子产业，建设泉水鱼池，利用村集体闲置山场种植中药材黄精，结合集体产权"三变"改革工作，对村集体闲置资源，采取租赁、承包、共同经营等形式与本地企业进行股份合作开发，提高资产使用效益，壮大村集体经济。到2020年，红光村村民人均可支配收入17600元，村集体经济收入达20.29万元。

党员带头，用心用情办实事

"传党情听民意促和谐"，这是悬挂在"金玉琴党代表工作室"的标语。2013年，金玉琴当选为党的十八大代表后，在村里设立了"金玉琴党代表工作室"。

"党代表工作室每月10日定期接访党员群众。主要是考虑平时村里琐碎事情多，工作室方便群众把问题集中反映过来，也方便村里及时进行统筹安排和解决。"金玉琴说，党代表工作室已解决村民各类生产生活问题100余件。

金玉琴还在规范组织生活、建立"村述职评议"等制度的基础上，把全村划分为17个基础网格，建立起村、组、户三级网格体系，使村级党建、信访、文明创建等工作可以迅速传达部署，村民的意见建议也可以及时收集处理。这不仅增强了网格内党员的责任意识，也让村民足不出户就可以反映个人的诉求。除了有固定的工作室外，金玉琴还充分利用微信、QQ等新媒体，创新履职方式，深入接触群众，倾听群众心声，传达中央政策。

为了进一步发挥党员的先锋模范作用，金玉琴从群众基础好的年轻致富带头人中发展党员。通过党员群众"推"、村党支部"选"、乡镇党委"筛"、县委组织部"审"、党员大会"定"，"五步推优"让一大批带头致富的先进典型加入到党组织中。

"通过各种方式培养党员的荣誉感和归属感，调动党员积极性，让党员在各方面发挥带头作用，也激励党员为家乡建设作贡献。"金玉琴说。

激励党员为家乡建设作贡献，自己作为村党组织负责人自然要率先垂范。在担任中央、省、市、县党代表和县人大代表期间，她加强调查研究，结合山区实际，提交了山区生态资源保护和合理开发利用等多个提案。在代表团会议上，她积极发言献策，有针对性地提出意见和建议，较好履行代表参政议政的职责。她主动学习党在现阶段农村的路线、方针、政策，认真贯彻执行乡党委、政府的决定，恪尽职守履行好村党支部书记职责。

2020年年初，新冠肺炎疫情袭来。农历腊月二十九，从合肥开会返程后，金玉琴立即投入到疫情防控工作中去。"红光村虽然小，但外出务工人员较多，疫情防控工作一刻也耽搁不得！"她带领着网格员，挨家挨户开展疫情防控宣传，摸排返乡人员120余人次，确保底数清、情况明。

为把党员充分动员起来，发挥党员在疫情防控工作中的作用，金玉琴身先士卒，在设立的疫情防控执勤点与其他党员轮流上岗，做好登记排查工作。在红光村群众微信群里，她每日分享疫情最新资讯，让党员实时了解疫情防控现状……

她的丈夫张基元一直在背后默默地支持着她。"身为防疫一线人员的家属，我支持她的工作，更是她的战友。"在金玉琴的带动下，张基元每日都关注疫情防控工作的最新讯息，积极联系朋友千方百计筹集医疗物资。作为黟县金元生态农业发展有限公司的负责人，张基元还第一时间向企业内的员工宣传疫情防控知识，按要求延迟开工时间，并以个人名义和企业名义捐款捐物。金玉琴的儿子张益涛也主动加入了红光村疫情防控工作志愿服务队，积极承担逐户宣传、排查登记等工作。

"党员合格与否，关键看是否发挥作用。"作为支部的领头人，金玉琴想着法子把党员拧成一股绳，去带动更多人，让大家劲往一处使。

金玉琴（右二）在工作室与帮扶单位开展党建工作

心系群众，一枝一叶总关情

"喊破嗓子，不如干出样子。"如今，走进红光村，宽敞平坦的水泥路延伸至家家户户，整洁漂亮的徽派民居点缀在青山绿水之间。说起村党支部书记金玉琴，乡亲们纷纷竖起了大拇指。

在红光村大多百姓的眼中，金玉琴是个爱说、爱笑、易相处、热心肠的女子，遇到乡邻有难总能慷慨相助。

村民汪某一天晚上被毒蛇咬伤，她立刻调用厂里正准备装货的5吨东风牌大货车把受伤村民连夜送往医院救治，往返50多公里，分文不收。企业创办至今，她把加工剩下的边角料无偿送给村里的孤寡老人当柴火。

红光村的"两委"成员们这样评价她：肯学肯干，一心扑在村里，为村级集体经济壮大、公益事业发展和百姓增收奔前奔后，跟着她干，有盼头！

金玉琴常常到村民家中促膝谈心，了解到一些村民有致富愿望，但苦于没有能力和技术，她便与多部门合作成立了村民培训中心，定期邀请技术干部和专业人才就林下经济、养殖技术、外出务工等方面的知识进行现场授课指导，丰富了村民的知识，提高了村民的积极性和致富能力。对于有心自主创业、发展特色高效产业的村民，她还积极予以扶持。

"村干部就得一心一意为百姓。"这是金玉琴常说的一句话。夏天打雷下雨，她总是跑向危房户家里，看看有没有漏雨的；冬天刮风下雪，她总是想着"五保"老人和困难群众，上门看看有什么需要帮助的；村民生病，她出车出钱出力帮忙解决困难；邻里之间有矛盾纠纷，她积极想办法调和。村里有位80多岁的"五保"老人邱寿南，子女不在身边，金玉琴平日里对老人格外照顾，老人夸赞金玉琴"不是亲女儿，胜似亲闺女"。

村里的公益事业，金玉琴总是带头捐款捐物。道路亮化她捐3000元，墩上建桥她捐2000元，村室建设她捐2000元；她还给学校捐钱，给孤寡老人捐钱……在她的带动下，只要是村里的公益事业，红光村村民都会主动支持。

几年下来，村里建起了村老年活动中心、留守儿童之家和农家书屋，村里的道路越修越好，每个村民组还建起垃圾池和垃圾桶，并安排专人保洁。

她一心扑在村子里，面对别人"累不累"的提问，总是报之以微笑。"累，肯定是累，但我是党员干部，就要比别人付出更多，就得一心一意为百姓办实事。"金玉琴说。

30年的时间，这个来自贵州的妹子说出了一口流畅的红光村方言，成为真正的百姓贴心人。2019年9月25日，金玉琴被授予"最美奋斗者"荣誉称号。金玉琴说："这些荣誉都是之前未曾想到过的，但不管是否有荣誉，我都会像每一个村支书一样，去为百姓服务。哪怕遇到委屈，但只要大多数人是理解我、支持我的就好，做人就是真心换真心，吃亏才是福。"

面对未来，金玉琴依然充满干劲。她坚信，通过自己的不断努力，一定会让村民过上更加美好的生活。

练就敬业精业的"金刚钻"

——记"全国劳动模范"许启金

许启金简介

　　许启金，男，汉族，1963年6月出生，中共党员，国网安徽省宿州供电公司带电作业班副班长、"启金工作室"负责人，党的十九大代表、全国政协委员。他数十年如一日坚守一线，高质量完成1000多项高压带电作业，累计消除3000多处输电线路隐患，用行动践行了"要成为王进喜那样的工人，当一名好电工，让乡亲们用上光明电、过上好日子"的庄严承诺。他带领"启金工作室"成员围绕生产动脑筋、紧盯难题搞创新，完成创新项目100多个，取得国家专利88项。他研制的"软梯作业防高坠自锁器"，填补了国内软梯作业人身高空保护的技术空白，获得"全国劳动模范""全国道德模范""中国好人""全国技术能手""中央企业优秀共产党员"等多项荣誉。

许启金（右）和同事冒风雪巡视高压电力线路保电

"几度春秋多少梦。牵线长空，似把琴弦弄……"很难想象，这首豪放的《蝶恋花》词句竟出自一位皮肤黝黑、手上满是老茧的一线工人之手。

获得多项国家专利、出版 15 万字的学术专著、高校兼职教师、"专家团队"的领头人……很难想象，这些闪亮的成就竟源自一位只有高中学历的普通劳动者。

19 岁入行，32 岁入党。党旗下，他庄严承诺："要成为王进喜那样的工人，当一名好电工，让乡亲们用上光明电、过上好日子。"

数十年如一日，他坚守一线，带领团队开展基础创新，由一名普通工人成长为全国劳动模范、全国技术能手，并成为党的十九大代表，先后两次受到习近平总书记亲切接见并被称赞为"电网方面状元级的技术工人"。他就是"全国五一劳动奖章"获得者、国家电网特等劳模和技能专家、安徽省劳动模范、宿州供电公司员工许启金。

他把平凡岗位当作实现和展示人生价值的舞台,既苦干实干,更追求卓越,做出了令人瞩目的成就,被电力系统誉为新时代的"老黄牛"。

爬电杆爬出乐子

1980 年,17 岁的许启金因为身体原因错失高考。两年后,国网宿州供电局面向社会招工,19 岁的许启金以近乎满分的成绩被录取,成为线路工区带电作业班的一名普通员工,从此便与"线路"结下了不解之缘。

许启金说,刚上班的时候他看到一本书,叫《工人阶级的光辉形象:王铁人》,就买了下来。自那时起,他就把王进喜当成标杆,想成为王进喜那样的人。

都说电力线路是铁打的,但长期在野外,在雷电、风雨、冰雪等自然灾害面前,它们也会像人一样生病。人生病了就要治疗,电力线路生病了就要检修。在铁塔上检修作业,那些铁部件冬天摸起来像冰块,还特别滑,夏天摸起来像火炭,检修时还要穿着厚厚的防护服,就像是在蒸笼里一样。许启金的工作,需要经常在铁塔上面检修作业,既辛苦又危险。

"不能怕吃苦,如果怕吃苦,出现供电问题,千家万户就要断电。"参加工作以来,许启金始终坚守一线,路再远、再难走,他都要巡视到位,绝不留下一个死角。

1994 年,单位有五条老旧线路要改造,工程量大、时间紧、任务重,他报名参加了这项工程,起早贪黑,提前两个月完成了任务。因为这一突出表现,1995 年 12 月,组织上批准了他的入党请求,从此他成为一名中国共产党党员。

野外作业常与危险相伴，许启金总是把安全让给别人、危险留给自己。

2005年8月2日凌晨3时，暴雨倾盆，电闪雷鸣，宿州"国姬线"符离段因雷震发生跳闸，影响整个城区供电。"去现场数公里的路上一片汪洋，分不清哪是沟、哪是路，当时许师傅执意走在前面，为我们探路。"同事李德波回忆当时情景，眼圈发红。

赶到故障区域时，大家都惊呆了：电线杆塔陷在齐腰深的水中。"大家别动，我先上去摸摸情况。"许启金说完跳进水中，奋力划向杆塔。风骤雨急，爬电杆稍有不慎就会失足，许启金只能将身体紧贴杆塔，小心翼翼向上挪。平时只需分把钟的登顶过程，这次用了十来分钟。然而，由于难以确定故障点，许启金又连爬5座杆塔摸排。故障排除时，天刚蒙蒙亮，许启金此时已冻得浑身哆嗦，脸上却挂起了招牌式的憨笑："还好，天刚亮就送上电了。"

2018年8月中旬，台风"温比亚"肆虐江淮大地，宿州地区遭遇百年不遇特大暴雨袭击，输电线路不同程度受灾。面对灾情，许启金带领工友们向全市老百姓作出"电未至，我不眠"的承诺，雨刚停就夜里出巡，蹚过齐腰深的积水，钻进果园施工，连续奋战直到将故障线路抢修完毕恢复送电。

这样的危险任务，许启金接过不知多少，每次都能有惊无险、化险为夷。诀窍在哪？许启金回答："反复练习，精通操作流程和安全规程。"

许启金不仅有过硬的技术，还有过人的担当。

有一年的冬天特别冷，他连续四天都要爬40多米的铁塔，清理污垢时手指都抠破了，但他依然咬着牙坚持。

2020年春节，许启金和往年一样在值班中度过。不一样的是，疫情期间他既要带领团队维护原有管辖线路，还要代管安徽宿州境内9 条 80 万伏线路的巡检任务，压在身上的担子较日常更重。

巡查线路听起来轻松，却要用双脚一步一步夯实。那段时间，他不仅每天徒步十多公里，还要途经山路陡坡，遇到雨雪天气道路更是崎岖泥泞，极为难行。"不少村庄因为疫情防控封了路，我们就得变换路线，想办法绕道继续巡线。"许启金介绍。巡线路程远，体能消耗大，吃饭也成为问题，许启金便鼓励大家带上干粮，喝点水，垫垫肚子继续坚持。

从业几十年，宿州电网 1800 多公里输电线路上，差不多每一基杆塔都留下过许启金的足迹。即便是年过半百，许启金爬电杆依然身姿矫健。登临数十米高的杆塔，一般人早已后背发凉，他却如履平地。

许启金在工作室设计加工部件

于是有人送他一个雅号——高压线上的舞者。

"能把简单的事每一次都做对就是不简单，能把平凡的事每一次都做好就是不平凡。"在宿州供电系统，许启金的"人生哲学"人尽皆知。

多年来，许启金先后组织和参与完成了1200多项高压带电作业任务，累计消除3000多处输电线路隐患，未出一次差错，他管辖的线路未发生一次责任性故障。

艰苦单调的野外作业，坚持了这么多年，果真无怨无悔？老许用自创的《蝶恋花》表达对工作的热爱："几度春秋多少梦。牵线长空，似把琴弦弄。在世人生原有用，千番历练成梁栋。自有凌云心血重。垂范创争，风采登高颂。惜晚华年情与共，斜阳跨虎离山洞。"

像这样充满豪情的诗词，许启金创作了不下几十首。受他的感染，他所在班组的工友工作积极性高，遇到急难险重任务都争着上。"90后"员工郑浩说："或许我们不能做到爱一行才去干一行，但一定要像许师傅那样做到干一行就能爱一行。"

体力活做出学问

长期以来，线路工作被视为纯粹的体力活，许启金却把它做成了"智力活"。"社会对供电的可靠性要求越来越高，我们必须不断学习和创新，才能应对挑战。"许启金常常这样自勉。

上班之初，没有专业文凭、不懂专业技术，许启金坦言起初自己有些自卑。当时只有高中文凭的他，只能死记硬背电力专业知识。后来，他摸索出自己的高效学习方式：把线路知识写在小纸条上，外出巡线时抽空就拿出来看看、背背。就这样，他坚持了近二十年，记下了上万张"小纸条"，垒起了电力专业知识的高度，夯实了搞创新的基础。

随着新线路不断更换，新杆塔越来越高，许启金和工友们发现，依靠现有器具不仅操作繁重，而且人身安全也存在危险。许启金萌发了改进作业工具、减轻作业强度的念头。

许启金发现，线路工人高空作业时使用的线路防坠落保护措施有重大缺陷。于是他翻阅大量的专业资料，经过多次反复实验，利用杠杆原理研究出"软梯作业防高坠自锁器"，获得国家专利，攻破了当时业内亟待解决的难题，填补了空白。

2003 年，宿州建高速公路时造成一处 220 千伏线路对地安全距离不符合规程要求。如果另立两座杆塔升高导线，一是耗巨资，二是时间不等人。许启金提出杆塔不变，改变其中一杆塔横担的结构形式，即把原来的平挂导线改为上挑导线。这种方案投资小、施工简单，又省时间。领导采纳了他的建议，工程实施后完全符合规程要求。

在电力紧线施工中，如果力度掌握不好会出现过牵引现象。许启金研制出"角钢吊点卡具"成功解决了这个安全隐患，并获得"全国舜杰杯 QC 成果发布一等奖"。

多年来，许启金发明的带电更换 110 千伏至 220 千伏直线绝缘子串工器具等，大大提升了电力生产工作效率，降低了电力能源的损失，减少了对广大电力用户带来的不便。他用 Visio、AutoCAD 等软件把宿州电网所有的杆塔电子化，实现检修现场图像化，更有利于维修维护。

许启金的发明，无一不与他的工作息息相关，实用性极强。而一项项科研创新的背后，更是饱含辛勤的汗水。

爬杆时生龙活虎的许启金，回家便成为"宅男"。双休日，只要没有任务，他就"宅"在家醉心于电力技术革新和技术改进。"工作中发现的问题和获得的灵感，我都记在小卡片或小本子上，到了休息日就研究改进办法。"

起先许启金在卧室搞研究，时常折腾到半夜，忍无可忍的家人将他赶到阳台，很快，阳台上又摆满游标卡尺、锉、砂轮机等各式工具。最初低学历成为"瓶颈"，许启金搞发明也因缺乏科学基础知识支撑而屡屡碰壁。一些工友也给他泼冷水："搞科研是工程师的事，你一个高中水平的线路工爬好杆就行了。"但许启金不为所动，而是一头扎进书堆里。听说年轻员工张永在大学里学的是输电线路专业，许启金不顾自己比他年长许多，多次向他请教，并向他借来输电设计书籍。张永记得，许启金还回书时，书皮没了，边也卷了，但书上的知识，他记得比张永还牢。

合肥市黄山路附近有两家电力书店，是许启金出差时最爱去的地方，他不知天鹅湖在哪，却对书店里的书籍耳熟能详。多年来，他购买电力书籍花费上万元。节假日，他就"宅"在家"啃"专业书。

"书香孕育金牌工人。"多年来，许启金从专业知识不足，转变成为可以运用深厚的专业知识解决生产技术难题的"高手"。

"许启金身上既有传统劳模'老黄牛'般的苦干实干精神，也有现代产业工人热衷创新的品格。"宿州供电公司原总经理贾立峰如是评价。

日积月累，许启金成了"电力专家"，他先后申请多项国家专利，2003年成为送电线路工高级技师，2011年成为国家电网公司生产技能专家，2016年成为"全国技术能手"……

许启金从一名高压线带电检修工人变身成为新时代的"状元技工"，创造了"高中生执教大学"的传奇，也成为无数青年人的偶像。他先后两次受到习近平总书记亲切接见。2016年4月26日，许启金参加了习近平总书记主持召开的知识分子、劳动模范、青年代表座谈会，并作为全国劳模代表发言。在了解到许启金三十多年如一日坚守一线岗位并带领团队开展基础创新时，习近平总书记称赞他身上有钉钉子精神，是电网方面状元级的技术工人。

相比较自己获得的诸多"国字号"荣誉，许启金更看重自己的发明创造带来的成效："每当看到工友们使用我所改进和研发的工具，快速安全地完成工作，我的心总是暖暖的。"

高中生带出专家

俗话说"教会徒弟，饿死师傅"，但是许启金甘愿倾囊相授，为电力系统带出一支出色的"专家团队"。许启金说过："自己一个人的力量再大也是小的，就想着能把自己的经验传给徒弟们，让更多年轻人既有干事的热情，也有干事的能力。"

2003年安徽省首批输电线路高级技师鉴定，许启金拔得头筹。此后，这个只有高中学历的工人站到了安徽电气工程职业技术学院等大学讲台，给大学生职工们上课。2010年，宿州供电公司成立了以许启金名字命名的"启金工作室"，许启金更是劲头十足地收起了"80后""90后"徒弟，手把手地传授实践技能和理论知识，并给每个徒弟建立了档案，有针对性地进行一对一辅导。

"别看老师的手满是老茧，操作起鼠标来可灵巧了。他讲课时演示的都是自己制作的3D图形，这在全国电力系统首屈一指。"许启金带过的学生们评价说。

"一图胜千言"，为了能用直观图形提高教学效率，许启金从"零"开始学3D立体制图。几年后，他硬是从"一指禅"敲字练起，直到熟练掌握了电脑操作技术，并学会了Visio、AutoCAD、3Ds-Max等绘图应用软件，实现电网杆塔图形化、检修现场图像化，为电力系统积累了大量技术资料和图示化培训资料。

"许师傅的课深入浅出，特有嚼头。"徒弟李德波毕业于名牌大学，是许启金的忠实粉丝，刚进班组时却"瞧不上"这位土气的师傅。在一次野外抢修中，小李憋足劲想领先许师傅，没承想他刚登上杆时，许启金就已排除了故障落地了。小李从此心服口服，虚心向许师傅学习。

如今，许启金的徒弟纷纷"出师"，并涌现出廖志斌、吴伟、张明等十多名技术骨干，他们参与研发的输电线路护线管理系统、远程监控系统、接地线转向器等创新项目多次获得国家级和省级大奖，8项技术获得国家专利。有的徒弟年纪轻轻就成为国家级的劳模和专家，有的还成了许启金的领导，许启金也为他们感到由衷的高兴。

"做事敢为人先，做人却甘为人后。遇到危险，当仁不让，可遇到升职晋级，他每次都让给年轻人。"老许的"大弟子"廖志斌对他甘为人梯的精神佩服得五体投地。

许启金的"启金工作室"如今已经成为集创新工坊、成果展示、职工书吧、班组讲堂、文化长廊等多个功能区为一体，添置了钻铣床、数控车床等加工设备和3D打印机、投影仪等设备，可以更好地培养技能人才的平台。现在，工作室已经形成了"60后、70后、80后、90后"梯队状的人才队伍结构，工作室的成员围绕生产动脑筋、紧盯难题搞创新，完成创新项目100多个，取得国家专利88项。"启金工作室"也先后被授予"国家电网公司劳模创新工作室示范点""全国示范性劳模创新工作室""国家级技能大师工作室"等称号。

不仅如此，在许启金的单位，还有一支以他名字命名的"启金共产党员服务队"，许启金和伙伴们积极开展"党员进社区""党员带头志愿先锋"等主题活动。如今"启金共产党员服务队"已发展到13支分队共400余名队员，他们用点滴奉献，诠释着电力先行官、群众连心桥的深刻内涵，践行着"人民电业为人民"的宗旨。

许启金（中）把自己在实践中获得的经验、掌握的技能毫无保留地与同事分享

"做好梯队传承，继续把这么多年在工作实践中积累的经验和技能毫无保留地传授给年轻人，这也是我的责任。"许启金说。

怀大爱做好"小事"

2021年3月7日，在人民大会堂新闻发布厅，作为全国政协委员的许启金走上全国政协十三届四次会议第二场"委员通道"，通过网络视频方式接受全国媒体采访。

在采访现场，有记者向许启金提问："作为优秀的产业工人和劳动模范，也是老党员，您是如何在工作中发挥先锋模范带头作用的？"

241

许启金深情地回答："刚参加工作的时候，我就给自己定下目标：一定要干出样子来，当一名优秀的电力工人，让工作出色、让人生出彩！"

"一定要干出样子来"的许启金，先后当选为党的十九大代表、全国政协委员。

自担任党代表、全国政协委员以来，许启金在继续钻研业务的同时，又把"钻劲儿"用在了履职上。

为了深入调研产业工人队伍发展情况，他前往生产车间、建筑工地，倾听基层一线的声音；为了寻求对策，他走访职业院校、用人单位，与学生、职工面对面交流座谈。

2021年，在宿州市劳务大市场调研技术技能人才培训问题时，许启金遇到了一位"老朋友"。"说是老朋友，其实也是我前年调研时认识的农民工朋友。"当时，许启金向农民工朋友们介绍了当地人社局组织的技术培训，这位"老朋友"参加培训并获得培训证之后，每天工资能拿到400元。

这个培训就是许启金在2021年全国两会上提出的产业工人"转型升技"的一部分。

"我在生产一线工作了40年，理解工人所想，明白产业发展所需，作为全国政协委员，我要传递好一线产业工人的心声，为产业工人队伍建设发展建言献策。"许启金说。

多年来，除了关注"技术技能人才培养"问题，许启金还关注了"能源""碳排放"等问题，并提交了相关提案。几年来，他提交的多个提案被立案，国家也出台了一系列政策。

"一定要把在基层了解到的民声和建议'带上去'，为国家建设和中华民族伟大复兴建言献策，为国履职、为民尽责。"许启金说。

"如果我没有能力做大事，那么就怀着大爱做小事。"这是许启金常说的一句话。

　　梦想，是不断进步的阶梯；奉献，是人生价值的升华。许启金表示，自己只要还有力气，就会继续扎根在一线，苦练技术技能，像钉钉子一样把小事做得圆满、做到极致，为社会进步、国家发展继续贡献力量。

"机电大王" 煤矿一线守匠心

——记 "全国劳动模范" 杨杰

杨杰简介

杨杰，男，汉族，1966 年 5 月生，中共党员，淮北矿业集团高级工程师。三十多年来，他扎根煤海，刻苦钻研、勇于创新，结合岗位实际，实施了一系列技术革新，61 项技术攻关成果获国家发明、实用新型专利，1 项达到国际先进水平，部分成果填补

了国内空白。他为企业创效上亿元，成为全国煤炭行业为数不多的 "亿元矿工"，也是远近闻名的 "机电大王"。以杨杰名字命名、面向矿区开放的 "杨杰讲堂"，累计培训各类技能人才数千人。他领衔的工匠大师工作室打造 "煤矿智能化开采技术" 等课程 26 个，编写系列培训教材 16 部，搜集整理典型案例、机电设备维修及操作经验 200 多项。他是党的十八大代表、十三届全国人大代表，先后获得 "全国劳动

模范""全国技能大师""全国优秀共产党员""中国好人""全
国煤炭系统青年技术能手""全国杰出青年岗位能手"等多
项荣誉。

在安徽淮北矿业集团,有一位有口皆碑的"金牌工人":技术
需要革新,找他;尖端机电技术搞不懂,找他;井下出现紧急状况,
找他……有他在,大家就像吃了"定心丸"。他就是淮北矿业集团高
级工程师、"工匠大师"杨杰。

心心在一艺,其艺必工;心心在一职,其职必举。扎根煤海
三十余年的杨杰,立足岗位,苦练本领,用自己的一言一行诠释新时
代匠人的精神风骨,用坚守和传承书写"匠心"精神。

三十多年来,杨杰同志刻苦钻研,勇于创新。他实施大小革新
项目 200 多项,其中多项技术获发明专利授权,填补了国内煤炭行业
空白。杨杰也从一名初中学历的普通矿工成长为淮北矿业集团工匠大
师、首届江淮杰出工匠、全国技能大师。

勤奋钻研,从"外行"到大师

杨杰的办公室不大,书柜里却是满满当当。塞不下的书籍,也
垒得整整齐齐放在桌椅上。大部分书都与电气控制相关:《电气可编
程控制原理与应用》《实用变频调速技术培训教程》……他的办公桌
上还有一摞笔记本,上面画着密密麻麻的电子元件符号和电路图。

杨杰说,最初自己也是个十足的外行。

1984 年,初中毕业的杨杰进入朔里矿,成为一名副井车房绞车
司机。煤矿副井是材料、设备和人员进出的通道,司机的主要工作就

杨杰在本职岗位上勤奋工作

是控制绞车上下，工作简单而枯燥。

"我学历低，跟着师傅依葫芦画瓢地操作，一旦绞车出现故障，就只能等维修工来解决。"慢慢地，杨杰也想学维修绞车。他找来提升机的结构、原理图，但打开一看，懵了，图纸符号像天书一样，根本看不懂。

意识到自己知识匮乏，不甘平庸的他便在工作之余开始自学。杨杰把一张"闲谈莫过三分钟"的字条贴在了自己的床头，制订了详细的学习计划。每天下班后，他一头扎进书堆里；上班时，他虚心向师傅、工程技术人员请教，把他们的一招一式熟记心头；检修时，他忙前忙后地跟着看、帮着干，不计时间、不计报酬，同事们都称他为"编外检修工"。

高中课程、电工基础、电子技术、电力拖动与控制……面对"天书"，没有打退堂鼓的杨杰"啃"完了20多本矿井提升机方面专业技术书籍，积累了30多万字的读书笔记。

由于矿上很多设备操作说明都是英文，看不懂英文，就无法掌握特性、充分挖掘设备的使用潜力，为此学习英文也是必过的坎。只上过初中的杨杰，英语单词认识不了几个，学习英文同样困难重重。怎么办?

杨杰就把英文页面安装的整个过程记录下来，一个单词一个单词地对，一个界面一个界面地过，直到全部弄通学懂。

很多同事好奇：杨杰每天既要工作，还要这样苦学，会不会很累?杨杰的回答是：实际上不仅不累，而且很快乐，每当自己能够运用知识去攻克一个技术难题，我就会非常兴奋。"难题就是生产力，因为解决难题的过程就是自我提高的过程，就是有针对性高效学习的过程，也是自我突破的过程。"杨杰说。

日积月累，杨杰就这样硬是通过自学函授，取得了矿山机电专业本科学历。

1987年，杨杰在淮北市"百业十行"大比武中拿到了绞车工种第一名，1990年被共青团中央授予"全国煤炭系统杰出青年岗位能手"称号。后来杨杰又成为"全国职工自学成才标兵""全国技能大师"。

他更加坚定了信念："学一生，专一行。"如今，起点为初中毕业的杨杰已经围绕矿井提升系统改造和安全生产等方面撰写了20多篇论文，发表在《煤矿机电》等国家级核心期刊及相关专业杂志上。

"想到矿工们上下井的生命安全捏在自己手中，危机感、责任感油然而生。我下定决心要学好技术，也明白一个道理：一个人可以没有文凭，但不能没有水平。"杨杰表示。

潜心攻关，创新创造成楷模

1992年2月的一天，朔里矿主井电控系统发生故障，被迫停机。主井每停一小时，就意味着损失15.6万元，在场的技术人员查了一个多小时也没能找出原因。领导很着急，于是把下班在家的杨杰找了过去。杨杰到现场了解情况后，分析判断是减速打铃造成的。可是，在场所有工程技术人员都不相信。经过对过卷开关进行检查，大家发现确如杨杰所说。不到10分钟，故障就被排除掉了……

光有知识不行，关键还是要学以致用。多年来，杨杰立足岗位推动企业技术创新和科技成果转化，让自己的知识能够在一线的生产实践中发挥作用、产生效益。

"出炭不出炭，关键靠机电。"对于煤矿而言，做好机电工作是保障出煤的关键。2002年，杨杰所在的矿井安装一套高压变频提升电控系统后，变频器的工作始终处于不稳定状态。技术人员咨询厂家后得知，采用传统的安装方法不能满足新设备需求。

针对问题，杨杰设计出一套新的连接装置，解决了电机在转动过程中轴向窜动及动态响应慢的问题，避免了对轴编码器的损伤，同时容易拆装、方便维修，彻底解决了变频器工作状态不稳定的现象，每年可产生直接经济效益98万元。这项创新成果也获得了国家专利。

在构造复杂、精确控制的矿井提升机电控系统上，杨杰练就了快速排查电器故障、一招制胜的绝活。日本三菱和德国西门子公司研发的PLC工业控制计算机技术，由近千条指令、上万个虚拟继电器相互作用完成内部控制功能。杨杰潜心攻关，一遍又一遍地绘制梯形图和编程原理图，终于掌握了该项国际最前沿技术，并对厂家原有的控制工艺大胆进行了一系列创新改进，使设备潜力得到更加稳定充分的挖掘和释放。

2013 年，杨杰牵头组建党员创新团队，研制了煤矿风井"DNZJGS-01 型多功能智能静压供水控制装置"。该装置利用矿上的废旧闲置备件，成本不足 1000 元，安装应用后，实现了井下供水控制自动化及无人值守，直接减少 4 个人用工，适应了企业减员提效的发展需要。该装置在集团公司推广应用后，每年可节省 300 万元费用支出。这项创新成果同样获得国家专利。

他进行大小革新 230 多项，其中 60 多项技术攻关成果获得国家发明、实用新型专利，1 项达到世界先进水平，2 项刷新全国纪录，5 项技术攻关成果填补了国内空白，6 项填补了全国煤炭行业空白，2 项获安徽省重大合理化建议和技术改进成果奖。经他排除的故障不计其数。多年来，杨杰累计为企业创造经济效益 1 亿多元，成为全国煤炭行业为数不多的"亿元矿工"。不仅如此，他还编写了《煤炭运输

杨杰在工作中

设备使用维护及常见故障处理》等书籍，并在全国煤炭系统推广和应用，成为职业技校和岗位培训的经典教材。

从业数十年，杨杰一直扎根淮北矿区，从一名普通工人成长为高级工程师，职业身份不断"升级"，但他始终没有离开一线技术岗位。工作中，他不是在生产一线攻关技术难题，就是在各种培训班上同工人们交流业务问题。"我一直认为，工作是创新的源泉，问题是创新的契机。"对杨杰来说，每一个问题的发现、排除，或许都可以开启一项新的发明创造。

杨杰（右）给职工讲解设备保养原理

力挽狂澜，关键时刻顶得上

在好莱坞电影中，人们总能见到一些险象环生、紧张得让人几乎窒息的场景。而在现实中，能亲身经历类似场景的人并不多。

杨杰是个例外。

在煤矿工作了三十多个年头，杨杰经历过许多危急场面，有几次甚至到了鱼游沸鼎的地步。而千钧一发的时刻，扮演"神秘大侠"的总是杨杰。

关键时刻，冲得出、顶得上，能够"力挽狂澜"。也正因如此，在单位，有人称呼杨杰为"杨大侠"，也有人称他为"杨大师"。

2006年12月的一天，晚上9时左右，早睡觉的人已经钻进了暖和的被窝里。此时，朔里矿正处在上夜班职工交接班的时候。

提升机缓缓地向井口移动着，26名下井的工人和13名上井的工人分别坐在各自的罐笼里。毫无征兆地，提升机突然掉电了，工作闸也始终敞不开。在离井口还有96.3米的位置，提升机停了。

39名工人被突然困在井筒中，没有办法与外界联系，也没有通道能上来或者下去。

井口周围围满了等待下井的职工，一种惶恐的气氛在全矿范围迅速弥漫开来。要是不能快速处理电气故障，39名被困职工的生命安全将受到严重威胁。

处理电气故障的专家不停赶来，时间一分一秒地过去，现场气氛越来越紧张。

半个小时过去，技术人员终于找到故障点。排除故障需要立即更换一个调闸模块，可这个模块几天前被调用到别的矿上去了。如果从其他矿井调用模块，怎么也要两个小时。

最快的办法是改变外部控制线，但同时需要改编提升机程序。提升机程序是煤矿所有电控中最复杂的，也是所有提升机电控厂家技术保密的核心。现场的人不要说改写程序，连能看懂程序的都是少数。

关键时刻，矿领导想到了杨杰。当时，杨杰正在位于市区的集团公司职代会驻地休息。接到电话后，杨杰火速赶往现场。

更改程序对杨杰来说并不很难，但风险较大。出于技术保密考虑，提升机厂家一般会严禁用户更改程序，同时会申明：谁若更改程序，出了事故就由谁负责。

面对生命正在受到威胁的 39 名职工，矿领导果断拍板：改！

仅仅几分钟时间，程序就改好了。现场欢声雷动，39 名矿工安全走出罐笼。看到被困的 39 名工友走出罐笼，杨杰长长地松了一口气。

离这次惊险场面相隔不到一年时间，杨杰又一次用他的"神奇本领"力挽狂澜。

2007 年 8 月，朔里矿对井下中央变电所 20 台高压开关柜进行技术改造。整个改造的时间窗口被严格限制在 20 小时以内。如果超过规定时间，地下涌水将会淹没矿井。

改造过程进行得相当顺利，只剩下最后调试运行的环节了。就在这时候，麻烦来了——中央变电所总进线高压开关柜无法送电。

此时，危险正一步一步逼近矿井，地下涌水水位一点一点上升，一场可怕的灾难眼看就要发生。

按照接线安装图及原理图检查了好几遍也查不出任何问题，厂家技术人员紧张得浑身颤抖。连一向镇定的杨杰也不停地用深呼吸来缓解自己紧张的情绪。

凭直觉，杨杰判断这又是一个靠图纸不能排除的疑难杂症。"肯定有控制点没有在图纸上标出。"按照杨杰的判断，厂家技术人员又仔细检查一遍，果然发现了一个在图纸上没有标明的预留控制端口。

找到原因后，故障很快得以排除。几乎在故障排除的同时，观察水位人员也在慌乱地叫喊："水快要淹没泵房了！"

一场火烧眉毛的淹井事故化险为夷。回想起刚刚的危险瞬间，在场的人无不为杨杰的果敢冷静以及超强本领所折服。

围绕矿井安全生产等工作，杨杰和技术人员还一起开展了多项技术革新工作，总结出一套快速排查的方法，创立了"数字化检修法"，针对故障原因开展数字化检修，事故率几乎降为零，维护成本比以往降低了40%。该方法在淮北矿业集团推广应用后，每年可创造300多万元的经济效益。

多年来，杨杰管辖的各类机电设备没有出现一次责任故障，没有发生一起事故影响到矿井生产。他所负责的矿井提升等生产要害岗位，连续二十多年保持安全生产。

甘为人梯，"杨杰讲堂"育英才

"大家都说我是金牌工人。但一花独放不是春，百花齐放春满园，一个企业光有我一个金牌工人不行，要让更多的人成为金牌工人、成为技能大师。"作为身怀"绝技"的核心技术人员，杨杰深知先进技术只有被更多的职工所掌握，才能焕发出更大的力量。

作为一名共产党员，杨杰甘燃自身效红烛，毫无保留地传授自己的经验和技术，用行动催开企业技术人才"百花齐放"。

2010年5月，在淮北矿业集团和矿上的全力支持下，以杨杰名字命名的、面向百里矿区开放的"杨杰讲堂"建成开课。讲堂把PLC生产控制设备搬进教室，实现了教学与生产实践"无缝对接"，建立了国内首个以工人名字命名的、培训现代工业自动化控制技术技能的 PLC 实训工作室。

为使实训设备与生产设备保持匹配，杨杰研发了矿用可编程控制器实训操控平台"西门子 S7-300PLC 及变频器组合模块式实训平台"。该成果通过安徽省科技厅组织的专家鉴定，开创了企业实训平台研究的先河，填补了省内空白，获煤炭协会科技成果二等奖。2014 年研制的"矿井生产监控系统的远程在线交互式故障诊断实训设备"，三项创新点填补了国内空白，并于 2014 年 12 月通过煤炭协会组织的专家鉴定。

随着国家工业及科技创新的日新月异，各种生产设备不断升级换代。培训教材只有同步更新，才能保证职工素质同步提高。为此，杨杰着眼于动态开发实训教材，他编写的《三菱 FX2N 系列 PLC 编程维护培训教材》等六本实训教材，属行业首次发布，实现了企业职工培训的重大突破。

他还结合自己多年积累的实践经验，精心提炼编写了《提升机故障排除多维思维法》《提升机常见故障 100 例》《提升司机 50 问》《变电工基础 60 题》等书籍，印发给工友学习。有些书籍已成为职业技校和岗位培训的经典教材。

为了开阔学员视野，拓展学员思维，进一步搞好实训教学，杨杰自费购买了大量参考资料、教学书籍和视频讲座资料放在讲堂内，供来自矿区各个矿井的学员学习参考、复制拷贝。

在一次培训班上，一位学员说："我的基础比较差，你能不能像武侠小说中的大侠那样，把绝活一下子就传给我，让我功力大长，达到你现在的水平。"

大家听了哈哈一笑，杨杰却把这个"创意"想法记在了心上。

他总结自己的经验，针对一些常见电气故障，精心理顺出查排故障路线图。按照路线图分解步骤的循序指引，即使一个初级工，也能迅速上手，准确找到故障点并解决问题，达到绝技绝活迅速掌握的目的，达到顶级高手的效果。

这个方法大大加快了技能人才掌握绝技绝活的速度，使绝技绝活的传承指数几何级提升。杨杰还把在国外长期考察积累的一体化培训理念，融入"杨杰讲堂"实操培训中。他创立的"杨杰培训法"，实现了安徽省职工培训方法的新突破，提高了专业话语权，催生了大批业务技术骨干。

杨杰（右）给职工讲解设备保养知识

为了更好地发挥"传帮带"作用，杨杰还设立了自动化技术学习 QQ 群，在企业内网上开辟了"杨杰 e 族"，利用网络载体，增强绝技传承的辐射能力。在 2020 年新冠肺炎疫情期间，杨杰积极运用网络技术，开设"云课堂"、拍摄微视频，进行远程培训和技术指导，为企业实现疫情防控与复工复产"两不误"发挥了积极作用。

多年来，杨杰带过的徒弟多数成为各个单位的技术骨干，他先后开展过超过 6000 人次的技术、技能人才培训，有 50 多人获得省、淮北市技术比武前三名，多人获评高级技师、技师，成为推动企业高质量发展的中坚力量。

2012 年，杨杰被合肥工业大学工业培训中心及技师学院聘为兼职教师，被安徽矿业职业技术学院聘为客座教授。

面对光环，杨杰没有满足现状而停止不前，而是立足于技能大师的品牌、资源、团队和现场优势，为煤矿安全生产、培训教学、技改创新、节能降耗而辛勤忙碌。他常说："我是搞技术的，离开了生产现场和培训教学就无法接地气。"

择一事终一生，爱一行专一行。凭着对党的赤诚之心、对岗位的热爱与执着，杨杰在匠心前行的道路上披荆斩棘、乐此不疲。"国家授予了我那么多的荣誉，我要不忘初心，牢记使命，立足岗位，抓好技术技能传承，努力为企业、为行业、为国家作出新的更大贡献。"杨杰表示。

六、展示巾帼风采

在贫困村里绽放的"铿锵玫瑰"

——记"全国三八红旗手标兵"刘双燕

刘双燕简介

刘双燕，女，汉族，1975年6月出生，中共党员，亳州市税务局干部。2012年以来，她先后任安徽省第五、第六、第七批选派干部，是全国扶贫战线上为数不多连续三届选派驻村的女第一书记。作为一名"城里人"，她扎根农村九年。对贫困，她使出浑身解数；面对乡亲，她"走心"用情。驻村期间，刘双燕践行了"不获全胜，决不收兵"的勇气和决心，以自身的辛苦指数换取群众的幸福指数，用青春和奉献诠释了一位奋战在扶贫一线巾帼战士的责任与担当。这期间，她远离年幼的女儿，痛失慈母和丈夫。她获得了"全国脱贫攻坚奖贡献奖"、"全国三八红旗手"、"全国先进工作者"、"中国好人"、全国"最美公务员"、全国"最美职工"等多项荣誉。

驻村之前，她一直在城里长大，脚上没有沾过泥巴，爱穿高跟鞋，打扮得"美美哒"，集丈夫和母亲宠爱于一身。

驻村初期，理想与现实的反差曾让她痛哭流涕、彻夜难眠。但她暗下决心，"驻村"不仅要住在村里，更要住在村民心里。

贫困村的艾滋病人多，一个年轻的女书记来了，村民纷纷议论："美女书记有野心，到俺们这里来镀金……"

女书记壮着胆子，把村里的患艾群众走访了一遍，于是有了心得："若是不能搞出名堂，大伙儿凭啥跟着你干！"

驻村九年，她如同飞舞在扶贫路上的一只燕子，衔来一捧又一捧"春泥"，筑起了一个又一个贫困群众的脱贫梦，用青春和奉献诠释了一位奋战在扶贫一线巾帼战士的责任与担当。年复一年，日复一日。村子变美了，日子变好了，她和村民的心拉近了。

她就是全国扶贫战线上连续三届选派驻村的女第一书记，获得过多项荣誉的亳州市税务局干部刘双燕。

"如果不能改变风向，就及时调整风帆"

2012年3月，刘双燕接受组织安排，成为安徽省第五批选派扶贫干部，担任利辛县刘家集镇陆小营村第一书记。

这个柔弱瘦小的女干部，刚到农村时，遇到的是种种不适应、种种难以忍受。"说实话，刚开始的生活是最难熬的。我怎么也不会想到，这一场'战争'自己可以坚持九年。"刘双燕感慨地说道。

这种"难"，来自村民对她"天然"的不认可，来自她对贫困农村艰苦生活的不了解，来自"扶贫先扶志""输血＋造血"的不容易，来自事业家庭忠孝难两全的"不圆满"。

刚来农村那会儿，村里一穷二白，要啥啥没有。刘双燕自小在城里长大，驻村之前脑海里根本就没有"农村"这个概念。当她被组织上分配到距离县城最远、最偏僻的陆小营村和"远近闻名"的贫困村朱集村的时候，最初的体验就是：厕所是露天的蹲坑，洗澡只能在公用厕所冲一冲，夜晚伸手不见五指……

一向有洁癖、爱打扮的她，无法忍受现实和理想的反差，一度彻夜难眠、痛哭流泪。

"没有困难，组织上派你去干啥！别人都能干，你也不能娇气。"刘双燕和妈妈通了电话，她的妈妈鼓励地说。

村民对这个城里来的女干部充满怀疑，一位大爷认真地跟刘双燕聊过："你能让俺们村通上水泥路、喝上自来水吗？""俺们村穷得叮当响，就凭你能让俺们过上好日子吗？""一个瘦削的女娃子，能有多大能耐？"

"为什么我会选择留下来？或许因为心中天平的砝码在不断增加吧！"面对质疑，一向不服输的刘双燕暗自下定决心，加油干、拼命干，让村民过上好日子。

而今，夏日的陆小营村天蓝水清、村舍整洁，平整的水泥路穿村而过，一派生机勃勃的喜人景象。谁能想到，2012年的这里还是个闭塞的落后村庄，道路泥泞，田地荒芜，一直戴着"贫困村"的帽子。

贫穷曾让这里的村民被迫以卖血为生，很多人不幸染上艾滋病，埋下了"穷根"。村民说得最多的一句话就是："刘书记，能不能帮俺们把路修起来，没有路，这日子太难了。"

在一次次走访中，刘双燕逐渐发现了村里贫困落后的主因：位置偏僻、交通不便，导致产业始终发展不起来，种植作物也没有销路。村民们最迫切的期盼、最大的呼声就是修路。

村民们的这一愿望深深烙印在刘双燕心中。为了改变陆小营村的

刘双燕（左）向光伏站的维护人员了解光伏站的运行情况

命运，在国税系统工作的她多方协调、积极争取，一次次跑项目找资金，终于争取到 50 万元。

"水和泥"的路变成了 3 公里长的"水泥路"，路通了，卡车开到了村头，刘双燕心里很是欣慰。但她知道，单靠修路还斩不断穷根，必须改变村容村貌，还要发展村里产业，如此才能让这个贫困村焕发生机。

在陆小营村的三年里，她积极推进美丽乡村建设，出资购置了一批清洁设备，组建村清洁小分队，村容村貌焕然一新，村民重新树立起生活信心。同时，村里的产业发展有了明显起色，往日的"泥巴路"跑起了载货卡车，村民们种的粮食、蔬菜运出去了，村子也逐渐走出了因贫致病、因病返贫的恶性循环……刚到村时的"镀金传说"，在村民的茶余饭后消失了。

"如果不能改变风向，就及时调整风帆。"这是刘双燕最常说的一句话。

刘双燕（左）在村民家中走访

"你离乡亲有多近，乡亲就跟你有多亲"

驱车前往利辛县汝集镇朱集村，沿着新修的水泥马路，只见道路两边郁郁葱葱，村子里村道整洁，村民房前屋后看不到任何垃圾，展现出美丽动人的乡村画卷。谁会想到，朱集村多年以前还是一个近6000 人口的出了名的贫困村，村民"等、靠、要"思想严重，村班子凝聚力不够、战斗力不强，村庄卫生脏、乱、差，村集体经济收入为零。

由于工作表现突出，组织上于 2015 年年初安排刘双燕转任朱集村扶贫工作队队长。对于刘双燕来说，她又踏上了新的扶贫征程。

刚来朱集村的时候，她住在敬老院。每当夜幕降临、黑暗笼罩整个村庄时，敬老院的老人都会搬把椅子坐在院门口，安安静静地望着远处的村庄和田野，明明什么都看不仔细，却一直在看着。每每看到这一幕，刘双燕总是触景生情，眼眶一热。

"为了敬老院的老人，一定要把路灯修好！"刘双燕暗下决心。她把为自己宿舍装空调的资金省下来，给村里敬老院新装上了路灯。这一盏通往村民家里的路灯，点亮了整个乡村，也点亮了村民脱贫致富的信心。

在朱集村挨家挨户走访几个月后，刘双燕明确了产业脱贫的思路——发展多样性的养殖产业，提高村民的自我造血功能。

"村里人干别的或许不行，但搞养殖没有理由不会。"刘双燕说。但没有成功的案例，想要说服别人发展产业又谈何容易。

村民周文峰夫妻俩有着轻微的肢体残疾，但不妨碍正常的生产生活，两口子都勤劳能干。刘双燕经过多方走访调研，决心动员夫妻俩发展养殖业。那段时间，刘双燕几乎天天往老周家跑。

"不行不行不行……开什么玩笑？俺这病秧子拿什么创业？"

"不行不行不行……俺们家的门槛都被你踩塌了，养鸭子、养鸭子，还要让俺们贷款？这赔了咋办呢？"

"万一哪一天鸭子养不好，赔了、折了，你还走了，那我们这一大堆债怎么搞？"

"万一万一……"

虽然被怼、被呛、被拒绝，但刘双燕始终没有放弃。她通过联系专家定期上门指导技术，利用扶贫小额贷款解决资金难题，协调县里的大型肉鸭基地帮助销售，最大限度地降低养殖风险。老周夫妇终于卸下思想包袱，贷款养起了鸭子。

第一个鸭棚终于建起来了，第一年纯利润就有4万多元。尝到甜头后，第二年周文峰又投资建了第二个鸭棚。如今，老周家一年可出6棚鸭，每棚能挣8000多块钱。他们不仅脱了贫，还走出了一条致富之路。如今，周文峰成为身残志坚的致富典范。

村民周亚军也是当地一位贫困户。2014 年，他的爱人脑出血，半身瘫痪。当时，15 岁的女儿、12 岁的儿子都在上学。在外打工的周亚军只能回到村里，一边照顾妻儿，一边种地。

了解到周亚军情况后，刘双燕帮助他申领了一只扶贫羊，走上了养殖的道路。除了养羊，刘双燕还介绍周亚军去县里学习修电动车的技术。周亚军在家门口开了修理电动车的铺子，前院修车，后院养羊，还能照顾行动不便的家属。如今，周亚军的养殖已经发展到六七十只羊的规模。

授人以鱼不如授人以渔。刘双燕还带领村"两委"干部和村民发展起种养合作社，引入种植养殖、光伏发电、林下经济等产业。村里产业发展势头喜人：地上有果树和土鸡，水里有鸭子和鱼，再加上光伏发电、林下经济，仅仅两年的时间里，一个初具规模的产业基地就形成了，还带动了更多的贫困户就业。2016 年，朱集村实现了贫困村出列。

到 2020 年，朱集村的村集体经济收入已由 2014 年的 0 元变为70 余万元。

扶贫产业渐成气候，乡亲们的腰包越来越鼓，村里的基础设施自然也不能落后。几年间，刘双燕积极奔走协调争取资金 1000 多万元，完成全村电网改造和危房改造，建成健身文化广场和图书室，铺设了自来水管道，修建了村级公路。

朱集村变得越来越美了。刘双燕也变了不少：原来长相白净的她，皮肤变得黝黑粗糙。村民们一开始叫她"刘书记"，后来越来越多的人喊她"双燕"，现在老人们都喜欢叫她"好闺女""闺女书记"。

"你离乡亲有多近，乡亲就跟你有多亲。"刘双燕说。2015 年，她双膝患上了髌骨软化症，医生建议她多休息少走路，然而坚决打赢

刘双燕（右）和贫困户交谈

脱贫攻坚战的冲锋号已经吹响，脚步不能停。止痛膏药、理疗护膝，伴她走过了这几年。有时痛了、累了，听到村里老大爷说一句"闺女，我带你一段，你少走点路吧"，刘双燕顿时心生感动，朴实的话语使她暂时忘却了伤痛。

在第六批任职即将结束时，朱集村村支书找到刘双燕说："好多乡亲找我，要按红手印把你给留下来。"

被大家深深感动的刘双燕无法拒绝村民们的信任，她决定：再干三年。"脱贫攻坚到了关键时候，这时候再换人，工作上也肯定没我得心应手。"刘双燕说。

从被怼、被呛、被拒绝，到百炼成钢、倔强前行，刘双燕心有感触："驻村这段经历，让我感觉自己就像一颗种子，不断地把贫困户的愿望生根发芽，让我的生命变得更有价值、更有意义。"

"既是经济扶持，也是精神扶持"

每到夏季，朱集村成片的绿色田野中，一朵朵鹅黄色的花朵迎风绽放。淡黄色的硕大花瓣，深紫红色的花蕊映衬其中，夺目吸睛，光彩照人。每天清早，都会有不少村民挎着菜篮子，来到地里采摘这种"黄花儿"。忙活半天的时间，每位村民约能得到100元的收入。

"这个比种大豆、玉米来钱多了！"提及黄蜀葵产业，村民们笑在脸上、美在心里。

说起"黄花儿"，刘双燕不禁打开了"话匣子"。2019年年底，刘双燕和村"两委"通过招商引资引进了一家企业，采取"公司＋农户"的模式，引导村民种植了1000多亩黄蜀葵。

"黄蜀葵在市场上很抢手！有了这个项目，可以带动咱村3000名村民实现家门口就业，为脱贫攻坚和乡村振兴'添砖加瓦'，还可以借助县里电商服务平台让咱朱集村的特色农产品在全国市场'闪亮登场'哩！"话语间，刘双燕眼里流露出喜悦的光芒。

村里有了好产业，不仅起到直接的带动脱贫作用，对村民们增强信心、凝聚合力同样大有裨益。

"到最后你会发现，贫困户最需要的不仅仅是经济上的一些扶持，还有精神上、信心上的一些扶持，这个对于他们来说才是更关键的一些东西。"刘双燕说，有时候，信心比黄金更重要。

村里的产业有了，老百姓的腰包鼓了，精神头足了，生活是不是应该更加丰富些了？看着脱贫后的朱集村，刘双燕的心里萌发了新的想法：如何让丰衣足食的村民们享受美好的生活？如何让物质上脱贫的村民们精神上也脱贫？她又给自己定下了新目标。

敲锣打鼓，吹拉弹唱……在朱集村新时代文明实践站，文艺小分队自编自演的节目精彩纷呈。现在村里有了文化大礼堂，村民们的生活开始渐渐丰富。在农闲时，村民还请来"唱戏的"和"放电影的"来大礼堂，大家观看演出和电影，热闹非凡。

在村里的另一处，已经建成的图书室也成为一道靓丽的"文化风景线"：这里收藏各类图书 1000 余册，常年向村民开放，丰富了村民的精神文化生活。

刘双燕（右）在扶贫产业园了解黄蜀葵的种植收购及加工情况

"书记给咱盖了房，帮助产业扶贫，让咱致富更有奔头，咱就应该好好努力，把日子过红火。"朱集村村干部周洪亮如是说。

刘双燕经常给上大学的女儿发村民跳广场舞的视频。"你看，我们的一切辛酸和付出都是值得的！"站在文化广场边，看着村民们欢快地舞蹈和歌唱，刘双燕由衷地感到欣慰。

"不让母亲和爱人失望"

驻村十年，刘双燕把"最美芳华"全部奉献给了脱贫攻坚事业。作为妻子、母亲和女儿的她，圆了村民的一个又一个心愿，却没有等到自己期待已久的"圆满"。

"妈妈，你什么时候才能回来陪我呀？"女儿在电话那头思念着她。"你到底是多大的官啊？家长会一次都没来开过呀？"班主任在电话里不解地问她。"你一个女同志天天不在家，别把整个家都毁掉了！"婆家人也说她。但刘双燕坚持着自己的路，偶尔歇息下来喘口气，刷一刷手机里亲朋好友晒的旅行打卡照，对她来说也是一种满足。

2012年驻村后，就在一切工作走向正轨、刘双燕干劲十足的时候，身体一向硬朗的母亲突然被检查出了肺癌。一边是身患重病的母亲，一边是亟待脱贫的乡亲。刘双燕想在母亲生命的最后时刻陪在她身边，母亲却宽慰她："你不用操心我。既然已经去农村了，就踏踏实实在农村待着，为村民做点事。"母亲的深明大义，也是刘双燕毅然选择留下的重要原因。

也正是因为母亲病重时再三叮嘱的"要带领村民发展致富"的遗愿，2015年2月，驻村期满的刘双燕向组织提出：再承担一任扶贫工作。

她暗下决心，一定要在村里好好干下去，干出点样子来，做一个合格的共产党员，做一个不让妈妈失望的好闺女。

2018 年是利辛县脱贫攻坚的关键时期，可是女儿马上要参加高考，加上对家人的亏欠，"走还是留"再次摆在了刘双燕的面前。那个春节，刘双燕待在家里，坐卧难安。细心的丈夫看穿了刘双燕犹豫的内心。丈夫鼓励她说："双燕，你放心留任吧，女儿有我呢，等女儿考上大学以后，我就辞去合肥的工作，也和你一起扶贫去！"面对宽慰，刘双燕也笑了："嗨！敢情我去村里扶贫，还带着个男秘书呢！"夫妻俩在一言一语的玩笑中，刘双燕完成了再干一任的决定。

但万万没想到，就在女儿得到录取消息后不久，丈夫因为突发急性心梗骤然离世。接到电话的那一刻，还在驻村一线忙碌的刘双燕瞬间感受到了世界的崩塌。"双燕啊，你这么多年不顾家，家都毁了！"办丧事的时候，婆家姐姐一边哭一边捶打刘双燕。驻村以来，母亲和丈夫两位挚爱相继离去，成为她心中永远无法愈合的伤痛。

"人永远在得到的时候不知道珍惜，你也不知道什么时候会失去最珍贵的东西。"情到深处，刘双燕自责不已，"我不是一个孝顺的女儿，在妈妈被查出肺癌时，不能床前尽孝；我也不是一个尽责的妈妈，缺席了女儿整个青春期的成长和陪伴；我更不是一个称职的妻子。"

"刘双燕，放着城里优越的生活不过，去农村一待就是这么多年，你是不是傻？你到底图个啥？"其实，不少人都曾问过她这个问题。面对大家的关心、心疼和质疑时，瘦弱的刘双燕不假思索地说道："我图的是让党和国家的精准扶贫政策在村里落地生根，图的是不让村民们的美好生活愿望落空，图的是不让九泉之下的母亲和爱人失望！"

刘双燕不仅这么说，她也是这样做的。

和村民相处，刘双燕总是将心比心，永远把村民的利益放在最前面。2020年,突如其来的新冠肺炎疫情给扶贫工作带来了严峻考验。农历大年初三,刘双燕主动放弃休假,回到村里开展疫情防控工作,组织全村48名党员成立党员先锋队,二十四小时不下火线。经过60多天的日夜坚守,村里无一病例发生。

其实很多人不知道,对于自己,刘双燕也很"刚"。因劳累过度、患有髌骨软化症的她,为了能够坚守在扶贫一线,床头始终挂着一个塑料袋,里面装的是止痛膏药。2018年年底,刘双燕在体检中查出有一个5厘米大小的腺肌瘤,医生让她尽快进行手术切除,可由于村里的工作太忙,她还是决定把手术推迟。直到第二年4月份,她才去做了手术。术后半年,为了配合医生的治疗,她每天凌晨4点多起来赶往合肥做化疗,9点钟准时回到村部。她这样起早带晚坚持了半年时间。

"我怎么也没想到,我硬是把自己活成了心目中无所畏惧的盖世英雄。"刘双燕有时候也自嘲。

2020年11月24日,国务院新闻办公室举行"岗位成才、奋斗圆梦"新当选全国劳模和先进工作者代表中外记者见面会,邀请五位新当选全国劳动模范和先进工作者与记者现场交流,讲述他们岗位成才、奋斗圆梦的故事。刘双燕在作分享时说:"作为一名基层的扶贫干部,为乡亲们、为贫困群众做一名'打工者',是我最大的荣幸和骄傲,我觉得能带领他们靠自己的发展脱贫致富,过上幸福美好的生活,是让我骄傲一生的事情。"

折翼天使，用嘴咬"笔"闯电商
——记"全国自强模范"李娟

李娟简介

李娟，女，汉族，1985 年 12 月出生，初中学历，家住安徽省宿州市砀山县唐寨镇唐寨行政村魏庄自然村。2004 年 9 月至 2007 年 7 月在唐寨中学就读。她身患脊髓性空洞症，全身瘫痪，几近"植物人"。面对磨难，她自强不息，硬是用嘴咬着触控笔做起了电商。2017 年，李娟开了微店"砀山特色馆"，成立了"砀山娟秀电子商务有限公司"，注册了"祥奥娟"商标，成为一名"电商 CEO"，也成为远近闻名的残疾人自强创业的"励志网红"。她的事迹被广泛报道，也激励了一批残疾人自立自强。她先后获得"全国脱贫攻坚奖奋进奖"、"中国好人"、"全国三八红旗手"、"中国青年五四奖章"、全国"最美志愿者"、"感动安徽十大新闻人物"、2018 年"CCTV 年度慈善人物"、"全国自强模范"等荣誉。

创业不易，残疾人创业更是难上加难，可偏偏李娟不信这个理。

出生于 1985 年的李娟，体重仅 20 多公斤，全身只有脖子以上的部位能够有限活动。几近"植物人"的她硬是咬着触控笔，在手机上一字一字地输入，艰难地进行电商销售。

从重度瘫痪卧床初期的生无可恋，到现如今面对现实坚强乐观，电商创业无疑让她的人生焕发生机。她说："当你真正能够体会到我们残疾人这种艰难生活的时候,也许你就不再会抱怨生活对你的不公,而是应该好好珍惜这种来之不易的生活。拥有健康的身体，就是最幸福的事。"

凭着一股子执着劲，李娟硬是在电商这条道路上闯出了一番天地，不但成为家里脱贫的"顶梁柱"，还成为带动邻里共同脱贫的电商"领头雁"。她先后荣获"全国脱贫攻坚奖奋进奖"、"中国好人"、"全国三八红旗手"、"中国青年五四奖章"、"全国自强模范"、全国"最美志愿者"等多个"国字号"荣誉。

李娟用自己的行动有力地说明：内心强大，断翅的小鸟也能凌空翱翔。

乌云压城，她要做一抹阳光

命运，从一开始对李娟就是残酷的。生下来就体弱多病的她，曾被医生判断"可能活不到两岁"。她虽熬过了两岁，但病魔也并未远离。

2007 年，在上初三的时候，李娟常常感觉身体不受大脑控制，手脚越来越不灵活，走路经常摔跤。2008 年 6 月的一天，李娟突然浑身无力，瘫软在地。此后的日子如同梦魇，她先是四肢失去知觉，不久又出现肌肉快速退化。

李娟的父母从来没想过放弃，带着她辗转南京、北京的各大医院，但就是查不出什么病。直到2012年，她才在南京的一家医院确诊为脊髓性空洞症。那时，李娟的七节脊髓都空了，已没有康复可能。

瘫痪后的李娟，病情仍在恶化：整个身体萎缩成了一小截，体重下降到50斤，胃缩小到如同五六岁孩子的胃。而这些，父母都不敢跟李娟提及。一次不经意间，李娟听到父亲和别人说："我宁愿我的女儿是个傻子，也不愿看她受这样的痛苦。"那一刻，李娟的心中五味杂陈，她感到人生掉入了最低谷，包围着她的只有看不见光的黑暗。

绝望、孤独、痛苦侵袭着李娟，她每天都放声大哭，枕头被泪水打湿好多次，可是她连擦眼泪的力气都没有。"那时候她总是央求我在饭里拌上老鼠药，说是不想拖累我、不想拖累家。"李娟的母亲王继红抹着眼泪说。

"身上生了褥疮，我都能闻到臭味，最后被我妈用刀片刮出来了。"李娟说，那段日子，她看不到活下去的希望，更没有走下去的勇气。

后来，李娟再次遭遇惊险。她由于感冒反复发作引发肺炎，医生本来让她住院，但考虑到医院离家不远，李娟的父亲担心医院床太硬，休息不好，于是就安排白天输液，晚上回家休息。结果三天后李娟突发呼吸困难，被送到医院抢救时已经深度昏迷。李娟回忆，当时她其实睁开过一次眼睛，看到病床四周围满了家人，自己虽然感到意识一直向下沉，但强烈的求生欲望又告诉她，要坚强活下去。"毕竟那时才二十几岁，好多事情都没有做，我还是不甘心就这样离开。"经过六七天的漫长昏迷期，李娟渐渐苏醒，醒后她对家人说的第一句话就是："我从鬼门关回来了。"

"鬼门关"走了一遭，李娟对人生有了新的理解：一辈子很短，既然来到世上，就不能白活。她让妈妈拿来一根筷子，咬在嘴里，试着"点"电视的遥控器。慢慢地，她不仅能这样选台看电视，还能在电话机上拨号打电话。

2013 年，命运向李娟敞开了一丝微光。家里安装了网线，安装方送了一部触屏手机，在筷子头上用胶布绑上触控笔，她居然可以上网了。

从此，她的人生多了不少色彩。浏览新闻，和朋友聊天，李娟每天都会通过手机与外界接触，也知道了越来越热的"互联网+"。

多年来，与疾病斗争，一直是李娟生活的主旋律。"只要活着就不能放弃，只要有生命就会有希望。"她想要乐观地活着。父母也告诉她，活着，就是一个完整的家，所以无论是怎样困难的日子，都要挺过去。

前途未知，勇当吃螃蟹的人

李娟的家在砀山县唐寨镇唐寨村，她的房间约 17 平方米，既是卧室，又是办公室。每天，李娟侧身躺在床上，用嘴含着一支触控笔，不停点击面前架着的手机屏幕，处理着网上"接连不断"的水果销售订单。

瘫痪卧床十多年来，一根网线将李娟与世界相连、与希望相连，同时为她打开了全新的天地。

2015 年，砀山县委、县政府以建设"国家电子商务进农村综合示范县"为契机，积极探索电商扶贫新模式，一批贫困群众和农村能人逐步依靠电商脱了贫、致了富。李娟也知道了电商、微商，并且开

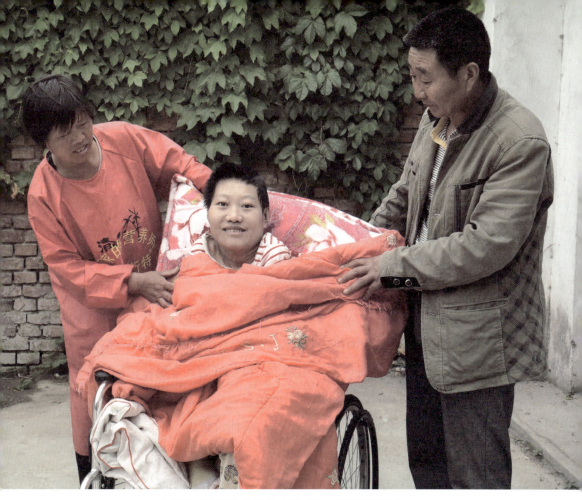

李娟的父母用轮椅推着李娟（中）在院子里散心

始了解怎么做电商、微商。

　　真正让李娟"触网"做电商的，是2015年冬天的那几场大雪。由于连续下大雪，阻碍了交通，水果商没有前来，李娟家里的3万多斤苹果没人来收购，眼看就要烂在家里。

　　"春天梨没有成果，就只剩苹果能卖，几万斤苹果如果再卖不出去，家里真的没有什么收入了……"父母急得吃不下、睡不好，李娟躺在床上，看在眼里、急在心里。看到微信朋友圈有不少卖东西的，她就想自己不妨也试一下，争取帮父母减轻点负担。

　　她让父亲给家中苹果拍了照片，然后将照片发到了微信和微博上，并将苹果滞销的情况简单地作了介绍。这条100多字的简单介绍，李娟足足用笔"戳"了半个小时才完成。

功夫不负有心人。到了晚上，第一笔订单"敲门"了。一个叫陈炫达的朋友说，要买一箱尝尝，又过了几分钟，陈先生又说："再买20箱送人。"这是李娟在网上完成交易的第一笔订单，这一下就卖了1000多元。

首次通过网络销售水果的成功，给了李娟极大的信心。自那开始，她每天通过朋友圈宣传自家苹果。也就是从那时起，她仿佛一下子看到了希望，突然清晰了未来的目标。

"虽然我身体不能动，我的嘴还可以动，我可以赚钱，不必成为累赘。"从那以后，李娟每天咬着触控笔经营微商小店。自己不能动，就告诉父母怎么用手机给苹果拍照，父母拍好后，李娟仔细挑选，然后上传至朋友圈。有顾客咨询水果的信息，李娟就用嘴咬住触控笔，一个字母一个字母地拼，跟顾客交流、商谈价格。

事非经过不知难。这样的沟通，对于长期卧床、身体虚弱的李娟来说，并不容易。别人用手指操作只需要几秒钟就能完成的句子，李娟常常需要几分钟甚至更久。"一场沟通下来，感觉咬着触控笔的牙齿和嘴巴都木了，满头虚汗。"

长期下来，李娟嘴里磨出了血泡，牙齿咬出了豁口。每当有顾客咨询的时候，李娟都想尽快回复，但确实心有余力不足，她本可以告诉顾客自己是残疾人，从而获得理解，但拥有很强自尊心的她很少这样做，她希望顾客的购买更多是因为认可她家水果好、服务好。

然而，即便困难如斯，李娟还是取得了不错的销售成绩。不到两个月，她就卖了1万多斤苹果，不仅解决了父母的燃眉之急，更是以优质的水果和诚信服务，畅通了销售渠道——认可她的服务和她家水果的人越来越多，"回头客"也越来越多。

踏足电商之路后，李娟渐渐感到自己不再只是一个困于病榻上的人，而是真正能够和社会上形形色色人沟通、打交道的人。赚了钱的李娟最开心的事，就是在网上给父母买衣服买鞋。她给母亲王继红买了一件粉色的蕾丝上衣。"粉色不适合我这把年纪，但这是我女儿给我买的，她希望我永远年轻。我很喜欢。"王继红甜蜜地说。

打开天地，电商路越走越宽

砀山县委主要负责同志在得知李娟的事迹后，被她自强不息的精神深深感动，立即安排相关部门单位对她进行帮扶指导。

"我们听说了李娟的感人事迹，专门去她家看了，发现她做得还不是太好。"砀山县电商协会会长绳惠展说。协会决定帮李娟注册品牌，重点辅导她怎么更好地开网店，并指导她的家人规范产品包装、建立销售体系。

李娟的家乡日照充足、降水丰沛，是全国闻名的瓜果之乡，其中以砀山梨最为出名，明万历、清乾隆时就被列为贡品。整个砀山有近50万亩酥梨，面积之大堪称世界之最。可就是这样有名的产品，也常常卖不上价格。

像李娟家这样的果农，以前销售农产品的唯一出路，就是等着水果商来收购。水果商清楚他们的心理，"如果不卖，就只能烂在地里"，所以就敢肆意地压价，致使好东西往往卖不上好价格。对于地地道道的农民来说，想要改变这种情况，往往有心无力。

也许是在绝境中挣扎过的人，更能体味生活的艰辛。2016年，经过知识培训后的李娟想到了众多勤劳善良的乡亲近邻正在面临销售不畅这个难题，她开始拓展自己的"业务版图"，在销售自己家的水果时，也主动帮助周围的贫困户销售农产品。从最初的一天几单、十几单，到几十单、几百单，最多的时候超过了1000单。

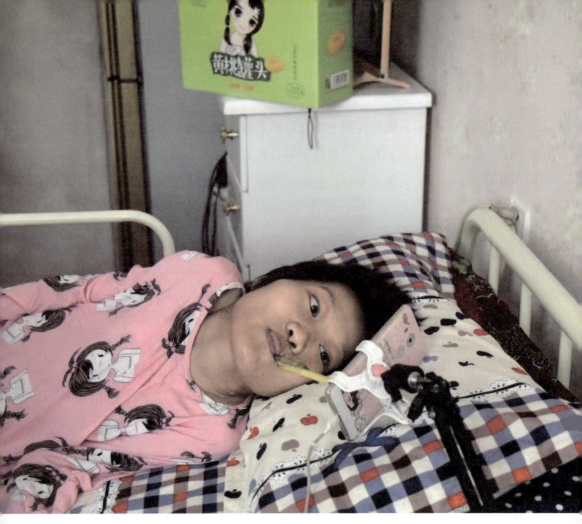

李娟用嘴咬笔在手机上接单，利用电商平台销售水果

　　李娟的坚强与勇气，得到了社会各界的点赞。"看到她这样自立自强，我们所有人都愿意帮助她。"砀山县的唐翠园、桃生源等十多家电商都愿意成为李娟的代理商。

　　"她的智能手机是中国移动送的，轮椅、病床是县残联送的，水果的包装材料是县商务局送的……"李娟的父亲李祥玲说，党委政府、电商协会、县红十字协会等纷纷伸出援手，各尽所能帮助李娟生活、创业，这为李娟做好电商注入了动力。

　　2016年11月，砀山县亿度电子商务公司还联合苏宁易购开展了城乡互动爱心公益活动，帮助李娟在网上销售砀山酥梨。活动开始后仅一个小时，李娟的接单量就达到2500箱。

2017 年，在镇政府和县电子商务协会帮助下，李娟开了微店"砀山特色馆"，成立了"砀山娟秀电子商务有限公司"，注册了"祥奥娟"商标。她不但成了电商"正规军"，也成为远近闻名的"电商CEO"，带动更多贫困残疾人走上电商脱贫之路。

那一年，李娟通过网络共计卖了 20 余万公斤酥梨、苹果等。而提及"祥奥娟"商标，李娟说，这个名字中包含了家人的名字，寄托了家人对于这份事业以及自己的期待。

李娟的事迹越传越广，很多陌生的网友主动加她微信。"我希望打动大家的，不是残疾这个标签，而是我带给大家的美味。我相信，未来的电商之路会越走越宽广。"李娟说。

每一单生意，李娟都力争做到最好，仔细挑选照片，上传至朋友圈，及时耐心地跟顾客交流。水果生意好的时候，李娟常常要忙到凌晨两三点。"我终于找到了自己存在的价值！比起过去每天绝望地望着屋顶，我太喜欢现在的生活了！"从事微商以后，笑容开始绽放在这个饱经病痛折磨的青春脸庞上，笑声开始回荡在曾经愁云密布的农家小院。

"没有什么都不能没有活着的动力，失去什么都不能失去前进的勇气。"回看自己走过的路，李娟笑着说。

心中有光，愿绽放更大光芒

"自己努力挣来的饭，吃着才香。"这是砀山残疾人兄弟姐妹的微信群里，李娟常说的一句话。

2017 年，李娟获得了"全国脱贫攻坚奖奋进奖"。从一个重度瘫痪的"绝望者"到脱贫攻坚工作中的"示范者"，从第一次通过网络卖出水果到带领整个村子用电商途径发展致富，李娟的奋斗事迹也感染着、激励着很多残疾青年。在李娟的行动激励下，砀山县有更多的残疾人投入到创业的大潮中。

闻听李娟的事迹后，唐怀志想办法加了李娟的微信，成为她忠实的"粉丝"。"李娟给了我创业的勇气，她躺在床上都可以自己养活自己，我的双手还可以活动，双脚可以四处走动，为啥只能靠政府和别人来救济呢。"唐怀志是一名脑瘫患者，走起路来歪歪扭扭，说起话来支支吾吾，一直是唐寨镇的贫困户。李娟不向命运低头的精神感染了他，他也主动加入到电商创业的大军中做起了微商、开起了网店，也开始通过自强自立铺就自己的人生道路。

同县的陈永秋在一次打工途中遭遇车祸，下半身瘫痪，家中还有年幼的孩子，生活陷入困境。陈永秋曾一蹶不振，甚至自暴自弃。后来得知了李娟的事迹，陈永秋开始和李娟交流，也尝试做起了电商，时不时向李娟请教一些难题。

经过几次谈心，陈永秋慢慢走出低谷。他说："人活着不能没有志气，李娟活出了志气，更活出了精彩，也让我重拾生活的信心和希望。"

"我既是不幸的，又是幸运的，幸运的是赶上了一个好时代、好政策，搭上了互联网电商产业的快车，实现了自己的人生价值，走向脱贫致富的道路。"每次和残疾朋友们交流，李娟都会动情地说。

受李娟感召的人越来越多，当地也积极帮助更多像李娟这样的贫困残疾人群体走上电商创业路。"我们把贫困村青年、残疾人列为电商重点培训对象，专门举办了多场残疾人培训班。在电商发展中融入扶贫情怀，营造扶贫工作氛围。"唐寨镇党委主要负责同志说。

砀山县电商协会则出台举措：对具备开办网店条件的贫困户或残疾人，电商协会经常组织电商企业开展对口帮扶活动，重点培训网上开店、网店装修、运营推广、店铺管理等实操技能，并给予补助奖励，帮助他们做大做强。

可以说，李娟带动了一批人，也影响了一个群体。

而深知"没有党的好政策，就没有我的今天"的李娟，脱贫摘帽后主动向村党支部递交了入党申请书。

申请入党后，她始终以共产党员标准严格要求自己。在政治学习上，李娟没有因为重度残疾而放弃。被确定为入党积极分子后，李娟坚持用嘴咬着触控笔，在手机上认真学习党的基本知识和党的光辉历史，积极向党组织汇报思想，对党的情感认同逐步加深。与此同时，培养联系人还经常给李娟送去学习资料，带着她认真学习习近平新时代中国特色社会主义思想和党章党规，帮助她不断加深对党的认识，让她深切感受到党的关怀与温暖。李娟还更加积极地致力于带动贫困群众脱贫致富，每年帮助贫困户销售出大量水果，并且直接带动12户贫困户走上电商脱贫路。

2019年7月5日，李娟被接收为预备党员。这进一步坚定了她跟党走、报党恩的决心。在残疾人微信群里，她常常"现身说教"，帮助更多残疾人重树生活信心，将自己开网店的技能和经验毫无保留地传授给因残致贫的群众。

在党组织的培养教育下，她对党有了更加深刻的认识，政治觉悟不断提升，发展条件逐渐成熟，2020年7月按期转正，成为一名光荣的共产党员。

风雨过后现彩虹。靠着李娟的辛勤努力，家里不仅还清了看病时欠的外债，还在危房改造时盖起了新房。2019年5月16日，作为全国自强模范的砀山姑娘李娟受到党和国家领导人的亲切接见。这位身残志坚的姑娘再次成为宿州骄傲。

眼看着女儿自立自强，最高兴的还是李娟的父母。提及女儿，李祥玲总是很激动："李娟瘫痪在床，一度对生活、对生命都失去了信心，从一个重病患者到现在做到许多正常人都做不到的事情，我感到非常高兴和自豪。我最想对女儿说的一句话是：'女儿，你在爸爸心中是最棒的。'"

"我是一只断翅的小鸟，飞上蓝天，是我最大的目标。……人世间的冷暖，我都体会得到，只是命运和我开了一个小小的玩笑。……我的心还坚强，我的执着闪耀。人生无止境的路，总有我一条。"李娟说，这首《断翅的小鸟》是她最喜欢的歌，道出了自己的心声。

"现在我每天都在和时间赛跑，多活一天都是赚到了，所以我要更加珍惜生命的每一天，哪怕每天只做一件小事，都是最有价值的事情。"李娟发自肺腑地说。果树开花结果，这就是它的价值。

有时候，李娟也会到果园里，凝望着梨树上即将成熟的酥梨，思考着人生的意义。没有了风浪，便没有勇敢的弄潮儿；没有了荆棘，也就没有了不屈的开拓者。人就是要满怀梦想，勇于在与命运奋力抗争中破茧成蝶。

"努力靠自己活着，其实也可以给别人带来芬芳、甘甜。"李娟说。

情系边疆，播洒法治阳光

——记"全国三八红旗手"、安徽省首位援藏女律师陈贤

陈贤简介

陈贤，女，汉族，1972 年 8 月出生，中共党员，大专学历，安徽定远县人，安徽开仁律师事务所律师。2014 年以来，她连续六年参加"1+1"中国法律援助志愿者行动，赴西藏自治区、内蒙古自治区、新疆维吾尔自治区等地区，为少数民族困难群体提供免费法律援助，办结法援案件 600 余件，为当事人挽回经济损失 1000 余万元，开展普法宣传讲座 60 多场。在全国精神文明建设表彰大会上，她受到习近平总书记亲切接见。她先后获得"全国道德模范"、"中国好人"、"中国十大正义人物"、2016 年"CCTV 年度法治人物"、"全国司法行政系统劳动模范"、"西藏法律援助群众满意律师"、"'1+1'法援志愿行动优秀律师"、第十届"中华慈善奖"慈善楷模、"最美支边人物"、"最美奋斗者"等荣誉。

283

翻开司法部办公厅、法治宣传中心组织编写，由法律出版社出版发行的《在鲜红的党旗下——司法行政百年英模谱》一书，在 305 位司法行政英模名录中，法律援助律师陈贤名列其中。

陈贤，是安徽开仁律师事务所律师，也是安徽省首位援藏女律师，曾六次参加"1+1"中国法律援助志愿者行动。她行走在祖国边疆，为当地群众送去急需的法律援助。她热心公益，不仅收获了精神的升华，也收获了边疆群众的信赖和支持。

工作之余，陈贤经常拿出手机，翻阅在西藏、内蒙古、新疆等地从事法律援助时拍下的照片，照片里有当地纯净优美的自然风光，也有少数民族同胞淳朴善良的笑脸。

每一张照片她都舍不得删掉，这些照片，不仅记录了她六年多法律援助工作的点点滴滴，也承载了她和当地群众的深情以及对祖国边疆的无限眷恋。

她经常说："做法律援助工作，让我有机会用专长为国家、为人民尽一份责任，我觉得此生无憾！"

放弃高薪，她以边陲为家

"我甘愿放弃优裕舒适的生活，甘愿忍受亲人离别，甘愿忍受艰苦恶劣的工作和生活环境，顽强拼搏，无私奉献，让法治的阳光照亮雪域高原的每一个角落。"这是陈贤 2014 年第一次报名参加"1+1"中国法律援助志愿行动时，在申请书里写下的一段话。

她之所以对公益行动有如此热烈的情感，源于二十多年前在心中埋下的感恩的种子。高二那年，陈贤父亲因病去世，母亲微薄的工资成为家里仅有的收入。班主任老师了解到她家里情况后，发动学校师

曹旭、陈贤律师夫妻

生为她捐款献爱心。

"有同学把饭钱全都捐出来，这些细节我至今难忘。"陈贤回忆，自己当时就想将来有条件、有能力了，一定要竭尽所能帮助别人。

2013年的一个夜晚，陈贤无意间在网上看到失去双手的"1+1"志愿律师郭二玲的事迹，感动不已。

"身残志坚，要克服多少常人难以想象的困难，才能成为一名律师，又是怎样的无私大爱，才愿意投身公益，扶贫济弱！"陈贤彻夜未眠，她在网上查找相关信息，详细了解"1+1"法律援助志愿行动的报名条件。

当时，陈贤已经错过了当年的报名时间。不甘心放弃的她开始为来年再报名做准备。"为让身体适应高原气候，我和儿子一起去海拔3000多米的青海湖环湖骑行，一天骑行100多公里。"陈贤介绍道。

2014年春天，在家人的支持下，陈贤报名成功，最终把服务地定在了西藏。虽然提前做过身体适应，但是高原气候还是给陈贤来了

陈贤（左二）参加活动

一个"下马威"。

陈贤的援助地是西藏自治区昌都市卡若区，平均海拔 3500 多米。"由于高寒缺氧，那会儿鼻子时常出血。"陈贤说，过敏还使得她皮肤很痒，经常双腿被抓得鲜血淋淋，迄今还留下了十几处疤痕。

陈贤住在 10 楼，办公室在 4 楼，因为经常停电，她每天都要走楼梯。尽管条件艰苦，但陈贤从没有向家人和同事抱怨过，从来都是"报喜不报忧"。

"比起工作，这些算得了什么呢？多想想工作的获得感、自己的责任。"陈贤没有向困难低头，她积极适应，满腔热情地投入到法律服务工作中。

在西藏，一年的援助期转眼间到了。2015 年，陈贤申请继续留在西藏开展法律援助工作。组织上考虑她的身体状况，把她派往内蒙古开展法律援助。

2016 年，陈贤又"移师"新疆，并且多次向组织申请留在新疆。

直到2020年9月底，她才因身体原因回到家乡。"最难克服的是想家。"在新疆工作的那段时间，陈贤从老家带来多肉植物，摆放在宿舍窗台前，"想家了就和它们说说话"。

"虽然院里设有法援岗位，但因位置偏、收入少，长年没有律师愿意前来。这样无偿的志愿活动，她一干就是好几年，了不起。"新疆乌鲁木齐经济技术开发区（头屯河区）劳动人事争议仲裁院院长陈勤给予陈贤高度评价。

"陈贤还经常自掏腰包帮助贫弱群体。"时任西藏昌都市卡若区司法局局长向秋回忆说，有一次陈贤看见几个农民工被欠薪，身无分文回不了老家，当时她就拿出3000块钱给他们。

那些年，陈贤所服务的都是条件艰苦的边疆少数民族地区。因长年高强度工作，加上艰苦的生活条件，陈贤患上痛风、双肾结晶、双眼白内障等疾病，近视加重到1000余度。但她坚定地说："只要身体允许，我会一直援助下去，把法治的阳光播洒到祖国边疆。"

凭着无私奉献的爱心和坚韧不拔的毅力，陈贤克服了常人难以想象的困难，无偿为受援地区困难群众提供周到热情的法律服务，让众多边疆地区群众感受到了法治阳光的温暖，感受到了公平正义。

将心比心，换来群众真心

"您这个案子，先要确认劳动关系，然后再做工伤鉴定，之后可以申请赔偿。"这是陈贤在乌鲁木齐市头屯河区劳动人事争议仲裁院法律援助工作站窗口工作时的一个场景。现场，陈贤一边耐心细致地向因工伤前来申请法律援助的农民工老汪解释法律程序，一边帮他整理一份份相关材料。

"小心，慢点走，过几天把材料带着，直接来这就可以了。"看着服务对象骨折仍未痊愈的伤腿，陈贤连忙提醒。

"仲裁院来了个陈律师，找她准没错。"在头屯河区劳动人事争议仲裁院工作期间，陈贤在当地名气越来越大，很多遇到了法律问题的困难群众都慕名前来求助。

群众的口碑是最好的赞誉。不光是在新疆，在她参加过法律援助志愿行动的西藏、内蒙古，当地群众也对这位热心的律师念念不忘。

在西藏，卡若区地处藏东，经济相对发达，开工项目较多，农民工讨薪、工伤案件经常发生。"在我去之前，那里没有一名律师，法律服务资源很薄弱。"陈贤介绍，自己办理的第一个法律援助案件就是一起工伤赔偿案。

一位叫扎西曲珍的藏族年轻农民工，是陈贤受理的第一个案件的当事人。扎西曲珍因工伤造成八级伤残，医药费花了几万元。受理后，陈贤陪同扎西曲珍到各相关单位调取证据。开庭前，陈贤主动与承办法官沟通，争取有利于当事人的赔偿。一审判决后，被告方不服，上诉到中院，后裁定发回重审。在陈贤与法官再三努力下，最后该案以调解结案，扎西曲珍拿到了近17万元的赔偿金。

扎西曲珍的舅舅为了感谢陈贤，硬塞给她一包冬虫夏草，被她坚决拒绝。陈贤告诉扎西曲珍的舅舅，她是一名志愿律师，来西藏不是为了钱。后来，扎西曲珍和舅舅为这位陌生而亲切的汉族法律援助律师送来了一面锦旗。

那一刻，陈贤很感动："身体再不舒服、环境再恶劣，也是值得的。"

让陈贤印象最深的是一名叫次里巨丁的藏族农民工。次里巨丁打工时被老板拖欠数千元工资。陈贤对他说："请你相信我，只要有充分的证据，胜诉可能性很大。"次里巨丁带着怀疑的态度把案件委托给了陈贤。

陈贤（右一）在村民家中走访

　　受理后，陈贤认真准备，一审判决被告方偿付所欠次里巨丁的工资，被告方不服提出上诉，二审法院维持原判。"陈律师是真心为我们少数民族兄弟着想，我们信任她！"拿到判决书时，次里巨丁露出满意的笑容和信任的目光。

　　"用法律帮助藏族同胞维护了权益，加深他们对法律的认知，对我而言就是最大成就。"陈贤说。

　　陈贤还与卡若区司法局同事多次克服艰险路况，下乡发放法律法规宣传资料和自己的名片，解答群众咨询。陈贤说："我要用办理的每一起案件，告诉少数民族兄弟姐妹们，法律面前只有公平正义。"

陈贤（左）工作照

不论遇到什么样的困难，都没有影响陈贤开展法律援助的步伐。在西藏开展法律援助的一年时间里，陈贤办结 58 件案件，为受援群众挽回直接经济损失 100 多万元。受援群众说，陈贤在他们心里就像格桑花一样美丽。

在内蒙古，一名饱受家庭暴力几十年的中年妇女，曾两次到法院起诉离婚，两次都是开庭当天，在法院门前被她丈夫指使他人将她拖到车上带走。第三次开庭前，她申请了法律援助，陈贤接手这起案件。开庭当天，陈贤与当事人刚下出租车，就有五六个男人突然冲出来，将当事人往他们车上拖。陈贤紧紧拉住吓得发抖的当事人的胳膊，大声向法院门卫求救。在闻讯赶来的法官的制止下，当事人的丈夫依然威胁要打陈贤，陈贤毫无惧色。法庭上，陈贤为当事人据理力争，最终法院判决双方离婚。

"当拿到离婚判决书的那一瞬间，我的当事人笑了。这也许是她这么多年来笑得最开心的一次。"陈贤说，法律援助案件中相当一部分是涉及妇女儿童的案件，当事人维权艰难。每每遇到这些案件，自己都会竭尽全力维护当事人的合法权益，再苦再累再险都觉得值。

在内蒙古的一年里，陈贤尽心尽力办理每一个案件，共办理案件80余件，为当事人挽回直接经济损失200多万元。她下乡开展法治宣传30余次，开展法治讲座8次，到街头开展法治宣传12次。

在新疆，由于服务时间长达4年，随着名气越来越大，找陈贤咨询的人越来越多，最多一天要解答20多次，忙得连口水都喝不上。

在新疆4年多的志愿服务期间，陈贤办结法律援助案件460多件，为当事人挽回经济损失700多万元，开展法治宣传、法治讲座10余场，解答群众法律咨询5000多人次。

夫妻并肩，只为灿烂笑容

陈贤的爱人曹旭出身于法律之家，也是一位律师。

"陈贤援藏的一年里，每次和我通电话都成了法律援助成果汇报，我从中既感受到她的疲惫辛苦，又从她不失兴奋的语调中感受到了奉献的快乐，也意识到法律援助工作的价值所在。"于是，2015年，受到感召的曹旭毅然决定，同妻子一起到祖国最需要的地方去！他们也是"1+1"中国法律援助志愿者行动开展后，全国唯一一对参与法律援助志愿活动的律师夫妻。

其实，当时许多熟悉他们的人想不明白：两口子都是律师，放弃可观的收入，放着家里安逸的日子不过，非要来边疆参加援助行动，过着清苦的日子，图什么？但是这丝毫不影响他们夫妻俩伉俪情深、并肩而行的决心。

虽说和爱人一起来到内蒙古，但是陈贤在巴彦淖尔市乌拉特中旗，曹旭在乌海市海南区，相隔300多公里。陈贤回忆："我们俩要见上一面，得转4次车，大概7个小时的车程。"为了不耽误工作，两人即便见面，往往还没来得及说上几句贴心话，又得匆匆返回。

内蒙古常年干旱少雨，春天多沙尘暴，冬天漫长而寒冷。有时遇到大雪封路，两人很长时间也见不上一面，他们只能约定每天工作结束后打电话报平安。在那种环境下，每天的通话成了夫妻俩消除疲劳的最好方式。

工作中，陈贤与曹旭互帮互助，生活中，他们也是一对令人称羡的恩爱伴侣。"其实，我能有今天的成绩，和丈夫的支持与鼓励密不可分。"陈贤介绍，曹旭的父亲是一名老法律工作者，弟弟妹妹现在也都从事法律相关职业。正是在曹旭的影响下，陈贤自学法律，并顺利通过了国家司法考试，成为一名律师。后来陈贤又影响了曹旭，夫妻俩一起在志愿律师这条征途上并肩而行。

在第二次参加"1+1"中国法律援助志愿者行动即将结束工作前，陈贤和丈夫曹旭再次递交申请，要求继续参加，这对律师夫妻的申请双双获得了批准。2016年夏天，陈贤和曹旭又携手来到新疆。

陈贤的法律援助工作站窗口设在乌鲁木齐经济技术开发区（头屯河区）劳动人事争议仲裁院大厅。丈夫曹旭被派驻在阜康市司法局设在人民法院的法律援助工作站，为当事人提供咨询服务、参加诉前调解、代理法律援助案件，涉及汉、回、蒙古、维吾尔、哈萨克等多个民族的当事人。

"那几年，我们夫妻俩参加法律援助志愿行动，尽管条件艰苦，但是我们收获了满满的快乐。"陈贤说，"看到那些无助的老百姓找到我们，又因为我们尽心尽力为他们提供法律帮助，他们脸上最终露出灿烂的笑容，我觉得我们是值得的。我们图的就是他们脸上那灿烂的笑容。"

2017 年 7 月，就在陈贤和曹旭即将结束一年志愿服务的时候，他们被评为第六届"全国道德模范"。

这更加坚定了陈贤继续做志愿服务的决心。在新疆的法律援助期限快结束时，陈贤申请继续留在这里，组织上同意了她的申请。由于家中老人需要照顾，曹旭在服务期结束后，回到家乡定远继续开展自己的律师工作。

夫妻两人援疆的行为也深深地影响着他们的儿子。

"日子苦、条件差、挣不到钱，去那里干啥？"陈贤的儿子曹天楚大学毕业后，通过了国家司法考试，起初，他并不理解母亲为何要去边疆做志愿服务。

2017 年，陈贤一家三口难得团聚，在新疆过春节。"看到那么多需要帮助的农民工在讨薪维权，母亲为他们伸张正义，还有那么多

陈贤和丈夫曹旭交流案情

群众发自内心地拥护和信赖母亲时，我被真正打动了，意识到母亲在做一件多么伟大的事。将来，我也要和父母一样，成为一名真心为民、服务基层群众的好律师。"曹天楚感慨。

2018年，曹天楚通过实习也成为一名正式律师。"这是儿子自己的选择，我和他爸都很欣慰、很开心。"陈贤开心地说。如今，曹天楚已经是所里办理法律援助案件的主力，一年多办结的案件有200多件。在办理案件过程中，他深切感受到了一些经济困难、打不起官司的群众多么需要法律援助，对母亲陈贤当初的选择有了更深的理解。他决心用自己的力量为需要法律援助的人撑起一片法治的天空。

脚步不停，播洒法治阳光

"我能为他们多做点什么？"陈贤总是不断地问自己。

一位藏族少年因没钱上网抢劫被抓，虽在陈贤的帮助下被判缓刑，却被学校拒之门外。得知消息后，陈贤坐了四十多分钟车来到学校，"盯着校长不放"，劝说三个多小时，校方终于答应接收。得知儿子能重返校园，少年的母亲激动地给陈贤献上哈达。

法援律师主要责任是提供法律咨询与诉讼代理，陈贤不仅解决案件本身，还处处为当事人着想，尽力从源头化解纠纷。

一次，在办理内蒙古乌拉特中旗一位老人被继子侵占房屋案件时，开庭前两天，陈贤失眠了。"一旦开庭，将更加激化这个家庭的矛盾。"琢磨再三，她找到庭审法官，选择了反复调解。"多亏陈律师，要是闹上法庭，家就散了。"这位80多岁的老人回忆起往事，感激地说。

这样的例子数不胜数。

为了帮助更多人，陈贤"与时间赛跑"，上班时甚至尽量不喝水，"去一趟厕所几分钟，几次下来浪费咨询时间"。那几年，一年 365 天，陈贤回家探亲时间不足 15 天。

在法援的日子里，陈贤发现，不少边疆百姓法律意识淡薄，更不知道如何保护自我权益。于是她把普法工作摆在了重要位置。

2017 年 10 月，安徽援疆指挥部在和田地区设立"陈贤律师工作室"，邀请陈贤赴皮山县开展普法宣讲。当年 12 月 16 日至 19 日，陈贤冒着大雪来到距离乌鲁木齐 1000 多公里的皮山县，进行法律知识巡回普法。

首场宣讲安排在阔什塔格镇喀热苏村。天空飘着雪花，陈贤在村头摆上一张长桌开讲，面前围坐着很多村民。原定 40 分钟的普法课她讲了一个多小时才结束，之后，村民们又排着队向她咨询。结束后，桌上、大家的头上都落了一层薄薄的雪。

"那天很冷，可我的心里却是很暖的！"陈贤说，那次巡回普法她先后去了 4 个村上了 4 场普法课，内容涉及反家庭暴力、婚姻家庭财产分割、遗产继承、民间借贷，群众特别爱听，问题很多，现场有近 1000 名群众。

"巡回普法让我感触最深的是他们对法律知识的渴求，此后我就利用节假日的时间去普法。"陈贤说。

如今，六年多法律援助志愿服务已落幕。对于陈贤而言，做志愿者的工作结束了，但法律援助工作还在路上。

在中国法律援助基金会的支持下，陈贤将她的安徽开仁律师事务所打造成为主要从事法律援助的专门律师事务所。

"我觉得自己做得还远远不够，法律援助这项事业我一定会长期坚持做下去。"陈贤说，她要和丈夫曹旭、儿子曹天楚组成专事法律援助的律师团，把公益为民进行到底。"无论我身居何处，我一直都会播撒法治的种子，让公平正义的阳光照进每一位弱势者的心灵。"陈贤说，这是她作为一名党员律师的初心和使命。

巧手编织，织出乡亲幸福梦

——记"全国巾帼建功标兵"杨秋菊

杨秋菊简介

　　杨秋菊，女，汉族，1978年3月出生，中共党员，砀山县菊姐残疾人手工坊负责人。她曾是建档立卡贫困户，丈夫去世后，照顾公婆和两个孩子的重担压在她一人肩上，生活曾经非常窘困。在接触到氧化铝手工编织后，她通过勤奋努力致富。她与残疾人为伍，2015年成立手工坊，吸纳当地贫困留守妇女和残疾人就业。据统计，杨秋菊的手工坊先后培训贫困户、残疾人等1500余人次，带动45户贫困户顺利脱贫。杨秋菊还组建了砀山挚爱残疾人艺术团，经常到光荣院、敬老院、特教中心等进行慰问演出，并送去爱心物资。她先后被评为"全国巾帼建功标兵"、第七届"安徽省道德模范"，并当选为2020"心动安徽·最美人物"。她的残疾人手工坊被全国妇联授予"全国巾帼脱贫致富示范基地"。

她来自残疾人家庭。丈夫病逝后，她不惧困难，勇挑重担，负重前行。

她是一名共产党员，牢记使命，在脱贫攻坚道路上身先士卒，带领老弱病残拼出一条致富路。

"她用勤俭走出困境，她用不屈改变命运。自立自强，带动脱贫勇创业；巧手编织，织出乡亲幸福梦；热心公益，铿锵玫瑰显担当。她用无私的大爱为折翼的梦想撑起一片晴空。"这是2020"心动安徽最美人物"评选活动颁奖典礼上，活动组委会对杨秋菊的颁奖词。

"你为什么选择帮助这些留守的老人、妇女和残疾人群体脱贫致富，当初是怎么想的？"颁奖典礼现场，主持人问。

"我是一名党员，知道一人致富不算富，小康路上一个都不能少。"杨秋菊真诚地回答。

帮助残疾人"站"起来

用"艰辛"两个字来形容杨秋菊此前的经历，再合适不过。

2000年，杨秋菊嫁到了一个贫穷的家庭：公公有精神疾病，婆婆因为脑梗半瘫在床，叔叔、婶婶、小叔子因为残疾和他们一起生活。家庭的重担全都压在了她和丈夫的肩上。

然而，性格坚毅的杨秋菊没有气馁："穷，怕什么，我们有的是力气。"杨秋菊夫妇不向命运低头，苦苦找寻脱贫路。他们种地、打工、开出租车、做销售员……遍尝生活的艰辛。两个可爱的孩子降生以后，原本以为幸福的生活开始了，可是一场大病让丈夫又落下残疾，女儿又患上了过敏性紫癜肾炎，刚有起色的家庭又跌入深渊。

丈夫因病致残后，杨秋菊家庭有5个残疾人。回忆起那段岁月，

在"菊姐残疾人手工坊"里，工人忙着赶制工艺品（一）

　　杨秋菊眼中含泪。面对命运的不公，她依然选择了顽强抗争。不惧困难的她，勇挑重担，扛起了养家重任，并苦苦找寻脱贫致富路。

　　杨秋菊发现，跟随他们一家生活的小叔子虽然双目失明，丧失了劳动能力，却酷爱唱歌，还天生就有一副好嗓子。这让她心思一动，想为身边的残疾人做点事："残疾人也应该有尊严地生活，只有自食其力了，才能找到生命的价值，而不是靠社会和家庭来养活。所以，我要帮助他们树立生活的勇气、志气和信心。"

　　和丈夫商量后，杨秋菊联合一些生活困难的残疾人，成立了砀山县挚爱残疾人艺术团，最初吸纳了六名会唱歌、懂表演的残疾人，后来发展到三十多人。除了在县城和周边地区表演节目，他们还开着大篷车跑遍了全国多个城市，最远到过东北三省。听着这些人饱经沧桑的歌声，看着他们认真而独特的表演，杨秋菊被他们身残志坚、积极乐观、自强不息的精神所感动，常常不自觉地就湿了眼眶。

　　挚爱残疾人艺术团成立后，他们在全国流动演出了 15 年，风里

杨秋菊（中）在"菊姐残疾人手工坊"里，和工人一起忙着赶制工艺品订单

雨里，哭过笑过。团员们在外面演出，杨秋菊就挑起司机和总后勤的担子，照顾残障团员的饮食起居，还洗衣做饭，就连两次怀孕时，她也没有抛下大家。她被团队成员们亲切地称作"菊姐"。

然而，天有不测风云。就在残疾人艺术团步入正轨、运转成熟时，杨秋菊的丈夫突然患病去世。家里失了顶梁柱，艺术团也眼看着要黄。面对瘫痪在床的婆婆、精神失常的公公、失明的小叔子、年幼的子女，以及残疾人艺术团三十多名生活困难的员工，杨秋菊毅然独自一人挑起了重担。

"丈夫走了，我带着大家一起干！"杨秋菊向残疾人艺术团的成员们作出了郑重承诺。其后：在小家里，杨秋菊无微不至地照顾年迈多病的公婆、年幼的孩子；在大家里，杨秋菊带领残疾人继续演出，开拓市场，解决三十多名残疾人的就业问题。

肢体重度残疾、几乎丧失劳动能力的低保贫困户胡红星，加入杨秋菊的残疾人艺术团后，不仅吹拉弹唱样样在行，还能帮助编排导演新节目，成为残疾人艺术团的一把好手。朱欢欢也是肢体重度残疾，在杨秋菊的撮合下，她和胡红星喜结连理，还生育了一对健康可爱的女儿。"残疾人艺术团让我有了发挥特长的舞台，还给了我一个温暖的家！"胡红星感动得热泪盈眶。

那段日子虽然非常辛苦，但是杨秋菊看着家人、看着残疾人艺术团成员们的生活和精神一天比一天好，打心眼里高兴。

可是，总这么在外面漂泊，不光是她自己，这些残障团员们的身体也都吃不消。在外辗转演出总不是长久之计，杨秋菊常常在想：有没有什么脱贫致富的路子，可以免去大家吃这颠沛流离、风吹日晒的苦呢？在带领残疾人演出的路上，杨秋菊也在苦苦寻找新的致富门路。

有心寻得"致富招"

走进砀山县朱楼镇陈寨村电商扶贫驿站，许多残疾人正在忙着做手工编织，只见他们手捏金属线灵活地扭来绕去，不一会儿，一个逼真的自行车模型就出现在眼前，让人惊叹不已。

2015 年，艺术团在青岛演出时，杨秋菊偶然间接触到氧化铝手工编织技艺，当时就觉得这是一条让更多残疾人脱贫脱困的好途径。

氧化铝色泽艳丽，不易脱色，历久弥新，而且韧性极佳，可塑性好，比普通线编工艺更易上手、更易存放，也更适合残疾人学习操作。"编织不是很重的体力活，只要双手灵巧，就能创造财富养活自己。"杨秋菊心想。

于是，杨秋菊挤出所有演出间隙的时间找到当地一名手艺人，学习氧化铝编织技艺。勤奋好强、心灵手巧的她不到一个月时间就掌握了这门手艺的精髓，"自己喜欢这行，想到啥就能编出啥"。

干一行，爱一行，钻一行，从一开始摆地摊，再到给门店送货，然后网上开店，杨秋菊的名气越来越大，多次在国家、省、市妇女创业创新大赛中得奖。

找准了致富新路子，杨秋菊没有忘记比她更困难的艺术团成员们。她开班授课，生涩地当起了师傅，手把手地传授技艺。因为大家的学习吸收速度、双手灵活度有所区别，她还根据不同工艺品的难易程度开设小班教学，争取先教会一批人，"先进"带"后进"。后来，杨秋菊更是琢磨出了一套创新方法——她把复杂的工艺品制作流程进行拆解，化繁为简后形成流水线，这样一来，各人做自己最熟练的部分，效率大大提升。

"人心齐，泰山移。"丈夫去世后，眼看要散伙的艺术团在杨秋菊的带领下，成功转身，告别了之前漂泊的生活，开启了"艺术手工"一片新天地。

教会了徒弟，师傅并没有闲着。氧化铝手工编织品做出来了，如何销售产生效益成了对杨秋菊的又一次考验。那时候，挚爱残疾人艺术团时不时地在家乡周边地区演出，聪明的杨秋菊想到了办法——团员们在台上演出，她就在旁边摆设展台，一边给大家讲述团员们演出、编织的故事，一边售卖他们做出来的手工艺品，没想到效果奇佳。这还不算，每次到外地演出，杨秋菊都会跑遍当地的景区、小商品市场，很多人被他们的故事和杨秋菊的执着所感动，销售渠道就这么慢慢地打开了。

艺术团的收入有了保障，杨秋菊原以为自己能够松口气，却发现这根本就不可能。那时，"菊姐"已经名声在外，不少残障者纷纷上门学艺，这让杨秋菊看到，自己还有更多为这个群体发光发热的可能。于是，她干脆在砀山县城里租了房，正式成立"菊姐残疾人手工坊"，一边授艺一边销售。有残疾人朋友愿意来学习，她不仅"来者不拒"，而且还不收一分钱学费。大家学成以后，既可以在她的手工坊上班，也能领取材料自己回家做，杨秋菊再计件回收。

通过氧化铝手工编织，手工坊里的编织工一年人均能赚一两万元，这份收入让他们终于挺直腰杆"站"起来，慢慢迈开了脱贫的步子。这个结果也让杨秋菊内心欢欣雀跃，没想到自己的一次尝试竟然改变了这么多人的生活轨迹，她的"野心"顿时膨胀起来——或许，

在"菊姐残疾人手工坊"里，工人忙着赶制工艺品（二）

自己还有能力帮助更多人。

从那以后，杨秋菊主动吸收周边的老弱病残、留守妇女来学习手工编织，帮助大家自力更生。

"我虽然是个残疾人，依靠双拐才能走路，但我的手很灵活，编织手工艺品，能自食其力，也能为社会创造财富，实现我的人生价值。"在"菊姐残疾人手工坊"里工作的陈省芹激动地说，"我现在不再是家庭的累赘了，这多亏了秋菊的大力帮助，她是我的'大恩人'。"

原来陈省芹从小肢体残疾，依靠双拐行走，再加上丈夫十多年前因病去世的打击，她对生活一度失去希望。

"大姐，外面的生活丰富多彩，你要坚强地生活下去啊！我们那里比你情况严重的多的是，你要是不嫌弃的话，就加入我们吧……"杨秋菊主动找到陈省芹并安慰她。

刚开始，陈省芹不愿给别人添负担，杨秋菊就三番五次地上门劝说，陈省芹终于动了心。在手工坊，陈省芹被身边的伙伴们热火朝天的生活激情所感染，从内心里一下子接受了这个温暖的"家"。由于她吃苦耐劳、心灵手巧，爱钻研手工编织技术，又热爱唱歌，不到一年就成为编织队的技术能手，还成为残疾人艺术团的骨干。现在的陈省芹，乐观豁达，收入稳定，和早几年相比完全变了一个人，她逢人便夸杨秋菊是她的"救命恩人"。

陈省芹当然不是唯一一个被杨秋菊"劝"来的人。因病致残、因伤致残，甚至是附近的老人，只要手脚灵活的，杨秋菊都会劝他们到手工坊"上班"。做这一切对杨秋菊来说，完全是心意使然，她不图名不贪利，就想着自己能帮助一个算一个。可是大家心里都明镜似的，她的所作所为其实已经从"助残"变成了"扶贫"。

领着乡亲们"找"门路

"菊姐残疾人手工坊"有一个展厅，走进去，映入眼帘的是中国龙、梨树王、金凤凰、龙凤呈祥等手工编织品。"现在我们的手工坊不再是以前的小作坊了，已经成为可以容纳几百人的扶贫工厂。"杨秋菊高兴地介绍道。手工坊从小作坊"变身"为扶贫工厂，源于一次会议。

2017年，杨秋菊在镇里开党代会时，向镇领导和参会同志汇报了手工坊的运作情况，并拿出一些作品展示给大家看。这些编织工艺品让坐在前排的一个人眼前一亮，这个人就是陈寨村第一书记、扶贫工作队队长王夫北。

"脱贫攻坚越往后，越是坚中之坚，都是难过的坎。"长期摸排走访，王夫北发现农村里因残因病致贫占了很大一部分，要想决胜脱贫，必须迈过这道坎。但是，给因残因病致贫的村民找一条致富路，谈何容易。因此，在会上听到杨秋菊说已帮扶十多位残障人士脱贫时，王夫北大腿一拍，兴奋得差点跳起来。

王夫北把杨秋菊从县城请回村里，把村里紧靠着省道的厂房免费给她使用，还临街开设了展示厅，于是"菊姐残疾人手工坊"这才扩大为现如今的扶贫工厂。

"开始村里人不理解，很多人也想租这块厂房，都被我们回绝了，我说如果谁能够像秋菊一样带动这么多人脱贫，也可以免费租给他。"为了扶贫工厂，王夫北和村干部们没少费心，隔三岔五往厂里跑，送政策，出点子，解难题……这也让杨秋菊没了后顾之忧，甩开膀子干，新品迭出，订单不断。

有一次，王书记看了我们编的小花篮，忽然说："能不能做个

"菊姐残疾人手工坊"生产的工艺品

有地方特色的，砀山是酥梨之乡，就编个梨树。"

说干就干，杨秋菊带着扶贫工厂的伙伴们一起琢磨，反复试验，还真弄成了：白色的花瓣、铜色的树干，整幅作品质朴而又灵动，人见人爱。

后来，王夫北又给杨秋菊出了一个新点子：当地有种烙画的小葫芦，很受欢迎，如果悬挂在编织的"树枝"上，是不是又能走红。

听到这个好主意，杨秋菊笑得更甜了，不住地向王夫北表示感谢。

"秋菊啊，应该感谢的是你，你是带动残障人士脱贫的'大功臣'。"王夫北说。

经过杨秋菊几年的苦心经营，手工坊为残疾人、老年人等弱势群体提供就业岗位 300 个，带动 45 户贫困户顺利脱贫，年人均收入 8000~12000 元。依托手工坊，杨秋菊还顺利开办了网上店铺，成功扶持了学员创业，并在江苏省泗洪县、河南省永城市建立了手工坊分厂，带动更多人用灵巧的双手，编织幸福的未来。

这个世界总会奖励那些脚踏实地、默默努力的人。2017 年 7 月，在淮海经济区首届妇女手工制作创新大赛中，杨秋菊编织的作品《中国龙》荣获一等奖。2017 年 11 月，杨秋菊的"菊姐残疾人手工坊"被全国妇联授予"全国巾帼巧手致富示范基地"，2018 年又获评"阳光助残就业扶贫基地"。在 2019 年举办的全国妇女手工创业创新大赛中，"菊姐残疾人手工坊"先后经历市、省、东部赛区比赛，获得东部赛区公益组第二名的好成绩，最终成功晋级中国妇女手工编织 100 强，并作为安徽省项目代表参加决赛。2019 年年底，带领贫困户、残疾人脱困脱贫，用巧手编织"幸福梦"的杨秋菊个人被安徽省妇联授予安徽省"巾帼建功标兵"称号。

其实手工坊发展至今，并非一路坦途。因为大多数事情都需要杨秋菊一个人去协调解决，其中会遇到的困难可想而知。最难的时候，为了维持生产经营和人员吃住，杨秋菊开过出租车、当过水果销售员，这些都是手工坊里的"家人们"不知道的事。杨秋菊就这么心甘情愿地付出着，她把欢声笑语留给大家，辛苦眼泪都吞到自己肚子里。

如今，"菊姐残疾人手工坊"创新编织的手工工艺品有 200 多种，不仅取得良好的经济效益，带动老弱病残开启致富之门的社会效益更是显著。杨秋菊也被大家称为"脱贫致富的顶梁柱"。

让乡村绽放出"幸福花"

"唱得好，再来一段！"朱欢欢一曲唱罢，杨秋菊带头鼓掌。

挂着双拐、坐着轮椅……这些身体残疾的伙伴们纷纷放下手里的活，围拢过来，眼中含笑。

在"菊姐残疾人手工坊"，总是能够听到欢歌笑语。

"大家干活累了，时不时就来上一段。"杨秋菊每说一句，就跟着一串爽朗的笑声，让人倍感亲切。

"这里手工纵情唱，欢乐的歌声震山河，手工坊盛开幸福花，花开千万朵……"来自山东省的残疾人董花坐在轮椅上双手飞速地穿梭编织着，她双目失明的丈夫曹森威在旁边唱着歌。二人和胡红星、朱欢欢一样都是艺术团的成员，经杨秋菊撮合结成夫妻，婚后二人相濡以沫，日子过得比蜜甜。

在带领残疾人团队脱贫致富的同时，杨秋菊以高度的社会责任感，关心关爱着社会上的弱势群体，经常带领残疾人团队参加各种公益活动，不定期到县光荣院慰问抗战老兵、到敬老院看望五保老人、到县特教学校看望聋哑残疾儿童，给他们送去爱心礼品，为他们表演文艺节目、讲述励志故事，提振他们战胜困难的勇气和信心，在物质上和精神上力所能及地进行帮助。

"谁说残疾人就是家里的负担？谁都想成为有用的人！我打心眼里不觉得他们有啥不一样。只要有机会，大家都能成为更好的人。"长期与残疾人、老弱病残群体打交道，杨秋菊更加坚信这一点。

在杨秋菊看来，帮助农村的老弱病残脱贫致富，最关键是让他们学会一门手艺、掌握一技之长。除去手工坊直接带动就业外，这些年杨秋菊还培训贫困留守妇女、残疾人1500余人次，以身作则，"授人以渔"。

"脱贫致富感谢党，身残志坚创辉煌；吃水不忘挖井人，金秋慰问老荣光。"这是熟悉杨秋菊的王夫北给予她的评价。

"他们曾在不幸和苦难中磨炼，现在他们在希望和光明里得到重生。"杨秋菊说。在手工坊，弱势群体找到了尊严、自信，他们用辛勤的劳作，用手中的作品证明自己存在的价值，重新感受到生命的意义。

谈到今后的打算，杨秋菊说："我又成立了砀山县佳味食品公司，同样吸纳留守老人和妇女等弱势群体，专门生产粮食深加工品、梨膏糖等。目前，我们的梨膏棒棒糖已大量上市，并且供不应求。同时我们还收购老百姓种植的杂粮，加工成五谷杂粮粉，做成真空包装的礼品盒，提高了农产品的附加值，可带动更多的弱势群体增收致富。"

生命不息，奋斗不止！未来，杨秋菊还要努力带动更多的弱势群体谋求发展，让乡村绽放出更加绚丽的"幸福花"。

七、附件

全国脱贫攻坚总结表彰大会上表彰的安徽省先进个人、先进集体名单

全国脱贫攻坚楷模

金寨县花石乡大湾村

全国脱贫攻坚先进个人
（70个）

赵慧（女，回族）	安徽省教育厅财务处一级主任科员
陈学刚	安徽省省直离休干部医疗补助经费审核办公室主任
卢立新	安徽省住房和城乡建设厅村镇建设处处长
郇继淮	颖上县垂岗乡墩黄村驻村第一书记、扶贫工作队队长，安徽省水利水电基本建设管理局安全监督处处长
黄　建	安徽省民政厅社会救助处副处长
夏云胜	生前为皖维集团公司驻金寨县白纸棚村驻村第一书记、扶贫工作队队长，安徽皖维高新材料股份有限公司营销中心副主任

熊化平	中国农业发展银行六安市分行行长、党委书记
张志平	长丰县扶贫开发工作办公室党组书记、主任,一级主任科员
董瑞宜	庐江县金牛镇山南村驻村第一书记、扶贫工作队队长,国家税务总局合肥市庐阳区税务局第一税务分局局长
董增燕(女)	肥西县卫生健康委员会副主任,三级主任科员
陈　影(女)	濉溪县刘桥镇扶贫工作站站长
应国君	亳州市人民政府副市长
陈昭敏(回族)	亳州市扶贫开发局局长,一级调研员
邵米娜(女)	涡阳县高炉镇代集村党总支书记、村民委员会主任
卢　毅(女)	蒙城县许疃镇土桥村驻村第一书记、扶贫工作队队长,蒙城县数据资源管理局工作人员
贾建民	利辛县中疃镇人民政府扶贫办主任,中疃镇后冯社区党总支副书记
张年亮	砀山县砀城镇林屯村驻村第一书记、扶贫工作队队长,国家药品监督管理局药品审评中心工作人员
邵翠芝(女)	中共萧县新庄镇委员会书记,一级主任科员
曾翔翔	生前为宿州市埇桥区支河乡路湖村扶贫专干,宿州市第一人民医院团委副书记
唐　锐	灵璧县扶贫开发局党组书记、局长,一级主任科员
邓素英(女)	泗县扶贫开发局党组书记、局长,一级主任科员
张　磊(回族)	灵璧县渔沟镇郑楼村驻村第一书记、扶贫工作队队长,中共安徽省委网信办网络应急管理处一级主任科员

施建宾	蚌埠市扶贫开发工作办公室二级调研员
童俊杰	固镇县石湖乡陡沟村驻村第一书记、扶贫工作队队长，蚌埠市水利局规划计划科科长
苏永松	固镇县扶贫开发局党组书记、局长
李春泉	界首市扶贫开发局党组书记、局长，四级调研员
杨坤山	阜阳市颍州区三合镇三星村党委书记
吕　彬	安徽瓦大现代农业科技有限公司党支部书记、董事长
谢　皓	阜阳市颍泉区水利局党组成员、水利规划设计室主任
朱启峰	中共太和县马集镇委员会书记，一级主任科员
张　伟	阜南县人民医院院长助理、医共体办公室主任
张乐春	颍上县发展和改革委员会行政审批股股长，四级主任科员
谢文婷（女）	阜阳市社会救助管理服务中心主任，七级职员
杨建周	中共临泉县迎仙镇党委书记
贾　俊	淮南市委副秘书长，市扶贫办党组书记、主任
邓祖洋	中共寿县正阳关镇委员会书记
汪诗明	淮南市潘集区扶贫开发领导小组副组长，区人大常委会财经城建工委主任
李善增	定远县扶贫开发局党组副书记、局长
孙安静	来安县政府办党组成员、扶贫开发工作办公室负责人，三级主任科员

王晓丽（女）　　　中共全椒县石沛镇委员会党委书记

鲍铁柱　　　　　　明光市信访局矛盾纠纷调处中心负责人

孙学龙　　　　　　六安市人民政府副市长

胡　浩　　　　　　霍邱县扶贫开发局党组书记、局长

余　静（女）　　　金寨县花石乡大湾村驻村第一书记、扶贫工作队队长，金寨县花石乡农业农村管理服务中心主任

王　健　　　　　　金寨县油坊店乡东莲村驻村第一书记、扶贫工作队队长，安徽省人民政府办公厅省政务公开办（省政府公报编辑室）副主任

贠守宝　　　　　　舒城县生态环境分局党组成员、总工程师

万汉亿　　　　　　六安市叶集区扶贫开发局党组书记、局长

张彦飞　　　　　　马鞍山郑蒲港新区现代产业园区管委会市场监督管理局副局长、扶贫开发领导小组办公室负责人

裴善权　　　　　　含山县环峰镇三龙村党总支书记、村民委员会主任

曹　静（女）　　　无为市扶贫开发工作办公室主任

刘作胜　　　　　　南陵县残疾人联合会党组书记、理事长

李　夏　　　　　　生前为中共绩溪县荆州乡委员会委员、纪委书记，县监委派出荆州乡监察专员

章建军　　　　　　生前为绩溪县板桥头乡下溪村驻村第一书记、扶贫工作队队长，绩溪县教育体育局体育教练员

孙军平（女）　　　旌德县人民政府副县长

乔东福　　　　　　中共枞阳县白柳镇委员会书记

吴昔康　　　　　　池州市扶贫开发局副局长

王卫平	中共石台县大演乡委员会党委书记，一级主任科员
张　路	石台县洪墩村扶贫工作队扶贫专干，国家税务总局安徽省池州市税务局机关党委副书记
邹世国	中共池州市贵池区棠溪镇委员会委员
陈爱军（女）	中共安庆市委副书记、市委党校校长
朱鸣节	岳西县菖蒲镇岩河村驻村第一书记、扶贫工作队队长，安徽省委机要局通信报务处副处长，三级调研员
陆　刚	潜山市官庄镇坛畈村驻村第一书记、扶贫工作队副队长，中华全国供销合作总社一级主任科员
沈　冬	申洲针织（安徽）有限公司党委书记、副总经理
雷　澍	桐城市扶贫开发工作办公室党组成员、副主任，二级主任科员
丁江波	中共怀宁县平山镇委员会副书记、平山镇人民政府镇长
张国文	安庆市宜秀区罗岭镇黄梅村党总支书记、村民委员会主任
吴　飞	黄山市黄山区扶贫开发局产业指导股股长，四级主任科员
胡虹卉（女）	黟县碧阳镇丰梧村驻村第一书记、扶贫工作队队长，黟县碧阳财政分局一级科员
何志强	祁门县祁山镇芳村村驻村扶贫工作队副队长，祁门县人大常委会社会建设工委副主任，四级主任科员
程晓阳	休宁县榆村乡藏溪村党支部副书记、扶贫工作队副队长，黄山市市场监督管理局综合行政执法支队市场监管规范科科长

全国脱贫攻坚先进集体

（52家）

中共安徽省委组织部农村组织处

安徽省扶贫开发工作办公室

安徽省发展和改革委员会以工代赈处

安徽省财政厅农业农村处

安徽省人力资源和社会保障厅就业促进和失业保险处

安徽省农业农村厅办公室（扶贫办）

安徽省交通控股集团有限公司

肥东县人力资源和社会保障局

巢湖市教育体育局

肥西县扶贫开发工作办公室

濉溪县扶贫开发局

中共涡阳县西阳镇委员会

亳州药都农村商业银行股份有限公司

利辛县永兴镇永兴村党总支

中共泗县委员会

萧县扶贫开发局

砀山县扶贫开发局

五河县扶贫开发局

中共怀远县褚集镇委员会

阜阳市人力资源和社会保障局

临泉县教育局

中共阜南县王家坝镇委员会

颍上县农业农村局

临泉县扶贫开发局

中共寿县板桥镇委员会

寿县扶贫开发工作办公室

凤台县扶贫开发工作办公室

滁州市扶贫开发局

定远县财政局

凤阳县扶贫开发工作办公室

中共金寨县委员会

霍邱县住房和城乡建设局

舒城县扶贫开发局

六安市金安区扶贫开发局

六安市裕安区财政局

和县扶贫开发工作办公室

中共无为市无城镇委员会

郎溪县扶贫开发局

泾县扶贫开发局

宣城市农村水利水电管理所

枞阳县浮山镇人民政府

石台县七都镇新棚村党支部

青阳县人民代表大会常务委员会驻酉华镇宋冲村扶贫工作队

安徽尧舜智能袜业有限公司

中共岳西县委员会

太湖县交通运输局

中共潜山市水吼镇委员会

宿松县趾凤乡趾凤村党总支

安徽省国资委驻望江县高士镇黄河村扶贫工作队

黄山市扶贫开发局
黄山市徽州区扶贫开发局
歙县扶贫开发局

2016—2020 年
安徽省全国脱贫攻坚奖获得者

2016 年

黄　勇　　　　安庆市潜山县梅城镇居民,荣获全国脱贫攻坚奖
　　　　　　　奋进奖

姜业兰(女)　　马鞍山市和县乌江镇卜陈村农民,荣获全国脱贫攻
　　　　　　　坚奖奉献奖

2017 年

李　娟(女)　　宿州市砀山县唐寨镇唐寨村农民,荣获全国脱贫攻坚奖奋
　　　　　　　进奖

李朝阳　　　　池州市石台县七都镇河口村党总支第一书记、驻村扶贫
　　　　　　　工作队队长,荣获全国脱贫攻坚奖贡献奖

2018 年

吴伍兵　　　　安徽龙成农林发展集团董事长,荣获全国脱贫攻坚奖奋
　　　　　　　进奖

徐冬梅（女） 阜阳市颍泉区王寨村扶贫工作队副队长（安徽省委党校选派），荣获全国脱贫攻坚奖贡献奖

蔡　永　　　蚌埠市怀远县徐圩乡党委书记，荣获全国脱贫攻坚奖创新奖

六安市金寨县　荣获全国脱贫攻坚奖组织创新奖

宿州市委组织部　荣获全国脱贫攻坚奖组织创新奖

安徽省对口支援新疆和田前方指挥部　荣获全国脱贫攻坚奖组织创新奖

2019 年

刘双燕（女） 亳州市利辛县汝集镇朱集村驻村第一书记、扶贫工作队队长，荣获全国脱贫攻坚奖贡献奖

曾翔翔　　　生前为宿州市埇桥区支河乡路湖村扶贫专干，荣获全国脱贫攻坚奖贡献奖

纪道明　　　六安市舒城县五显镇梅山村村民，荣获全国脱贫攻坚奖奋进奖

邬平川　　　淮南市副市长，荣获全国脱贫攻坚奖创新奖

六安市扶贫开发局　荣获全国脱贫攻坚奖组织创新奖

2020 年

崔兴文　合肥市长丰县太空莲龙虾养殖专业合作社理事长，荣获全国脱贫攻坚奖奋进奖

焦凤军　宿州市萧县孙圩子乡马庄村驻村第一书记、扶贫工作队队长，荣获全国脱贫攻坚奖贡献奖

甘启斌　安徽联河集团董事长，荣获全国脱贫攻坚奖奉献奖

孟守东　安徽省扶贫办产业指导处处长，荣获全国脱贫攻坚奖创新奖

宿州市泗县　荣获全国脱贫攻坚奖组织创新奖

后 记

　　江淮儿女勠力攻坚，世纪伟业奋斗有我。为忠实记录我省全面建成小康社会的光辉历程、伟大成就、历史经验，集中展示江淮儿女的奋斗风采，根据中央宣传部统一部署，安徽省委宣传部牵头成立了编委会，组织编写了"纪录小康工程"地方丛书（安徽卷）。省直相关部门负责撰稿，安徽人民出版社承担出版任务。

　　作为"纪录小康工程"地方丛书的重要组成部分，《全面建成小康社会安徽奋斗者》记录了近年来尤其是党的十八大以来，安徽省各条战线在全面建设小康社会过程中涌现出来的 24 名先进模范人物代表。他们有的是希望田野的领路者，有的脱贫攻坚的奋斗者，有的是劳模精神的践行者，有的是时代楷模的代表者，有的是人间大爱的播洒者……他们为安徽全面建成小康社会作出了巨大贡献，是七千万江淮儿女的优秀代表，也是广大干部群众学习的榜样。他们的光辉事迹将激励全省上下锐意进取、赓续奋斗，为现代化美好安徽建设作出新的更大贡献。

　　本丛书编写出版得到安徽省委宣传部的精心指导，安徽省委常委、宣传部长郭强，安徽省委宣传部常务副部长王宏，安徽省委宣传部副部长、省新闻出版局（省版权局）局长查结联等同志主持召开专题会，统筹推进编写和出版工作。安徽省乡村振兴局、安徽省统计局、安徽省档案馆、安徽日报社等单位提供或核实了有关资料。

　　《全面建成小康社会安徽奋斗者》由安徽日报社组织编写，邹宝元、李跃波、王海东、刘洋、王艺林、孟毕得、赵越、杨志成、周鹏、柏荣兴等同志承担了具体工作。

　　伟大事业孕育伟大精神，伟大精神引领伟大事业。江淮儿女持续接力，激情写就安徽大地全面建成小康社会奋斗史诗。站在新的历史方位，我们将更加自信、更加坚定地以习近平新时代中国特色社会主义思想为指引，以史为鉴、开创未来，忠诚尽职、奋勇争先，乘胜而进开启全面建设社会主义现代化国家新征程，乘风破浪谱写现代化美好安徽建设新篇章！

　　受编者水平和时间之限，书中难免有疏漏和不足之处，敬请广大读者批评指正。

本书编写组

2022 年 6 月